HR技能提升系列

员工关系管理
与职业发展
从入门到精通

— 第 2 版 —

任康磊◎著

人民邮电出版社

北京

图书在版编目（ＣＩＰ）数据

员工关系管理与职业发展从入门到精通 / 任康磊著
. -- 2版. -- 北京：人民邮电出版社，2022.5
（HR技能提升系列）
ISBN 978-7-115-58818-0

Ⅰ．①员… Ⅱ．①任… Ⅲ．①企业管理－人事管理
Ⅳ．①F272.92

中国版本图书馆CIP数据核字(2022)第039141号

内 容 提 要

本书内容涵盖企业员工关系管理和员工职业发展体系建设的关键知识点，将有关员工关系管理和员工职业发展体系建设的方法论转化为容易理解的表单、图形、工具、模型，让方法论可视化、流程化、步骤化、模板化。本书通过大量实务案例详解呈现相关实务操作过程，这些案例详解能够有效指导读者做好员工关系管理和员工职业发展体系建设。

本书分为14 章，主要内容包括：员工关系管理的认识；入职环节员工关系管理；在职环节员工关系管理；离职环节员工关系管理；员工职业通道建设；员工职业发展；企业文化管理；规章制度编制与管理；员工福利管理；员工关怀管理；员工参与管理；员工民主管理；员工冲突管理；员工劳动保护管理。

本书案例丰富，模板齐全，实操性强，通俗易懂，适合人力资源管理从业人员、企业各级管理者、各高校人力资源管理专业的学生、准备考取人力资源管理师及其他人力资源管理专业相关证书的学员、需要人力资源管理实战工具书的人员，以及其他对人力资源管理工作感兴趣的人员阅读参考。

◆ 著　　　　任康磊
责任编辑　马　霞
责任印制　周昇亮

◆ 人民邮电出版社出版发行　　北京市丰台区成寿寺路 11 号
邮编　100164　电子邮件　315@ptpress.com.cn
网址　https://www.ptpress.com.cn
涿州市般润文化传播有限公司印刷

◆ 开本：700×1000　1/16
印张：18　　　　　　　　　2022 年 5 月第 2 版
字数：333 千字　　　　　　2025 年 9 月河北第 9 次印刷

定价：79.80 元

读者服务热线：(010)81055296　印装质量热线：(010)81055316
反盗版热线：(010)81055315

HR，用专业证明自己

有很多做人力资源管理工作的朋友问过笔者这样的问题："HR要如何证明自己？"

营销类的岗位可以用业绩证明自己；产品类的岗位可以开发出好的产品证明自己；运营类的岗位可以通过达成项目预期来证明自己；就连财务类的岗位，也可以通过定期形成财务报表，做财务分析来证明自己。

可是，HR要用什么来证明自己呢？

实际上，HR可以证明自己的方法非常多，比如划分清楚岗位权责利，保证人才的招聘满足率，给关键岗位建立胜任力模型，帮团队培养出能力达标的人才，设计出有激励效果的薪酬体系，建立起有助于实现目标的绩效体系，帮助团队提升员工敬业度，实施有价值的人力资源数据分析，帮助团队提升劳效，帮助公司降低人力成本等。

不过，任何一项能够证明自己的工作，都需要HR专业能力的支持。HR这份职业是一个上限可以很高，下限也可以很低的职业。要提升HR的职业上限，答案已经很明显，提升专业能力是大多数HR的唯一解。

如果不具备人力资源管理的实战专业能力，HR就只能做人力资源管理中价值比较低的事务性工作。只有具备系统实战专业能力的HR，才能在人力资源管理岗位上获得好的职业成长与发展。

十几年之前，笔者刚接触人力资源管理工作的时候，特别想系统地学习人力资源管理实战技能，帮助自己更好地开展工作。但当时找遍了全网，也没找到好的学习渠道和课程。

后来，靠着不断向世界顶级的管理咨询公司学习方法论，靠着大量人力资源管理咨询项目的不断实施验证，靠着实战中搭建人力资源管理体系的不断应用复盘，靠着十几年的经验积累，笔者终于能相对全面地总结出实战人力资源管理体系的方法论，能够帮助HR更系统、更快速、更有效地提升人力资源管理技能。

任康磊的人力资源管理系列丛书自上市以来就好评如潮，销量与口碑都名列前茅，如今已有超过60万册的总印刷量。

许多读者在线上平台和笔者社群中晒出书架上摆着一整套任康磊的人力资

源管理实战系列丛书，并开心地说这套系列丛书已经成为其案头必备的工具书，内容非常实用。笔者很高兴自己的经验知识能够帮助到广大 HR 学习成长。

为帮助读者朋友们更高效地学习实战人力资源管理技能，介绍一个"4F"学习成长工具。工具中的"4F"分别是：Facts（现实 / 事实）、Feeling（感受）、Findings（引申为思考 / 观点）、Future（引申为行动计划）。"4F"对应着 4 个学习步骤，按照这个学习步骤进行实战学习，能让学习效率事半功倍。

第 1 步，总结事实。

注意学习内容中都有什么？看可以总结出多少对自己当前工作有价值的要点。学习的过程固然重要，个人的总结同样重要。没有总结，知识都是别人的；有了总结，知识就变成了自己的。

第 2 步，表达感受。

通过总结出的要点内容，表达出自己的感受。这里的感受可以更宽泛，可以随意延展，不限于总结出的内容。横看成岭侧成峰，远近高低各不同，相同的内容，不同时间点的感受是不同的。

第 3 步，寻找观点。

通过学习的过程，获得了怎样的独立思考？形成了哪些自己的观点？得到了哪些具体收获？学而不思则罔，思而不学则殆，学习的过程必然伴随着深度的独立思考。

第 4 步，行动计划。

经过思考之后，形成具体的行动计划。这里的行动计划最好能够帮助实际工作，能够可实施，可落地。行动不仅是实践学习成果的方法，也是检验学习成果的有效方式。实施行动计划过程中如果发现问题，可以再回到第 1 步重新学习。

"4F"学习成长工具是个闭环。每一个学习过程，都可以用"4F"学习成长工具进行复盘。当人们刻意运用这个工具学习的时候，即便学到自己已经知道的内容，也往往会有一些新的认知，新的理解和新的感悟。

如果读者朋友在系统学习任康磊的人力资源管理系列图书、线上课或线下课，建议不断运用这个工具开展学习，您将能够不断获得成长与提升。

系统有效地学习任康磊的人力资源管理系列学习产品（图书、线上课、线下课），将帮助 HR 全面提升个人能力，提升职场竞争力；帮助 HR 成为解决人力资源管理实际问题的专家，提高 HR 的岗位绩效；帮助 HR 迅速增加个人价值，增加职场话语权。

最后，要感谢广大读者朋友们的支持与厚爱，感谢人民邮电出版社恭竟平老师与马霞编辑的指导与帮助，感谢张增强老师的鼎力协助。

祝读者朋友们能够成为卓越的人力资源管理者。

HR，让咱们用专业证明自己！

企业管理的对象是什么？

有人说是"人"。企业是由人组成的，企业中的所有工作都是由人完成的，管住了人，就等于管住了企业。

有人说是"财"。企业没有钱，寸步难行。企业要存续，必须要有一定的财务成果。管住了"财"，企业才有未来。

有人说是"物"。企业的产品、半成品、其他资产，常以"物"的形式存在，管好了这些物品，才能控制好企业的成本与损耗。

这些回答都正确，但还有一个特别重要的维度——"关系"，人与财的关系、人与物的关系、人与人的关系以及人与组织的关系等，这些都需要企业管理好。所以也有一种说法——管理就是管"关系"。

协调人与组织之间关系的管理叫员工关系管理。员工关系管理影响着企业员工的态度、行为、工作效率和执行能力，是人力资源管理的重要职能之一。

良好的员工关系管理可以有效提高员工心理上的满足感，有利于提高员工的工作意愿和积极性，也可以在一定程度上保障企业战略和目标的有效执行。

"员工关系"这个词来源于西方的人力资源管理体系。随着西方工业革命的兴起，企业越来越多，员工和企业之间的关系开始出现问题，员工和企业之间的矛盾、对抗、冲突等越来越容易被一些不稳定的因素激化。

在企业和员工的长期博弈中，有关企业管理和人力资源管理的方法论得到迅速发展，企业方发现，要想缓解企业和员工之间的矛盾，就要做好员工关系管理，要充分尊重员工，要让员工充分参与企业经营管理和决策过程。随着与劳动相关的法律法规的不断完善，企业也越来越重视员工关系管理。

狭义角度的员工关系管理，就是企业和员工之间的沟通管理，主要目的在于稳定员工队伍，促进企业和员工之间的沟通，调节企业和员工之间的相互关系和影响，为员工建立职业通道，为员工设计职业规划，实现企业和员工的双赢。

广义角度的员工关系管理，就是从企业的顶层设计出发，在人力资源管理体系中，通过制定企业的人力资源管理政策，编制规章制度，进行流程设计，做出岗位职责划分，引导企业文化，从而确保企业和员工之间保持和谐的关系。

目前，中国大部分企业实施的员工关系管理仅停留在"劳动关系管理"的阶段，工作内容主要集中在企业如果发生法律风险，应该如何应对。造成这一情况的主要原因包括如下方面。

1. 认识不足

很多企业并不认为员工关系管理是一项重要的工作，没有为员工关系管理设立专门的岗位。有专门设置员工关系管理岗位的企业，相关工作人员的专业能力有限：有的不清楚员工关系管理该有的工作内容，有的不知道员工关系管理岗位存在的核心目的，有的甚至连基本的劳动法律法规都没有完全掌握。

2. 物质激励为主

很多企业对员工的激励还停留在物质激励、金钱激励的阶段，不重视企业文化建设，不重视员工的职业发展，不重视员工的精神生活建设，不重视员工的身体健康，不重视员工可能存在的工作压力。

3. 不重视长期激励

因为对物质激励的重视，很多企业只看重短期激励，期望通过短期激励引导员工的行为。实际上，长期激励更有助于稳定员工队伍，降低企业的用工成本。企业的长期激励不仅可以通过物质激励实现，还可以通过创造企业文化、提高企业福利、建设企业与员工的长效沟通机制来实现。

然而，随着企业用人成本越来越高，员工越来越个性化，员工的离职率也越来越高，越来越多的企业开始重视员工关系管理，重视员工的职业发展。企业期望通过员工关系管理为员工提供良好的职业发展机会，为员工实现个人目标的同时，实现企业的目标。

针对企业如何做好员工关系管理和员工职业发展体系建设，笔者总结了实际工作中常见的操作方法和工具，并结合大量的实操案例形成本书。希望本书能让读者快速学习员工关系管理和员工职业发展体系建设的方法论、工具、案例、模板和注意事项。

随着政策的更新变化，本书迎来了第1次修订。本次修订的内容主要包括如下2点。

1. 增加了员工敬业度的实操方法

员工敬业度调查不同于员工满意度调查，它是为了解员工对公司的归属感、对工作的积极性和对岗位的责任感而进行的调查。相对于员工满意度调查来说，员工敬业度调查的调查问卷更客观。随着企业越来越重视员工敬业度，本次改版增加了员工敬业度操作的相关内容。

2. 增加了企业实施员工关系管理的优秀案例

为增加本书的实用性，让本书内容更贴近实战。本次改版为读者提供更多的实务内容参考，丰富了本书的案例，增加了一些优秀企业实施员工关系管理的实践。

除以上2点主要修正内容外，本次改版还对原书章节内容做了改写和升级，修正了个别表述方式。

有效的学习是带着问题学习。建议读者拿到本书后，不要马上从第一个字看到最后一个字。读者可以先带着问题，根据当前企业的具体情况，选择企业最薄弱的环节，来查找本书中的操作方法，根据企业实际状况思考、确定、实施和复盘解决方案。

当具体问题得到缓解之后，读者可以由此切入，查找知识点；由知识点延伸，找到流程线；由流程线拓展，发现操作面；由操作面升华，全面掌握整个员工关系管理和员工职业发展体系建设的实施方法。完成以上环节后，读者从整个体系的角度，自上而下地看问题，又会有新的、更深刻的认识。

由于与人力资源管理相关的法律、法规等政策文件具有时效性，本书中一切内容皆基于书稿完成时的相关政策规定。若政策有所变化，可能会带来某些模块或操作方法的变化。届时，请读者朋友们以新的官方政策文件内容为准。

希望本书能够持续为各位读者朋友的人力资源管理实践提供帮助。如有更多人力资源管理实战学习需求，欢迎关注其他任康磊的人力资源管理系列丛书、线上课或线下课。

祝读者朋友们能够学以致用，更好地学习和工作。

本书若有不足之处，欢迎读者朋友们批评指正。

本书特色

1.通俗易懂、案例丰富

读者拿到本书后能够看得懂、学得会、用得上。本书不仅知识点全面，而且包含丰富的实战案例，让读者能够快速掌握员工关系管理和员工职业发展体系建设的操作方法。

2.上手迅速、模板齐全

本书把大量复杂的理念转变成能在工作中直接应用的、简单的工具和方法，并把这些工具和方法可视化、流程化、步骤化、模板化。同时，随书附赠的模板文件，让初学者也能够快速上手开展工作。

3.知识点足、实操性强

本书共涉及 300 多个员工关系管理和员工职业发展体系建设的知识点和相关内容，知识点的选择立足于解决工作中的实际问题。读者一书在手，从此员工关系管理和员工职业发展体系建设操作无忧。

本书内容及体系结构

本书主要介绍企业员工关系管理和员工职业发展体系建设的常见工作模块内容。

第 1 章　员工关系管理基本认识

本章分成 2 部分。第 1 部分主要介绍员工关系管理的认识，内容包括员工关系管理的误区和价值；第 2 部分主要介绍员工关系管理的做法，内容包括员工关系管理的原则和内容。

第 2 章　入职环节员工关系管理

本章分成 3 部分。第 1 部分主要介绍入职前的员工关系管理，内容包括最低工资、就业歧视、岗位发布；第 2 部分主要介绍入职过程的员工关系管理，内容包括入职登记环节、员工入职流程和入职风险防控；第 3 部分主要介绍劳动合同，内容包括劳动合同管理、保密协议管理和竞业限制协议管理。

第 3 章　在职环节员工关系管理

本章分成 3 部分。第 1 部分主要介绍试用与转正环节的员工关系管理，内容包括实习期、试用期、转正和见习期管理；第 2 部分主要介绍调岗调薪，内容包括岗位和薪酬调整；第 3 部分主要介绍工作时间，内容包括标准工时制度、综合工时制度、不定时工时制度和特殊工时认定。

第 4 章　离职环节员工关系管理

本章分成 4 部分。第 1 部分主要介绍员工主动离职操作方法，内容包括主动辞职操作方法、劳动合同到期操作方法、员工退休操作方法；第 2 部分主要介绍员工被动离职操作方法，内容包括劝退不合格员工操作方法、辞退员工操作方法、经济性裁员操作方法；第 3 部分主要介绍离职面谈方法和技巧，内容包括离职面谈的时间、地点、实施人、操作方法、注意事项；第 4 部分主要介绍离职风险防控方法，内容包括离职常见风险防控、离职承诺与离职证明模板。

第 5 章　员工职业通道建设

本章分成 4 部分。第 1 部分主要介绍岗位管理，内容包括岗位分类方法、岗位分析方法、岗位职责描述、岗位职等职级；第 2 部分主要介绍岗位责、权、利分配，内容包括责、权、利分配的价值、作用、工具、方法、应用与案例；第 3 部分主要介绍职业发展管理条件，内容包括职业发展管理的实施价值、组织机构和关键任务；第 4 部分主要介绍员工职业发展路线，内容包括职业发展生态系统、通道建设和晋升流程。

第 6 章　员工职业发展

本章分成 4 部分。第 1 部分主要介绍员工职业选择，内容包括职业兴趣测评方法和应用、员工职业选择匹配、价值观与岗位选择；第 2 部分主要介绍员工职业生涯规划，内容包括职业生涯发展阶段、员工职业发展方向、员工职业生涯规划、员工个人发展计划；第 3 部分主要介绍员工职业适应，内容包括员工职业能力开发、组织和职业满意度；第 4 部分主要介绍员工职业平衡，内容包括职业平衡问题查找、职业生活平衡达成、提升职业幸福感。

第 7 章　企业文化管理

本章分成 4 部分。第 1 部分主要介绍企业文化认识，内容包括何为企业文化、企业文化形象、企业文化种类；第 2 部分主要介绍企业文化建设，内容包括企业文化建设维度、步骤、传播方法；第 3 部分主要介绍企业文化中的仪式感，内容包括仪式感的作用、原理和应用；第 4 部分主要介绍跨地区企业文化管理，内容包括影响跨地区企业文化管理的环境因素、精神文化和行为文化。

第 8 章　规章制度编制与管理

本章分成 4 部分。第 1 部分主要介绍系统汇编规章制度的要点，内容包括规章制度编制的种类、问题导向、量化、数据获取和注意事项；第 2 部分主要介绍员工手册，内容包括员工手册的内容框架、编制步骤、编制注意事项和使用方法；第 3 部分主要介绍规章制度合法通过程序，内容包括合法通过规章制度的法律规定、民主程序和公示程序；第 4 部分主要介绍员工违规处理，内容包括员工违规的判断、违规处理和赔偿责任。

第 9 章　员工福利管理

本章分成 3 部分。第 1 部分主要介绍福利基本认识，内容包括福利的种类、原理和应用；第 2 部分主要介绍福利发放效应，内容包括福利的发放方式、选择效应和传播效应；第 3 部分主要介绍弹性福利类别，内容包括弹性福利中的补充商业保险、节日福利、集体活动、健康管理、绩效奖励、其他种类。

第 10 章　员工关怀管理

本章分成 3 部分。第 1 部分主要介绍员工访谈，内容包括员工访谈的方法、流程、话术和总结；第 2 部分主要介绍员工满意度调查，内容包括员工满意度调查的流程、内容、形式和注意事项；第 3 部分主要介绍员工援助计划，内容包括员工援助计划的作用、内容和实施。

第 11 章　员工参与管理

本章分成 4 部分。第 1 部分主要介绍集体合同，内容包括集体合同的特征、形式、内容和签订；第 2 部分主要介绍工资集体协商，内容包括工资集体协商的操作程序、要约内容、会议资料、合同文本和结果报审；第 3 部分主要介绍员工合理化建议，内容包括员工合理化建议的征集方式和实施流程；第 4 部分主要介绍员工敬业度分析，内容包括员工敬业度调查的问卷、实施步骤、分类模型和提高方法。

第 12 章　员工民主管理

本章分成 4 部分。第 1 部分主要介绍工会制度，内容包括工会成立、工会选举、工会权责、女职工委员会；第 2 部分主要介绍职工代表大会制度，内容包括职工代表大会召开、职工代表大会职权、职工代表权利义务；第 3 部分主要介绍其他民主制度，内容包括厂务公开制度、职工董事和职工监事制度；第

4部分主要介绍员工与企业的沟通协商机制，内容包括沟通协商机制的领导小组、问题协商、实施评估、台账管理。

第13章　员工冲突管理

本章分成3部分。第1部分主要介绍员工冲突应对，内容包括员工冲突产生原因、冲突应对关键、员工对抗处理；第2部分主要介绍员工投诉，内容包括员工投诉受理、调查和处理；第3部分主要介绍劳动争议，内容包括劳动争议产生原因、处理流程、防控方法。

第14章　员工劳动保护管理

本章分成4部分。第1部分主要介绍劳动保护，内容包括劳动防护管理、安全防护措施、女职工劳动保护；第2部分主要介绍职业病防治，内容包括职业病健康检查和管理防控；第3部分主要介绍工伤管理，内容包括工伤认定标准、工伤申报流程、劳动能力鉴定、工伤保险待遇；第4部分主要介绍劳动安全经费管理，内容包括劳动安全经费预算编制、劳动安全防护用品台账管理。

本书读者对象

人力资源管理各级从业人员。

企业各级管理者。

准备考取人力资源管理师及其他人力资源管理专业相关证书的学员。

各高校人力资源管理专业的学生。

需要人力资源管理实战工具书的人员。

其他对人力资源管理工作感兴趣的人员。

第 1 章　**员工关系管理基本认识**

第 2 章　**入职环节员工关系管理**

第 3 章　**在职环节员工关系管理**

第4章　离职环节员工关系管理

第5章　员工职业通道建设

第6章 员工职业发展

第7章 企业文化管理

第 8 章　规章制度编制与管理

第 9 章　员工福利管理

第 10 章　员工关怀管理

第 11 章　员工参与管理

第 12 章　员工民主管理

第 13 章　员工冲突管理

第 14 章　员工劳动保护管理

结语　人力资源管理人员的六大职业发展通道

第 1 章

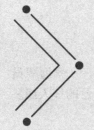

员工关系管理基本认识

员工关系指企业和员工之间的关系。员工关系管理是人力资源管理中非常重要的一个模块。做好员工关系管理，能够提高员工的满意度，增强员工的稳定性，提高员工的工作效率，降低企业的成本。

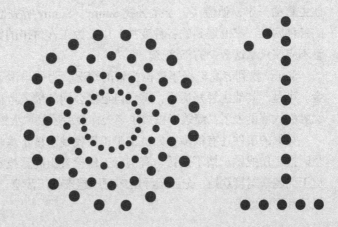

1.1　员工关系管理的认识

员工关系管理主要包括两层含义：一层是从法理角度出发，对企业和员工之间法律层面雇佣关系的管理；另一层是从情理角度出发，对企业与员工之间情感关系、人际关系、伦理关系等关系的管理。

1.1.1　员工关系管理的误区

Sunny 是一家企业的人力资源总监，有十余年的工作经验，从普通职员做到人力资源总监的位置，除了靠能力和经验之外，她还靠自己的好人缘。Sunny 特别喜欢和基层员工接触，特别关心基层员工的生活。

最令她满足的是她能够帮助员工解决困难。当某个员工向她反映问题时，她总是第一时间处理，所以每次都能快速帮员工解决困难。员工们私底下给她取了个外号——"有求必应的知心大姐"。可是，这也给她带来了许多麻烦。

某员工因为家庭困难找到 Sunny，希望 Sunny 能给自己涨一些工资。Sunny 听完这位员工的描述之后，觉得他实在是太可怜，于是给他涨了工资。结果，这位员工所在部门的其他人听说了这件事，觉得不公平，也来找 Sunny。

Sunny 推脱了几次，但这些人还是不断来找她。无奈之下，她就把这类岗位员工的工资全涨了。其他岗位的员工听说后，也来找到她诉苦，她索性说服领导，把全公司员工的工资都涨了。结果，年底业绩评估时，公司的人力费用严重超标。

某部门主管年终绩效考核得分很低，眼看到手的奖金可能还不到同级别其他主管的一半，他慌了，于是去找 Sunny。Sunny 听完他讲述这一年工作开展的各种困难、家庭遇到的各种变故，以及为工作付出的努力之后，觉得这位主管不应该只拿这么少的年终奖。

Sunny 找到老总汇报了这位主管的情况，为他申请了和其他主管一样的奖金。可是，其他主管知道后，感觉自己被公司的绩效考核愚弄了。原来说好的优胜劣汰哪里去了？绩效考核搞了半天，最后还是"大锅饭"。

类似的事件还有很多，如员工旷工后找她求情不算旷工、有主管不给员工及时报工伤找她求情不处罚、有例行工作检查出问题找她求情不通报扣分等。员工们越来越喜欢她，企业领导层却对她越来越不满意，原本定好的管理制度，最后都形同虚设。

Sunny 为此特别郁闷，难道自己对员工好一点错了吗？

员工关系管理，绝不是一味地帮助员工解决困难，也不是一味地对员工好。企业不能过分从"细节"或"个体"层面去理解和实施员工关系管理。站在员工个体的角度，员工个性化的要求非常多，企业不可能、也不需要满足全部员工的个性化要求。

每个企业都希望通过提高员工的满意度，来增强员工对企业的忠诚度和贡献度，从而增强客户的满意度。然而，对于员工关系管理究竟应该怎么管、管什么、管到什么程度，大多数企业的认识都是模糊的。有的企业有时对员工不闻不问，有时又对员工千依百顺；有时对员工很抠门，有时又对员工很大方。那么，这其中的"准心"在哪里呢？

员工关系管理的最终目的绝不仅是让员工满意，而应该是使每一位"权利人"满意。什么是"权利人"？它指的是员工、顾客、股东、投资人、社会与环境，甚至包括供应商和竞争对手。正确的员工关系管理，是尊重各个"权利人"的权利，同时保证与权利对等的各个"义务人"会履行相应的义务。

1.1.2　员工关系管理的价值

戴维·尤里奇（Dave Ulrich）曾提出，人力资源管理者可能扮演着 4 种角色，分别是战略伙伴（Strategic Partner）、变革推动者（Change Agent）、行政专家（Administrative Expert）、员工后盾（Employee Advocate）。扮演好员工后盾这一角色时员工关系管理至关重要。

很多企业在外部市场状况良好、企业财务状况良好的时候，没有员工关系管理的意识。当企业不断发展壮大，员工产生大量的抱怨和不满，生产效率越来越低，甚至出现大规模员工离职的时候，才意识到和员工的关系已经出现问题，但为时已晚。

当全面关系管理（Total Relationship Management，TRM）被企业认可并争先效仿的时候，企业对外部顾客实行的客户关系管理（Customer Relationship Management，CRM）和对内部员工实行的员工关系管理（Employee Relationship Management，ERM）也随之发展起来。

1. 员工关系管理能够增强企业的雇主品牌

雇主品牌是企业作为雇主在人力资源市场中的形象。雇主品牌代表着求职者对雇主的一种信任、一种想象和一种预期。雇主品牌和商业品牌类似，当人们买商品的时候，即使某种商品的价格比较贵，但如果这种商品属于某知名品牌，人们可能还是会购买。雇主品牌也能让一些在人才市场上没有优势的岗位被求职者欣然接受。

求职者很关注入职后在企业的工作情况，越来越多的雇主点评网站被求职者使用，同时很多社交平台也成了求职者打探企业情况的常用渠道。优秀的员工关系管理能够让企业内部的员工对企业产生认可，从而形成口碑效应。

2. 员工关系管理能够增强企业的竞争优势

企业和员工之间存在利益上的对立统一关系，所以企业需要实施员工关系管理。企业可以通过员工关系管理，提高内部员工的稳定性、满意度和敬业度，从而提高企业的生产效率，增强企业的竞争优势。

3. 员工关系管理能够降低企业的管理成本

员工关系管理的质量直接决定了企业和员工之间交流的质量，影响着企业的沟通成本，从而影响着企业的管理成本。好的员工关系管理，能够让团队之间的沟通更加顺畅，完成的工作质量更高。

1.2　员工关系管理的做法

员工关系管理贯穿人力资源管理的各个方面，当企业还在招聘员工时，员工关系管理就已经开始了。员工关系管理可以包括员工的衣、食、住、行、工等方面。员工关系管理的个别事务性工作可以外包，但要让员工关系管理工作真正发挥作用，需要企业人力资源管理人员或员工的直属上级对企业文化、企业环境、员工特性有足够的了解，而且要经常主动接触员工。因此，大部分员工关系管理工作不适合外包。

1.2.1　员工关系管理的原则

企业实施员工关系管理，要遵循如下原则。

1. 以追求心理契约为核心

能够留住员工在企业工作的，有劳动契约和心理契约两类契约。劳动契约包括劳动合同、社会保障、薪酬政策、劳动保护等企业依法应当为员工提供的内容；心理契约包括职业发展、工作授权、福利政策、企业文化等具备企业特色的内容。

劳动契约一般是有形的，心理契约通常是无形的；劳动契约能够留住员工的人，心理契约能够留住员工的心。企业要做好员工关系管理，在做好劳动契约建设的同时，也要做好心理契约建设。

2. 以统一文化制度为根本

企业中合理的利益分配关系、上下级关系，决定了企业员工关系管理的质量。企业的良性发展依赖多方利益相关者实现共赢。企业实施员工关系管理不应对不同的员工采取不同的策略，而应当对全体员工采取统一的标准。

企业应当根据统一的企业文化标准和规章制度标准建立企业与员工共生共存、共同发展的局面，根据统一的晋升机制、激励机制、约束机制，合理平衡企业各方的利益关系，保证员工关系管理的和谐发展。

3. 以直属上级参与为导向

员工关系管理的关键并不是人力资源部门和员工之间的互动关系，而是员工的直属上级和员工之间的关系。人力资源部门在员工关系管理过程中充当着"配角"的角色，"主角"是员工和员工的直属上级。

在日常工作中，员工的直属上级和员工直接接触，能够第一时间掌握员工的工作、生活等情况，能够第一时间对员工实施员工关系管理。员工的直属上级对员工实施员工关系管理，能够提高团队凝聚力，让员工和企业之间的关系更协调，更容易实现企业的目标。

4. 以员工认同企业为目标

员工对企业的认同能够换来双方更好的发展，员工关系管理的终极目标是实现企业和员工双方的发展以及让企业各利益相关方满意。实施员工关系管理，可以让员工认同企业文化、企业愿景、企业理念。

从微观角度看，员工和企业之间存在一定的利益冲突，但从宏观角度看，企业和员工之间是共赢关系。当员工认同企业的时候，企业文化以及企业的各项管理制度会更容易得到落实，企业的组织能力也会更强。

1.2.2 员工关系管理的内容

员工关系管理的前提是实现企业的可持续发展。企业在实施员工关系管理的时候，一方面要注意合法合规，另一方面要注意合情合理。员工关系管理的工作内容非常繁杂，从宏观角度来讲，企业中只要与人有关的工作，都和员工关系管理工作有一定的联系。

企业中常见的员工关系管理工作包括如下内容。

1. 员工纪律管理

主要工作内容包括：制定并维护企业统一的制度、流程、规范或标准作业程序（Standard Operating Procedure，SOP）；通过在员工纪律管理实施过程中采取的宣传、引导、纠偏、奖惩等方式，提高员工行为的统一性和组织纪律性。

2. 劳动关系管理

主要工作内容包括：办理员工入职和离职手续；预防入职和离职过程中的相关风险；人员信息管理；人事档案管理；劳动合同管理；劳动保障物资管理；处理员工投诉；处理劳动争议；处理突发意外事件。

3. 员工沟通管理

主要工作内容包括：建立并维护员工上下级之间畅通的沟通渠道；建立并

维护合理化建议制度；建立并维护员工参与企业部分决策的方式；引导并帮助员工在工作中建立良好的人际关系；确保员工的民主管理。

4. 员工支持服务

主要工作内容包括：实施员工援助计划（Employee Assistance Program，EAP），帮助员工实现工作与生活的平衡；开展员工满意度调查，优先解决员工最关注的问题；监测并处理劳动风险事项；提供与员工生活和工作相关的知识普及培训服务；提供员工身心健康服务。

5. 员工活动管理

主要工作内容包括：创建并维护员工各类业余活动的方式、地点或氛围；定期组织开展各类文化、体育、娱乐活动；丰富员工生活，帮助员工缓解工作压力，实现劳逸结合；增强组织的凝聚力。

6. 企业文化建设

主要工作内容包括：建立并维护健康向上的企业文化；鼓励员工参与企业文化的建立和维护工作；引导员工认同企业的愿景和价值观，将企业的愿景和规划与员工的愿景和规划连接匹配。

【实战案例】华为任正非谈员工关系与员工发展

2000 年的时候，华为公司轮值 CEO 徐直军写了一篇文章《告研发员工书》，批评部分研发人员"一个对生活斤斤计较的人，怎么能确保高效工作呢？葛朗台式的人在公司是没有发展前途的。"

华为公司的主要创始人任正非随后批示说："你们都是成人了，要学会自立、自理。我们是以客户为中心，怎么行政系统弄出来一个莫名其妙的员工满意度，谁发明的？员工他要不满意，你怎么办呢？现在满意，过两年标准又提高了，又不满意了，你又怎么办？满意的钱从什么地方来，他的信用卡交给你了吗？"

"正确的做法是，我们多辛苦一些，让客户满意，有了以后的合同，就有了钱，我们就能活下去。员工应多贡献，以提高收入，改善生活。我们的一些干部处于幼稚状态，没有工作能力，习惯将矛盾转给公司，这些干部不成熟，应调整他们的岗位。"

"海外伙食委员会不是民意机构，而是责任机构，要自己负起责任来的，而不是负起指责来。国内后勤部门要依照市场规律管理，放开价格、管制质量。全体员工不要把后勤服务作为宣泄的地方，确实不舒服要找心理咨询机构，或者天涯网。"

当时，有个员工问任正非："华为如何创造员工成长的土壤？总不能说是沙漠或是岩石，那我再好的苗也起不来呀。"

任正非说："沙漠也要靠你去把它变成土壤，你要敢于用你的身体化成一种肥料，然后这个沙漠才能变成土壤，你要有这种牺牲精神和献身精神，如果大家都不希望献身，只希望沙漠变成土壤，我在这儿成长得非常快，别人都为我做牺牲，而我不牺牲，那你永远都没有希望，所以我们讲的献身精神就是把自己的身体化成肥料，去把沙漠改造了。"

任正非曾经在 2000 年 7 月 17 日下午与 2000-22 期新员工学员进行交流，过程中新员工对任正非提出了不少员工关系和职业发展相关的问题，从任正非的回答中，能够看出华为公司在员工关系管理方面的导向。

有新员工问："您如何看待老板与员工的关系？"

任正非回答："华为公司没有老板，老板也是天天干活、打工，他上班的时间比别人长，从来没有吵过加班工资。员工是未来的老板，都在劳动过程中创建企业未来，这是平等的。但是从工作经历、能力、年龄优势来看，不同的人在不同时期有不同岗位。"

有新员工问："您认为什么样的员工在华为才能发展最好？"

任正非回答："不讲话，老老实实干活的员工肯定能有最好的发展。埋头苦干、做好具体工作的员工进步得最快。"

"我是指不要哗众取宠，也不要构想脱离公司实际的问题。这个不讲话是指此而言的。积极地思维，勇敢地创新，不怕失败与挫折，坦诚沟通，真心帮助，你肯定进步快。我讲过员工多一点打工意识，少一点主人翁心态，是少一点，而不是一点不讲。"

"如果员工一进公司，到处指点问题，而忘了自己本职工作最重要，最后会被辞退，既然是主人，为什么会被辞退，所以你是处在打工地位。真正的主人是你母亲，她什么都管，尽管她自己的事没干好，你不会辞退她，这才是真正的主人。"

"我讲的核心是，员工要受约束。我们可以做主人，但要先把本职工作做好，否则主人也做不了。踏踏实实的员工不一定是无能员工。我不是要求大家不说话，而应该集中精力关注本职。"

有新员工问："在公司评定员工是否会考虑道德因素？公司在工作时间外是不是不管员工？"

任正非回答："道德对一个人很重要。有些不拘小节不会影响你的进步，但是你想成为一个领导，必须严格要求自己。道德不进入评分，但对你的评价还是很重要的。犯有大的道德问题，我们也会辞退，我们要求员工有做人的规范。"

"公司不是保姆，不会把员工 24 小时管起来，你要学会自己生活，多交几个朋友，使自己的生活丰富多彩起来。"

有新员工问："不学技术的员工希望在管理道路上走得很远，应如何选择？"

任正非回答："不学技术的员工要在管理上走得很远，只能离开华为。因为华为管理不可能离开华为的主线，管理必须与主线相关。因此不懂技术就是要努力钻研，钻研程度可以不要很深，但是一定要懂。"

【实战案例】阿里巴巴的员工关系管理

员工离职的原因归结到最后就两条，要么钱没给到位，要么受到委屈了。阿里巴巴是一个舍得分钱的企业，除了金钱激励之外，阿里巴巴还会通过员工关系管理加强企业与员工之间的沟通，缓解企业与员工之间的矛盾与冲突，降低员工的流失率，从而对劳资关系产生积极的影响。

阿里巴巴为了缓解员工的工作压力，运用各种方法为员工营造欢快的工作氛围，让员工在努力工作的同时，感受到工作的趣味性和话题性。让一些故事和话题在企业内外流传，可以强化雇主品牌建设，促进口碑的传播。

阿里巴巴把成为最佳雇主作为企业追求的目标。围绕这个目标，阿里巴巴一直在坚持做组织成效调查。阿里巴巴通过组织成效调查，了解员工的幸福指数，理解员工的心理，弄清楚阿里巴巴员工的幸福由哪些元素组成。

关于阿里巴巴这种提高员工幸福感的努力，企业内部也有人抱有怀疑态度，因为人的幸福感是一件难以琢磨且很主观的事情。即使这样，阿里巴巴还是希望在寻找答案的过程中，找到提升员工满意度的方法。

在一般的企业中，组织发展部门通常叫作 OD（Organization Development）。阿里巴巴把具有类似职能的部门命名为 P&OD（People and Organization Development，人力和组织发展部门），这一方面体现出阿里巴巴对人才发展的重视，另一方面也明确了阿里巴巴组织发展的方向和目的。

阿里巴巴的 P&OD 部门和其他业务部门一起，成立专项小组，共同深入研究提升员工满意度的方法。

同时，阿里巴巴的 P&OD 部门也致力于打造一个轻松、快乐、有活力的组织，希望为员工创造快乐的工作氛围——"Work with Fun"（快乐工作）。让员工感受到工作不仅是辛苦的、物质的，也是令人享受的。在能使员工达到快乐这方面，阿里巴巴的各类兴趣派对、纪念日活动、歌舞晚会、集体活动等起到了重要的作用。

有的企业人力资源部门组织员工活动可能会因为各部门工作较忙而遭遇重重阻力。如果因为活动影响了员工的本职工作，从而降低了员工或部门的绩效，那必然会引起员工和部门的不满。

　　为此，阿里巴巴的 **P&OD** 部门在安排各类活动时，以不影响正常业务开展为前提，一方面倡导团队协作的企业文化，鼓励部门或团队集体参与，另一方面鼓励员工秀出自己，同时员工也可以通过参加集体活动展示部门或团队的风采。

　　在阿里巴巴工作的很多员工说自己工作时，感觉是在"玩"，在快乐的氛围之中，不经意间"玩"出了工作成果。

第 2 章

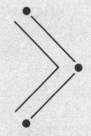

入职环节员工关系
管理

入职环节的员工关系管理能够帮助企业降低法律风险，能够让员工对企业有一个好的第一印象，能够提高员工对企业的评价。入职环节的员工关系管理主要包括入职前和入职过程两个方面。

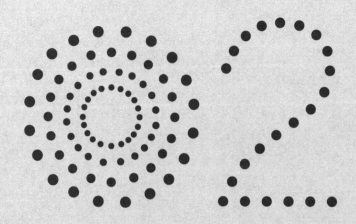

2.1 入职前

员工关系管理的开始时间不是在员工入职时。企业对于还没有入职的潜在员工，就应当开始做员工关系管理工作，以免给社会造成不良影响，影响企业的声誉。

2.1.1 最低工资

最低工资，指员工在法定工作时间或依法签订的劳动合同约定的工作时间内提供了正常劳动的前提下，企业依法应支付给员工的最低劳动报酬。关于最低工资标准，可以参考《最低工资规定》（2004年3月1日施行）的规定。

最低工资标准的形式有两种，一种是月最低工资标准，另一种是小时最低工资标准。月最低工资标准适用于企业的全日制员工，小时最低工资标准适用于企业的非全日制员工（小时工）。

最低工资标准中的工资标准指的不是员工每月到手的全部工资，而是在员工提供正常劳动的情况下，企业应支付给员工的工资在剔除下列各项以后的余额。

（1）延长工作时间工资。

（2）中班、夜班的补贴，在高温、低温、井下、有毒有害等特殊工作环境、条件下工作的津贴。

（3）法律、法规和国家规定的劳动者福利待遇等。

实行计件工资或提成工资等工资形式的企业，在科学合理的劳动定额基础上，支付给员工的工资不得低于相应的最低工资标准。

如果员工由于本人原因造成在法定工作时间内或依法签订的劳动合同约定的工作时间内未提供正常劳动，如员工没有按照企业的工作时间正常出勤，则不适用于最低工资标准的相关规定。

最低工资标准的确定和调整方案，由省、自治区、直辖市人民政府劳动保障行政部门会同同级工会、企业联合会／企业家协会研究拟订，并将拟订的方案报送劳动保障部。劳动保障部对方案可以提出修订意见，若在方案收到后14日内未提出修订意见，视为同意。

省、自治区、直辖市劳动保障行政部门应将本地区最低工资标准方案报省、自治区、直辖市人民政府批准，并在批准后7日内在当地政府公报上和至少一种全地区性报纸上发布。省、自治区、直辖市劳动保障行政部门应在发布后 10 日内将最低工资标准报劳动保障部。

最低工资标准每两年至少调整一次。最低工资标准发布后，企业应在最低工资标准发布后 10 日内，将该标准向本企业的全体员工公示。

2.1.2　就业歧视

《中华人民共和国就业促进法》（2015 年 4 月 24 日施行）的有关规定如下。

劳动者依法享有平等就业和自主择业的权利。劳动者就业，不因民族、种族、性别、宗教信仰等不同而受歧视。

用人单位招用人员，除国家规定的不适合妇女的工种或者岗位外，不得以性别为由拒绝录用妇女或者提高对妇女的录用标准。用人单位录用女职工，不得在劳动合同中规定限制女职工结婚、生育的内容。

用人单位招用人员，不得歧视残疾人。

用人单位招用人员，不得以是传染病病原携带者为由拒绝录用。但是，经医学鉴定传染病病原携带者在治愈前或者排除传染嫌疑前，不得从事法律、行政法规和国务院卫生行政部门规定禁止从事的易使传染病扩散的工作。

所以，有的企业在招聘过程中规定"仅限男性""只接受'211'或'985'院校毕业生""女性必须已婚已育，不接受未婚未育女性""不接受少数民族人员""不接受残疾人"等都属于就业歧视，严重侵犯了劳动者依法应当享有的平等就业权利。

2019 年 2 月 18 日，为了促进女性就业，保证女性就业的合法权益，人力资源和社会保障部、教育部、司法部、卫生健康委、国资委、医保局、全国总工会、全国妇联、最高人民法院 9 部门联合发布《关于进一步规范招聘行为促进妇女就业的通知》，其中有如下规定。

依法禁止招聘环节中的就业性别歧视。各类用人单位、人力资源服务机构在拟定招聘计划、发布招聘信息、招用人员过程中，不得限定性别（国家规定的女职工禁忌劳动范围等情况除外）或性别优先，不得以性别为由限制妇女求职就业、拒绝录用妇女，不得询问妇女婚育情况，不得将妊娠测试作为入职体检项目，不得将限制生育作为录用条件，不得差别化地提高对妇女的录用标准。

该通知明确了企业不仅在发布招聘岗位的环节不得歧视女性，而且在招聘面试的环节，企业询问女性求职人的婚育状况就已经涉嫌违法。该通知进一步强化了对女性就业的保障。

关于就业歧视，企业要有正确的认识。就业歧视不代表企业要无条件接受所有人，企业应当合法、合情、合理地制定岗位的用人标准。

例如，餐饮服务行业明确规定患某些疾病的人员不得从事一线服务，这些规定企业在招聘时应当介绍清楚。员工入职前要进行健康检查，需要持健康证上岗；外卖送餐岗位需要求职人具备基本的行动能力，这类岗位不适合腿部有残疾的人担任；矿山和井下作业的岗位不适合女性。这些情况都不属于就业歧视，是根据岗位特性规定的从业要求。

2.1.3　岗位发布

企业发布岗位的时候，在注意避免就业歧视的同时，一般还要标明6部分内容，分别是岗位名称、岗位职责、任职要求、薪酬待遇、工作地点和企业情况。

1.岗位名称

工作岗位名称是求职者第一眼会看到的内容，所以在确定工作岗位名称时，要注意对求职者的吸引力。确定工作岗位名称要注意准确、通用、突出、控制字数。

2.岗位职责

清晰的岗位职责描述既方便求职者决策，也减少招聘方不必要的麻烦，节省招聘时间和减少工作量。岗位职责描述要体现岗位的特点，用简明的语言描述，强调岗位为企业和员工创造的价值，强调员工在工作中可能获得的成长。

3.任职要求

岗位任职要求不要罗列得太多，列出关键的3～5项即可。相同的岗位，在不同的时期，对任职要求的侧重点可能是不同的，企业要根据情况更新。写任职要求的时候，应该更注重技能层面，而不是经验层面。最好不要用工作经验来判断技能。

4.薪酬待遇

发布岗位信息时，应当明确薪酬待遇，不能有虚假成分。可以通过描述其他的福利政策来增加企业的吸引力。例如，有的岗位能提供更多的学习和成长机会，有些岗位能够提供更多的弹性工作时间等，以此来补足薪酬绝对值上的不足。

5.工作地点

企业发布岗位信息时，要写明工作地点、企业地点和面试地点。工作地点指待招聘岗位长期工作的地点，或者说需要求职者通过面试后，正式工作时长期所处的地点。企业地点一般指岗位所属企业所在地，一般是招聘企业的营业登记地点。面试地点指需要求职者参加面试活动的具体地点。

6. 企业情况

企业发布岗位信息时，应当大致描述企业的情况，准确传达企业的品牌信息以及现在的发展情况。

2.2　入职过程

企业确定候选人，在候选人正式入职前，需要为候选人办理入职手续。做好员工入职管理工作，不仅能保证员工在入职阶段基本的手续办理、合同签订、试用转正等流程的标准化、规范化，更能让新员工感受到企业的办事效率，从而快速融入企业文化、进入工作角色。

2.2.1　入职登记环节

在员工入职环节，企业首先要采集员工的信息，员工应填写入职登记表。入职登记表如表 2-1 所示。

表 2-1　入职登记表

一、应聘情况
应聘职位：_____可到职日期：_____要求薪酬：_____
招聘信息来源：_____是否可以外派工作：□是 □否

二、个人情况
姓名：____ 曾用名：____ 性别：___ 籍贯：____ 民族：__ 血型：___
婚姻状况：□未婚 □已婚 □离异 □其他 出生日期：___年__月__日 □阴历 □阳历
身份证号码：_____政治面貌：_____户口所在地：_____
家庭住址：_____
现住址：_____ □父母房 □自房 □亲戚房 □租房 □其他
档案所在单位：_____与原单位关系：□停薪留职□辞职□开除公职□下岗□买断
是否持有再就业优惠证：□是 □否 原单位是否已缴纳养老保险金：□是□否
是否已缴医疗保险：□是□否
联系电话：（手机）_____（住宅）_____E-mail：_____
是否需公司安排住宿： □是 □否

三、接受教育情况（从高到低依次填写）					
学历	学校	专业	起始时间	终止时间	备注

四、工作情况

原工作单位 （全称）	职位	月工资	起始 时间	终止 时间	离职 原因	公司 电话	直接 主管	人力资源 负责人

本人同意做背景调查　　　　　　　　　　签字：

五、接受社会正规培训情况/所获证书（按时间先后顺序）

培训主题 / 证照名称	培训地点 / 获取地	起始时间 / 获取时间	终止时间 / 有效期限	备注

六、家庭主要成员

姓名	年龄	与本人关系	所在单位	联系电话

七、个人特长与技能

个人特长		电脑操作水平		懂何种外语及熟练程度	

八、介绍人情况/在本公司工作亲友

姓名	与本人关系	所在部门	在职职位	备注

九、健康状况

身高		体重		视力（裸眼）	左：　右：	身体状况	

当前是否受伤或手术：　　　　　　　　　　　　　　□是　□否

现在或以前是否有下列病症和缺陷：　□是　□否　如有下列病症者，请用"√"表示并加以说明：

□肺病　□皮肤病　□精神病　□糖尿病　□痢疾　□肾病　□其他疾病

详细说明：

十、声明

除了较轻微之交通违例外，是否曾被拘控或受任何执法部门所扣押：　　　□是　□否

若"有"请详述之＿＿＿＿＿＿＿＿＿＿＿＿＿＿

过去是否曾被任何机构解雇：　　　　　　　　　　　　　　□是　□否

若"有"请详述之＿＿＿＿＿＿＿＿＿＿＿＿＿＿

本人现声明上述资料完全正确，并无蓄意隐瞒任何事实。本人同意如发现填报之资料有虚假事实，公司有权终止与本人的雇佣合约或劳动关系，并不做任何补偿。本人允许公司对上述资料进行查证，愿意接受必需之体格检查。

申请人签署：＿＿＿＿＿＿＿　　　　日期：＿＿年＿＿月＿＿日

续表

面试情况表（此内容由公司有关部门填写）
人力资源部门初试意见：　□推荐　　□可以保留　　□不予考虑 评语：_____ 简历：A□　B□　C□　（A：良好 B：一般 C：较差） <div style="text-align:right">面试人：　　　日期：</div>
分管领导意见/部门复试意见：□推荐　　□储备　　□不予录用 评语：_____ <div style="text-align:right">面试人：　　　日期：</div>
录用情况（由人力资源部门签署）： 录用部门：_____录用岗位：_____试用期：_____个月 试用期薪酬：_____职务级别：_____报到日期：_____ <div style="text-align:right">人力资源部门：_____日期：_____</div>

　　入职登记表不仅起着收集员工信息的作用，而且具备一定的法律效力。如果员工因为在入职时提供虚假信息而取得某岗位，当企业发现后，入职登记表可以作为企业方与员工解除劳动关系的有利证据。

　　为确保员工入职登记表填写得准确无误，人力资源部门要对员工入职材料和信息的真实性做仔细核查，重点关注的信息包括员工的教育背景、工作经历、家庭成员、紧急联系人及通信地址、健康状况等。务必要求新员工在岗位申请表最后的声明中签字。

　　对于有疑问的信息，企业要实施必要的背景调查。人力资源部门应做两项工作：核查员工上一个单位开具的双方已经解除劳动关系并不存在任何劳动纠纷的证明；对于特殊或敏感岗位，要提前通过电话、邮件、传真等方式审查候选人是否还处在竞业限制期。

　　企业要妥善保管员工入职登记表，并整理员工信息，最好将员工信息通过内网系统或 Excel 表统一管理，便于快速查找和分析员工信息。同时，企业要注意对员工信息的保护，不得泄露员工信息。

2.2.2　员工入职流程

　　员工面试合格，企业对其发放录用通知书后，员工一旦接受并确认，下一步就是办理入职手续。员工入职的基本流程及关键控制点如下。

1.入职前的准备

新员工报到前，企业需要做好充分的准备工作，主要包括如下内容。

（1）确定好新员工的入职时间，提前做好入职手续办理的各项准备工作。

· 16 ·

（2）虽然录用通知书中已包含员工入职需要携带的相关资料信息，但为防止新员工入职时遗漏，人力资源部门最好提前打电话确认。

（3）若需要新员工做入职前体检，需要安排好体检相关事宜。

（4）协同相关部门，为新员工安排好座位，并提前准备好相关的办公用品、工作服、工作牌、餐卡、入职需要的各类资料和表单等。

（5）提前与用人部门对接，通知用人部门领导，提前为新员工准备好帮带师傅或入职对接人。

2. 办理入职手续

办理入职手续主要是收集资料、核对信息、整理归档的过程，主要包括如下内容。

（1）收取入职登记表。

（2）收取新员工的相关资料。

（3）核对岗位申请表上的相关信息与入职后个人准备的信息是否一致。

（4）与新员工签订劳动合同。

（5）告知新员工入职培训的时间和地点。

3. 入职培训

新员工入职一般需要进行入职培训，基本操作是执行新员工培训流程。需要注意的是，新员工学习企业各类规章制度、员工手册，一定要有培训前的签到和培训后的考试环节。培训结束后，所有新员工要对学习内容进行签字确认。

企业可以组织新员工参观企业或相关的岗位。参观前，需要与各部门做好沟通，以免影响各部门工作的正常进行。参观时需要专业、细心地讲解，要耐心、全面地解答新员工提出的问题。

4. 用人部门接待

用人部门在新员工入职过程中的作用比人力资源部门更重要，这直接影响着新员工的感受，决定了新员工未来是否愿意留在企业、是否能够融入企业并长期稳定地工作。用人部门在新员工入职中的工作主要包括如下内容。

（1）由部门安排的帮带师傅或专人负责引导新员工并做相应的人员介绍。

（2）对新员工做本部门规章制度和岗位职责要求的必要介绍。

（3）部门例会上向同事介绍新员工。

2.2.3 入职风险防控

人力资源部门在办理新员工入职手续时，需要特别注意以下事项。

1. 入职前的准备环节

规范、明确、合理、经得住推敲的人才录用条件和合法、合规、有效的规章制度对企业的用工意义重大，是企业规避用工风险、防止用工欺诈的有效手段。其中，录用条件包括：岗位职责条件、身体健康条件、兼职条件、档案存放情况以及社会保险缴纳条件、绩效考核条件等。

规章制度要合法有效，不能与法律冲突。规章制度通过的程序也要合法合规，需要经过职工代表大会批准，并在人社部门备案。规章制度通过后，要通过企业网站、邮件、公示栏等方式向员工公示。

企业可以在劳动合同或劳动合同的附件中明确说明企业的规章制度属于劳动合同条款，员工入职前必须学习、培训、考试并签字确认。为方便员工快速学习并了解所有的规章制度，比较好的方式是制作员工手册并发放给员工。

2.岗位职责明确环节

新员工入职前，企业需要明确用人岗位的岗位职责。一是为了确定该岗位究竟需要招聘何种类型的人才；二是为新进人才入职后能够快速理解岗位工作内容、快速进入工作状态提供保障；三是为了能够有效评估新员工上岗后对工作职责的履行情况。

明确岗位职责需要罗列出各岗位的基础性工作活动，分析各岗位涉及的相关工作任务，并据此明确列举必须执行的任务以及每项任务背后的目的和需要实现的目标，根据任务和目标的要求，明确该岗位的员工需要具备的能力。

3.入职前的体检环节

安排入职前体检是为了确认候选人的身体健康状况，人力资源部门应注意核查并甄别出个别员工体检作假的情况。需注意的是，企业不要有健康歧视，要根据劳动者的健康状况合理分配岗位。

2.3　劳动合同

劳动合同是企业和员工双方确立劳动关系非常重要的资料。企业要按照法律规定，及时与员工签订劳动合同，保管好劳动合同。保密管理是企业保护商业秘密的重要手段。保密协议和竞业限制协议可以作为劳动合同的附件，在与员工签订劳动合同时一起签订。

2.3.1　劳动合同管理

劳动合同能够确定企业和员工之间的劳动关系，但是，企业与员工没有签订劳动合同，并不代表企业和员工之间就不存在劳动关系。

确认劳动关系，看的不是企业和员工之间有没有签订劳动合同，而是看有没有用工事实。有了用工事实，即使不签订劳动合同，企业和员工之间依然存在劳动关系。也就是说，企业自实际用工之日起，就已经和员工建立了劳动关系。

有的企业为了不给员工缴纳"五险一金"，故意不和员工签订劳动合同。这其实是一种很愚蠢的行为。根据《中华人民共和国劳动合同法》（2013年7月1日施行）的规定，用人单位自用工之日起超过一个月不满一年未与劳动者签订书面劳动合同的，应当向劳动者每月支付二倍的工资。

企业给员工缴纳"五险一金"的义务和是否签订劳动合同没有关系。企业未给员工缴纳社会保险，如果员工因为工作原因受伤，也就是发生工伤，企业不仅要承担自己应该承担的责任，而且原本由社会保险机构分担的责任，企业也要承担。

劳动合同中包含的内容主要包括以下9项。

（1）用人单位的名称、地址和法定代表人或者主要负责人。

（2）劳动者的姓名、地址和居民身份证或者其他有效身份证件号码。

（3）劳动合同期限。

（4）工作内容和工作地点。

（5）工作时间和休息休假。

（6）劳动报酬。

（7）社会保险。

（8）劳动保护、劳动条件和职业危害防护措施。

（9）法律、法规规定应当纳入劳动合同的其他事项。

劳动合同除前款规定的必备条款外，用人单位与劳动者可以约定试用期、培训、保守秘密、补充保险和福利待遇等其他事项。

一般每个地区的人力资源和劳动保障相关政府部门都会有劳动合同的标准版本，企业可以直接采用当地的标准版本，签订劳动合同时，把关键项填全就可以了。

根据劳动合同期限不同，劳动合同分为固定期限劳动合同、无固定期限劳动合同和以完成一定工作任务为期限的劳动合同。企业和员工连续订立2次固定期限的劳动合同之后，员工同意续订劳动合同的，除员工提出订立固定期限的劳动合同外，应当订立无固定期限劳动合同。员工在同一企业连续工作满10年，双方同意续延劳动合同的，除员工提出同意订立固定期限的劳动合同外，应当订立无固定期限劳动合同。

2.3.2 保密协议管理

为了保障企业的信息安全，防范和杜绝发生各种泄密事件，保护和合理利用企业秘密，确保企业信息披露的公平、公正，保障企业及其他利益相关者的合法权益，企业在日常管理中，对某些接触企业商业和技术秘密的特殊岗位的员工有保密的要求。

要让员工做好保密工作，除了做好日常的流程设置、教育培训等保密管理工作外，还需要在入职环节进行约束。与保密工作类似，企业的知识产权管理工作也十分重要，为做好这项工作，比较好的办法是与员工签订保密、知识产权协议，并将其作为劳动合同的补充附件。保密、知识产权协议格式模板如下。

《劳动合同》附件：

保密、知识产权协议

甲方（公司）：

乙方（员工）：

鉴于：

（1）甲乙双方于_____年____月____日签订《劳动合同》，乙方现在甲方从事_____岗位工作；

（2）乙方在受聘于甲方期间可能会创造职务成果；

（3）因受聘于甲方（包括但不限于接受甲方向其提供的培训），乙方可能充分接触甲方的各类信息、并且熟悉甲方的经营、业务和前景及与甲方的客户、供应商及其他与甲方有业务关系的人有广泛的往来。

甲、乙双方就乙方在甲方工作期间及离职以后保守甲方技术及其他商业秘密等有关事项，订立下列条款，以资共同遵守。

第一条　定义

"商业秘密"指甲方拥有的不为公众所知悉、具有商业价值、能为甲方带来经济利益、具有实用性并经甲方采取保密措施的技术信息和经营信息。

"其他商业秘密"指甲方的一切非公开技术信息和经营信息。技术信息包括但不限于：技术方案、工程设计、电路设计、制造方法、配方、工艺流程、技术指标、计算机软件、数据库、研究开发记录、技术报告、检测报告、实验数据、试验结果、图纸、样品、样机、模型、模具、操作手册、技术文档、相关的函电，等等。经营信息包括但不限于：甲方内部组织机构、运作方式、客户信息、竞争对手信息、代理产品信息；甲方的经营策略、经营状况、与合作伙伴的意向、合同、协作等法律文件的内容；甲方谈判方案、内容、会议会谈纪要、决议；甲方营销计划、业务渠道、供货来源、销售渠道、客户名单、产品成本、交易价格、定价政策、利润率、销售策略方案；甲方为客户制作的策划方案、咨询服务工作成果、设计方案、图纸；甲方不公开的财务资料，包括但不限于财务账簿、报表、工资、奖金、福利分配方案、盈亏状况；甲方人事状况，包括但不限于企业人员档案资料，内部重大人事变动、重要管理人员的个人信息；甲方的重大决策与行动计划，包括但不限于投资、收购、兼并、清算、分立计划，准诉讼、仲裁行动，或未公开审理的诉讼、仲裁，企业形象设计、广告计划、活动安排；甲方招投标中的标底标书内容以及其他甲方需要保密的有关信息等。

"公司业务" 指甲方的经营范围所涉及的研发、生产及销售等相关业务；包括但不限于甲方实际进行的或明显预期进行的一切研究与开发。

"成果" 指所有可取得或不可取得专利权的发明创造、发现、设计、工序、公式、革新、开发、改进，可取得或不可取得著作权的各种作品（包括但不限于计算机软件、文章、报告、制图、图纸、蓝图、广告、营销材料、标识等），技术诀窍以及商业秘密。

"职务成果" 指乙方在受聘于甲方期间（包括本协议日期前的任何受聘期间）单独或与其他人共同设想、创作、开发、实施或以某种有形形式表现的并至少符合下列两个条件之一的所有成果：（1）涉及公司业务任何方面的技术成果；（2）按照适用法律、法规的规定构成职务作品、职务发明创造或其他职务的技术成果。

"任职期间" 以甲、乙双方签订的劳动合同期限为标准，以乙方从甲方领取工资为标志，并以该项工资所代表的工作期间为任职期间。任职期间包括乙方正常工作时间、加班时间或非工作时间，而无论场所是否在甲方工作场所内。

"离职" 以任何一方明确表示解除或辞去聘用关系的时间为准。

第二条 保密

（一）乙方在甲方任职期间，应认真遵守国家保密法规和甲方规定的任何成文的保密规章、制度，履行与其工作岗位相应的保密职责。甲方会按照级别标准每月支付乙方保密费用，随工资一起发放，标准为：   元／月。甲方的保密规章、制度没有规定或者规定不明确之处，乙方亦应本着谨慎、诚实的态度，采取任何必要、合理的措施，维护其知悉或者持有的任何属于甲方或者虽属于第三方但甲方承诺有保密义务的技术秘密或其他商业秘密信息，以保持其机密性。

（二）乙方承诺，除了履行职务的需要之外，未经甲方书面同意，不得以泄露、告知、公布、发布、出版、传授、转让或者其他任何方式使任何第三方（包括按照保密制度的规定不得知悉该项秘密的甲方其他职员）知悉属于甲方或者虽属于他人但甲方承诺有保密义务的技术秘密或其他商业秘密信息；不得私自携带、复制、销毁属于甲方的技术秘密和其他商业秘密信息；也不得在履行职务之外使用这些秘密信息。

（三）与甲方业务有关的记录、计算机程序、电子储存信息、计算机软盘、光盘、照片及其他存储媒介物、文档、图纸、草图、蓝图、手册、信函、笔记、笔记本、报告、备忘录、客户清单、其他文件、设备等，无论是否由乙方草拟，均属于甲方单独拥有的财产，未经甲方事先书面同意不得转移出甲方办公场所。乙方不得擅自以任何方式复制该等信息或资料。劳动关系终止后、或根据甲方的其他要求，乙方应立即将所有形式的信息资料及其所有复制品、摘录等返还甲方。乙方同意不制作或保留该等信息资料的任何复制品，并确认在办理离职手续之时交还所有信息资料及其任何复制品，并在之后不制作或保留该等信息资料的任何复制品。

（四）乙方不得利用甲方的技术秘密和其他商业秘密进行违法犯罪活动，否则，由此引起的一切法律后果由乙方承担。

（五）乙方承诺，在为甲方履行职务时，不得擅自使用任何属于他人的技术秘密或其他商业秘密信息，亦不得擅自实施可能侵犯他人知识产权的行为。

（六）乙方保密的义务在本协议届满或终止、乙方与甲方的劳动关系终止后继续有效，直至相关信息成为公开信息。

（七）乙方承诺，乙方离职之后仍对其在甲方任职期间接触、知悉的属于甲方或者虽属于第三方但甲方承诺有保密义务的技术秘密和其他商业秘密信息，承担如同任职期间一样的保密义务和不擅自使用有关秘密信息的义务，而无论乙方因何种原因离职。

第三条　知识产权所有权

（一）双方确认，乙方在甲方任职期间，因履行职务或者主要是利用甲方的物质技术条件、业务信息等产生的发明创造、作品、计算机软件、技术秘密或其他商业秘密信息，有关的知识产权均属于甲方享有。甲方可以在其业务范围内充分自由地利用这些发明创造、作品、计算机软件、技术秘密或其他商业秘密信息，进行生产、经营或者向第三方转让。乙方应当依甲方的要求，提供一切必要的信息和采取一切必要的行动，包括申请、注册、登记等，协助甲方取得和行使有关的知识产权。

（二）乙方同意在职务成果产生后立即［但无论如何不迟于职务成果产生后的 30 日（含）内］全部向甲方披露。

（三）乙方在甲方任职期间所完成的发明创造、作品、计算机软件、技术秘密或其他商业秘密信息，乙方主张由其本人享有知识产权的，应当及时向甲方书面申明。乙方应提供有效书面证据证明同时满足下列条件：（1）乙方没有使用甲方的任何设备、物品、设施或技术秘密或其他商业秘密并完全利用自己的时间所创造的；（2）不是因乙方为完成甲方任何工作所产生的。

经甲方核实并书面确认，认为确属于非职务成果的，由乙方享有知识产权，甲方不得在未经乙方明确授权的前提下利用这些成果进行生产、经营，亦不得自行向第三方转让。乙方没有申明的，推定其属于职务成果，甲方可以使用这些成果进行生产、经营或者向第三方转让或授权。乙方申明后，甲方对成果的权属有异议的，可以通过协商解决；协商不成的，通过诉讼途径解决。

（四）乙方进一步同意，除本协议另行规定或甲方以书面形式同意的以外，乙方无权利并不得直接或间接：

（1）复制、改变、修改、翻译、生产、营销、出版（发布）、发行、销售、许可或分许可、转让、租赁、传送、传播、展示或使用甲方拥有的成果、其任何部分或任何形式的复制品；

（2）将甲方拥有的成果以及其任何部分或任何形式的复制品用于创作派生作品、提供电子方式的访问或阅读或存入计算机储存器；在中国或其他国家、地区申请（或申请注册）甲方拥有的成果或与其有关的任何专利权、著作权、商标、其他知识产权；

（3）引起、协助、配合其他人的任何上述行为。

（五）乙方在甲方任职期间，因履行职务或者主要是利用甲方的物质技术条件、业务信息等产生的发明创造、作品、计算机软件、技术秘密或者其他商业秘密信息，有关的知识产权乙方享有署名权。职务发明创造成果经授权或认定后，发明专利技术奖（一次性）　元，实用新型技术创新奖（一次性）　元，外观设计技术创新奖（一次性）　元，专利实施不再进行额外奖励。

第四条　违约责任

（一）因甲方持有的技术秘密为甲方投入巨额资金才攻克的国内空白和科技难关，故乙方如违反本协议任一保密条款而泄露技术秘密的责任也应是重大的。双方约定，根据乙方泄密的性质、主观故意或过失、对甲方的损害程度，甲方有权在____万～____万元幅度范围内向乙方追索违约金。

（二）如乙方违反上述约定给甲方造成的实际损失超过了违约金的数额，还应据实给予赔偿，违约金不能代替赔偿损失，但可以从损失额中抵扣。所有违约金和赔偿金，甲方均可在乙方在甲方处拥有的包括但不限于工资报酬、股权及红利等各种财产中抵扣。

（1）乙方如将甲方技术秘密及其他商业秘密泄露给第三方或使用甲方技术秘密及其他商业秘密使公司遭受损失，乙方应对公司进行赔偿，其赔偿数额为其违反义务所给甲方带来的损失的二倍；如泄密给第三方，第三方对甲方损失依法承担法律责任。

（2）在保密期限内，甲方有权利要求乙方提供在保密期限内与除甲方之外的任何其他公司或组织订立的劳动合同文本原件、6个月的社保缴费清单和工资收入证明以供查阅，乙方必须提供真实有效的资料，否则视为违约。

（3）乙方因泄密获得的利益归甲方所有。

（三）前款所述损失赔偿按照如下方式计算。

（1）损失赔偿额为甲方因乙方的违约或侵权行为所受到的实际经济损失，计算方法是：因乙方的违约或侵权行为导致甲方的产品销售数量下降，其销售数量减少的总数乘以每件产品的利润之积。

（2）如果甲方的损失按照前述方法难以计算的，损失赔偿额为乙方因违约或侵权行为所获得的全部利润。计算方法是乙方从每件与违约或侵权行为直接相关的产品获得的利润乘以在市场上销售的总数之积；或者以不低于甲方商业秘密许可使用费的合理数额作为损失赔偿额。

（3）甲方因调查乙方的违约或侵权行为而支付的合理费用，如律师费、公证费、取证费等，应当包含在损失赔偿额之内。

（四）因乙方恶意泄露甲方技术秘密及其他商业秘密，给甲方造成重大经济损失和其他严重后果的，甲方将通过法律手段追究其侵权责任，甲方还将依《中华人民共和国刑法》第二百一十九条追究乙方的刑事责任。

（五）如乙方泄露与甲方相关的国家秘密，给甲方造成重大经济损失和其他严重后果的，乙方除按照本协议第四条（一）～（三）条的规定承担责任外，甲方还将追究乙方的行政责任，以及依《中华人民共和国保守国家秘密法》《中华人民共和国刑法》等相关规定追究乙方的刑事责任。

第五条　其他

（一）本协议受中华人民共和国法律管辖。因本协议而引起的纠纷，双方应首先争取通过友好协商解决，如果协商解决不成，任何一方均有权提起诉讼。提起诉讼之后，选择甲方住所地的、符合级别管辖规定的人民法院作为双方纠纷的第一审管辖法院。上述约定不影响甲方请求知识产权管理部门对侵权行为进行行政处理。

（二）本协议是双方于　　年　月　日签订的《劳动合同》不可分割的一部分，与该合同具有同等的法律效力。

（三）本协议自甲方法定代表人签字并加盖公章、乙方签字之日起生效。

（四）本协议任何部分无效，本协议的其他部分仍然有效。

（五）本协议对双方及其各自的继任者和受让人均具有约束力。

（六）本协议如与双方以前的口头或书面协议有抵触，以本协议为准；对本协议的修改或补充必须以书面形式做出。

（七）双方确认，在签署本协议前已仔细审阅过协议的内容，并完全了解协议各条款的法律含义。

（八）本协议一式两份，甲乙双方各执一份，具有同等法律效力。

甲　　方（盖章）：　　　　　　乙　　方（签名）：

法定代表人（签名）：

签署日期： 年 月 日 签署日期： 年 月 日

2.3.3 竞业限制协议管理

竞业限制指企业为了保护自身的商业秘密，和员工协商后约定：在劳动关系存续期间，限制或禁止员工直接或间接在与企业存在竞争关系的企业兼职；或者劳动关系结束后的一段时间内，限制或禁止员工直接或间接到与企业存在竞争关系的企业任职。

为便于管理，比较好的处理竞业限制的方式是企业和员工协商后，与员工签署竞业限制协议，并将其作为劳动合同的补充附件。将竞业限制协议作为劳动合同附件的格式模板如下。

《劳动合同》附件：

竞业限制协议

甲方（公司）：

乙方（员工）：

鉴于：

（1）甲乙双方于_____年____月____日签订《劳动合同》，乙方现在甲方从事_____岗位工作；

（2）乙方因受聘于甲方而充分接触甲方的各类信息、并且熟悉甲方的经营、业务和前景及甲方的客户、供应商及其他与甲方有业务关系的相关方。

因此，为保护甲方技术秘密及其他商业秘密，甲乙双方根据《中华人民共和国劳动法》《中华人民共和国劳动合同法》等法律、法规的规定，就乙方对甲方承担的竞业限制义务等相关事项，订立下列条款，以资共同遵守。

第一条 乙方承诺在甲方任职期间，将以其全部的时间和精力投入甲方的业务，并尽其最大努力为甲方拓展业务、扩大利益，而不会参与任何其他（竞争或其他）业务。

第二条 乙方同意其在甲方任职期间不得有下列行为：未经甲方股东大会同意，利用职务便利为自己或者他人谋取属于甲方的商业机会，自营或者为他人经营与甲方相同、相近或相竞争的业务。

第三条　乙方同意，在其与甲方无论因何种原因解除或者终止劳动关系后的两年内继续承担竞业限制义务，不得到与甲方生产或经营同类产品、从事同类业务的有竞争关系的其他用人单位任职，或者自己开业生产或者经营同类产品、从事同类业务。

第四条　乙方同意，在竞业限制期限内，无论其是为自己还是代表任何其他个人或企业，不应：

（一）直接或间接地劝说、引诱、鼓励或以其他方式促使甲方或其关联企业的任何人员终止与甲方或其关联企业的聘用关系；间接或直接地劝说、引诱、鼓励或以其他方式促使甲方或其关联企业的任何客户、供应商、代理商、分销商、被许可人、许可人与甲方或其关联企业有实际或潜在业务关系的其他人或实体（包括任何潜在的客户、供应商或被许可人等）终止或以其他方式改变与甲方或其关联企业的业务关系；

（二）直接或间接地以个人名义或以一个企业的所有者、许可人、被许可人、本人、代理人、咨询顾问、乙方、独立承包商、业主、合伙人、出租人、股东、董事、管理人员的身份或以其他任何名义（1）投资或从事与甲方或其关联企业所经营的业务相同、相近或相竞争的其他业务，或成立从事竞争业务的组织；（2）向竞争对手等任何其他第三方提供任何服务或披露任何保密信息；

（三）在业务过程之外使用或允许任何未经甲方批准的第三方使用由甲方使用的任何名称、标志或其他知识产权，或者可能与甲方的名称、标志、其他知识产权相混淆的名称或标志。

第五条　自甲乙双方解除劳动关系之日起，乙方就不再声称自己为甲方的雇员或高级管理人员；或者有权以甲方的名义行事；或者与甲方的业务或事务存在利益关系。

第六条　甲方应当对乙方离职以后因承担本协议项下的竞业限制义务可能受到的损失，给予一定程度的补偿。根据《最高人民法院关于审理劳动争议案件适用于法律若干问题的解释（四）》第六条中的相关规定，我公司员工在签订劳动合同或者保密协议中约定了竞业限制，在解除或者终止劳动合同后履行了竞业限制义务，我公司将按照在劳动合同解除或终止前十二个月平均工资的×%按月支付经济补偿。在乙方离职时，甲方书面通知乙方无须承担竞业限制义务的，甲方无需向乙方支付经济补偿金。

第七条　违约责任

（一）乙方有违反本协议规定的任何行为，应当承担违约责任，须一次性向甲方支付违约金人民币_____万元；乙方因违约行为所获得的收益应当归还甲方；因乙方违约行为给甲方造成损失的，乙方应当承担赔偿责任（如已经支付违约金的，应当予以扣除）。所有违约金和赔偿金，甲方均有权以乙方在甲方处拥有的包括但不限于工资报酬、股权及红利等各种财产抵扣。

（二）前项所述损失赔偿额按照如下方式计算。

（1）乙方的违约行为尚未造成甲方商业秘密完全公开的，经济损失赔偿额为甲方因乙方的违约行为所受的实际经济损失；如果甲方的损失依照上述计算方法难以计算的，损失赔偿额为乙方因违约行为所获得的全部利润。

（2）乙方的违约行为造成甲方商业秘密为其他任意第三方部分或全部拥有、使用或者公开的，经济损失赔偿额应当按该商业秘密的全部价值量计算。企业商业秘密的全部价值量，由甲方认可的资产评估机构评估确定。

第八条　其他

（一）本协议受中华人民共和国法律管辖。因本协议而引起的纠纷，双方应首先争取通过友好协商解决，如果协商解决不成，任何一方均有权提起诉讼。提起诉讼后，选择甲方住所地的、符合级别管辖规定的人民法院作为双方纠纷的第一审管辖法院。

（二）本协议是双方于_____年__月__日签订的《劳动合同》不可分割的一部分，与该合同具有同等的法律效力。

（三）本协议自甲方法定代表人签字并加盖公章、乙方签字之日起生效。

（四）本协议任何部分无效，本协议的其他部分仍然有效。

（五）本协议对双方及其各自的继任者和受让人均具有约束力。

（六）本协议如与双方以前的口头或书面协议有抵触，以本协议为准；对本协议的修改或补充必须以书面形式做出。

（七）双方确认，在签署本协议前已仔细审阅过协议的内容，并完全了解协议各条款的法律含义。

（八）本协议一式两份，甲乙双方各执一份，具有同等法律效力。

甲　方（盖章）：　　　　　　　乙　方（签名）：

法定代表人（签名）：

签署日期：　　年　月　日　　　签署日期：　　年　月　日

【疑难问题】如何安排有不良记录的员工

员工上岗后，企业可能会无意中发现个别员工曾有不良记录。这里的不良记录可能是犯罪记录，也可能是企业对员工进行背景调查之后发现员工在之前企业的不良记录。这类不良记录在入职前往往难以获取，而在员工入职后企业在机缘巧合下得知。

对于有不良记录的员工，企业首先要做到对待所有员工一视同仁，不能有任何用工歧视。如果有不良记录的员工态度差、能力差、绩效差，那么企业可以请他离开；如果有不良记录的员工是合格的员工，那么企业可以既往不咎。

案例

张三 2019 年 3 月加入某物业公司。填写应聘人员登记表时，张三在"有无刑事记录"栏填写了"没有刑事记录"，同时在应聘人员登记表最后"承诺资料填写如果有虚假成分，愿意承担责任并接受劳动关系的解除，而且公司不需要支付任何经济补偿"处签了字。

在填写完入职登记表的当天，张三和该物业公司签订了劳动合同，合同的有效期是 3 年。在正式入职之前，该公司对张三实施了岗前培训。有一项培训内容是学习公司规章制度，公司规章制度明确规定：如果员工提供虚假的个人信息，视为以欺诈行为获得岗位，公司将与该员工解除劳动关系，并不支付任何经济补偿。张三参加完新员工培训后，在规章制度的学习和知悉证明上签了字。

张三入职 6 个月后，该公司无意中发现张三曾经因为盗窃罪，被判处过 3 年的有期徒刑。所以，该公司以张三提供虚假个人信息严重违反公司规章制度为理由，与张三解除了劳动关系，并且没有支付任何经济补偿。

张三不服，他认为公司既没有在试用期内解除劳动关系，也没有提前 30 天告知要解除劳动关系，就这样直接把他辞退，这么做不合法。他要求公司支付赔偿金。

后来，不论是劳动仲裁还是法院都认为，张三在入职时，已经承诺如果资料填写有虚假成分，愿意承担责任，并接受劳动关系的解除，而他确实隐瞒了曾经犯罪的事实，这种行为已经构成了欺骗。所以公司有权和张三解除劳动关系，并不需要支付经济补偿。

如果企业发现员工曾经有不良记录，不想继续聘用员工，可以通过案例中的方法和员工解除劳动关系。要有效应用这种方法，有 3 个前提。

（1）在入职登记表中，要有"是否存在刑事记录"或"是否曾经存在其他不良记录"栏，而且要有"承诺所填写信息真实有效，否则愿意承担责任并接受劳动关系的解除，且公司不需要支付任何经济补偿"这一项，并且要求员工签字确认。

注意，企业不能随意规定，规定时要考虑自己的行业属性是否支持自己不聘用有刑事记录的人，否则可能涉嫌就业歧视。

（2）在规章制度中，要有关于入职必须提供真实有效信息的规定。如果入职提供的信息不真实，企业可以立即与员工解除劳动关系，且不支付任何经济补偿。员工入职时，要有学习规章制度的程序，有知悉企业规章制度的签字记录。

（3）企业的规章制度必须合法合规，并且要通过相关程序做到内容有效、程序合法，并经过必要公示。

企业要注意，很多有不良记录的员工的个人品质、工作能力还是比较优秀的。他们当初可能是迫不得已，可能是年少无知，也可能是无心为之。总之，企业不能一概而论地判断有不良记录的员工一定不好，应理性看待有不良记录的员工。企业对他们不需要过分关爱和照顾，只需要一视同仁，用平常心来看待他们即可。

第 3 章

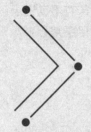

在职环节员工关系
管理

在职员工是企业可以直接动用的人力资源，是企业的宝
贵财富。做好在职员工的员工关系管理不仅能够防止用工层
面的法律风险，而且能够优化员工队伍、提高员工稳定性、
提高员工满意度、提高团队工作效率。

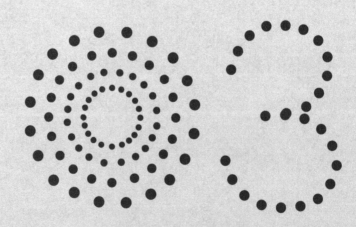

3.1 试用与转正

员工入职之后，一般会经历试用期和转正。试用期是员工由组织的非正式成员转变为正式成员的过渡期。转正是组织的非正式成员变成正式成员。对员工试用期和转正的管理能够帮助企业优化员工组成，提高员工质量，防止不合格的员工正式进入企业。

3.1.1 实习期管理

实习期指在校学生在还没有正式毕业时，提前到用人单位实际参与工作的期间。实习期存在的目的，主要是让学生感受企业的实际工作氛围，了解工作场景。设置实习期一方面能为学生将来正式加入企业并快速上手打下基础；另一方面，企业通过"赛马不相马"的方式，提前和候选人接触，为企业筛选出正式入职的候选人提供依据。

处在实习期的人，身份其实还是学生。对于实习，有的是企业和学校之间签署实习协议，有的是企业和学生之间签订协议。处在实习期的学生和企业之间，不属于正式的劳动关系，而属于一种劳务关系。学生向企业提供劳务，企业向学生支付劳务报酬。

实习期的工资待遇没有明确的规定，也不需要参考当地的最低工资标准。一般情况下，企业可以象征性地按天、按周或按月给学生发放"辛苦费"。实习期学生的薪酬待遇可以比正式员工低，当然也可以按照正式员工的工资发放。

学生如果在实习期间发生伤害事故，不属于工伤的范畴，不能享受工伤保险待遇。但企业不能不考虑学生的实习安全问题。当学生因为实习发生伤害之后，可以向企业主张权利。所以，企业一般应该给实习学生购买商业保险，避免因其在实习过程中受伤而产生经济赔偿纠纷。

企业不能因为实习期没有最低工资限制，又不需要缴纳社会保险和住房公积金，就故意和符合劳动者资格的非在校学生签订实习协议。这样做是违法的，也是无效的。实际上，即便签订了实习协议，企业和符合劳动条件的员工之间也存在事实的劳动关系，应当按照劳动关系划分双方的权利与义务。

3.1.2 试用期管理

试用期是劳动法律法规中的标准概念。试用期是一种适应期，指企业确定录用候选人，候选人上岗以后，一段企业和候选人之间相互了解、双向选择的缓冲期。在此期间，如果候选人工作达标，就可以转正成为正式员工；如果候选人工作不达标，用人单位可以和候选人解约，并且不需要支付经济补偿金。

这里需要注意：企业和候选人解约并不支付经济补偿金的前提是企业能够提供候选人不符合岗位录用条件的证明；如果候选人在试用期间觉得自己不适合该岗位，需要提前 3 天提出，然后双方就可以解除劳动关系。

《中华人民共和国劳动合同法》（2013 年 7 月 1 日施行）的有关规定如下。

第十九条　试用期

劳动合同期限三个月以上不满一年的，试用期不得超过一个月；劳动合同期限一年以上不满三年的，试用期不得超过二个月；三年以上固定期限和无固定期限的劳动合同，试用期不得超过六个月。

同一用人单位与同一劳动者只能约定一次试用期。以完成一定工作任务为期限的劳动合同或者劳动合同期限不满三个月的，不得约定试用期。试用期包含在劳动合同期限内。劳动合同仅约定试用期的，试用期不成立，该期限为劳动合同期限。

第二十条　试用期工资

劳动者在试用期的工资不得低于本单位相同岗位最低档工资或者劳动合同约定工资的百分之八十，并不得低于用人单位所在地的最低工资标准。

关于员工试用期工资的规定中有一个关键词"不低于"，其不是指企业应该这样做，或者必须这样做。试用期的工资可以是转正后工资的 90%，也可以和转正后一样，但是不能少于转正后工资的 80%。

除了试用期之外，有的企业和员工约定了"学徒期"。"学徒期"是新招用员工熟悉业务、提高技能的过程。学徒期的时间可以比试用期的时间长。"学徒期"不是劳动法律法规的概念，不能和试用期混为一谈，更不能把试用期的规定用在学徒期上。例如，有的企业规定学徒期为一年，学徒期的工资是岗位正式工资的 80%，这样的规定就是不符合规定的。

3.1.3　转正管理

员工从试用到转正的期间，人力资源部门不能"放任不管"，还是需要做及时的摸底和跟进，具体工作如下。

1. 面谈

企业一般在员工入职的 1 周之内、1 个月之内、转正之前会进行面谈，每次面谈的对象分别是员工本人、员工的帮带师傅、员工工作周围的同事。面谈的内容主要是员工对工作氛围和工作内容的感受、员工是否得到了来自部门内部应有的关心和帮助、员工的师傅或同事对该员工的评价、员工遇到的问题以及其需要的帮助等。

2.反馈

根据员工试用期间的面谈情况，提炼出有建设性、有价值、有意义的信息反馈给新员工的直属上级或部门负责人。如果发现新员工的直属上级或部门负责人没有很好地帮助新员工，人力资源部门要及时指出，在了解实际情况并及时修正后，根据情况对新员工的直属上级或部门负责人给出指导和建议。

3.总结

针对新员工在试用期间遇到的不同问题，根据与新员工和部门之间的面谈结果，人力资源部门要总结招聘、面试、入职、试用过程中存在的问题，如人才的招聘标准中的问题、面试的方法和判断中的问题、入职培训中的问题、入职和试用期间的管理优化问题等。

为便于员工总结、提高能力，新员工在试用期间需要定时提交总结报告，一般是1周或1个月提交1次。员工试用期总结报告的格式模板如表3-1所示。

表3-1　员工试用期总结报告

姓名		部门	
岗位		入职日期	
工作总结			
帮带师傅评价			
部门负责人评价			
人力资源部门评价			

试用期满后，新员工可以按照企业的转正流程提交转正申请。转正申请表的格式模板如表3-2所示。

表3-2　员工转正申请表

编号：		日期：			
申请人		所属部门		岗位名称	
入职时间		试用期间缺勤天数			
试用部门					
试用期间自我评价					
帮带师傅意见	□同意转正　　　　　　　　□延期转正（建议延期至　　　　　　） □转岗（建议岗位）　　　　□终止试用，辞退 　　　　　　　　　　　　　　　签字：				

续表

部门负责人意见	□同意转正　　　　　　　　□延期转正（建议延期至　　　　） □转岗（建议岗位：　　　　）□终止试用，辞退 　　　　　　　　　　　　　　　　　　　　签字：
人力资源部门意见	□同意转正　　　　　　　　□延期转正（建议延期至　　　　） □转岗（建议岗位：　　　　）□终止试用，辞退 　　　　　　　　　　　　　　　　　　　　签字：
总经理意见	□同意转正　　　　　　　　□延期转正（建议延期至　　　　） □转岗（建议岗位：　　　　）□终止试用，辞退 　　　　　　　　　　　　　　　　　　　　签字：

　　员工提交转正申请后，人力资源部门需要组织对员工实施评估，评估结果显示通过，员工才能正式转正。对员工的工作评估不仅是单个员工的转正所走的必要流程，也是企业优化人力资源管理的重要工作。转正前的评估根据必要性可以设置知识层面的评估、能力层面的评估、行为和态度层面的评估和绩效层面的评估 4 个维度。

　　知识层面的评估是评估新员工对该岗位应知应会相关知识的掌握程度。测评的方式可以是笔试或者口试。需要注意的是，实施知识层面的评估需要提前准备试题和标准答案，试题应与新员工的工作相关性强且属必备知识。

　　能力层面的评估是评估新员工是否已经掌握了岗位必备的各项基本能力。测评的方式有实测操作模拟、工作成果评估、专家意见评价、直属上级评价、团队成员评价、关联方打分等。

　　行为和态度层面的评估是评估新员工在日常工作中的行为和态度是否符合企业的要求和期望，新员工是否存在消极怠工、违规操作等态度和行为。测评的方式可以是民主评议或直属上级打分。

　　绩效层面的评估是评估新员工的工作成果是否达到了岗位的基本要求。测评的方式是岗位绩效评价。需要注意的是，由于新员工入职的时间较短，所以对新员工的要求不应过于严苛，一般达到该岗位绩效的最低要求就可达标。

3.1.4　见习期管理

　　见习期，实际上可以理解成一段时间的考察期。见习期也不是劳动法律法规中的概念，而是企业自己规定的，是用来做岗位能力成长验证的过渡时期。有一些行政事业单位或企业在招用新员工、内部岗位转换或提拔干部的时候有见习期的规定。

对于新员工，见习期可以和试用期有重合。当见习期和试用期有重合时，见习期的薪酬可以和试用期的薪酬相同。当试用期结束后，如果员工还处于见习期，必须按照岗位应得的薪酬来发放薪酬。

对于内部岗位转换或被提拔的员工，虽然企业可以和员工约定见习期，但是在没有得到员工同意的情况下，见习期的薪酬不应低于员工在见习期之前在原岗位应得的薪酬。

例如，有的企业规定，岗位晋升要有一段时间的见习期，见习期为半年，见习期间享受见习岗位的薪酬待遇，即晋升后岗位薪酬标准的80%。当员工从A岗位晋升到B岗位时，如果B岗位的薪酬标准高于A岗位的，且B岗位薪酬标准的80%依然高于A岗位的薪酬标准，那么企业可以这样规定。如果B岗位薪酬标准的80%低于A岗位的薪酬标准，那么企业就不可以这样规定。

3.2　调岗调薪

调岗调薪一直是企业人力资源管理过程中比较敏感的问题之一，也是员工和企业之间容易产生纠纷的方面。企业单方面对员工实施调岗调薪很容易引发劳动争议。容易引发劳动争议的调岗调薪是岗位工作条件和薪酬待遇向下调整。

3.2.1　岗位调整

《中华人民共和国劳动合同法》（2013年7月1日施行）的有关规定如下。

第三十五条　劳动合同的变更

用人单位与劳动者协商一致，可以变更劳动合同约定的内容。变更劳动合同，应当采用书面形式。变更后的劳动合同文本由用人单位和劳动者各执一份。

可以看出，只要员工和企业协商一致，那么不管之前如何约定劳动合同，双方都可以就劳动合同的内容进行变更。这也正是企业尊重员工的一种表现。实际上，在企业管理过程中，尊重员工的真实意愿非常重要。这既能体现企业对员工的尊重，又能帮助企业合理合法地进行人力资源管理。

然而，实务中很多员工不会轻易接受企业的岗位变更。这时候，就需要企业做足员工的思想工作。

如果企业和员工不能协商一致，可以根据《中华人民共和国劳动合同法》（2013年7月1日施行）的规定处理：劳动合同订立时所依据的客观情况发生重大变化致使劳动合同无法履行，经企业与员工协商未能就变更劳动合同内容达成协议的，企业可以提前30天以书面形式通知员工本人或额外支付员工一个月工资解除劳动合同。

这里所说的客观情况发生重大变化，由企业界定。根据劳动部办公厅 1994 年颁布的《关于〈中华人民共和国劳动法〉若干条文的说明》（劳办发〔1994〕289 号）的解释，"客观情况"指发生不可抗力或出现致使劳动合同全部或者部分条款无法履行的其他情况，如企业迁移、被兼并、企业资产转移等。

如果企业不符合上述条件，仍调岗调薪，员工不同意变更劳动合同，企业以此为由与员工解除劳动合同的，企业就属于违法解除劳动合同。这时候，企业将根据《中华人民共和国劳动合同法》（2013 年 7 月 1 日施行）的规定承担法律责任。

第八十七条　违反解除或者终止劳动合同的法律责任

用人单位违反本法规定解除或者终止劳动合同的，应当依照本法第四十七条规定的经济补偿标准的二倍向劳动者支付赔偿金。

第四十七条　经济补偿的计算

经济补偿按劳动者在本单位工作的年限，每满一年支付一个月工资的标准向劳动者支付。六个月以上不满一年的，按一年计算；不满六个月的，向劳动者支付半个月工资的经济补偿。劳动者月工资高于用人单位所在直辖市、设区的市级人民政府公布的本地区上年度职工月平均工资三倍的，向其支付经济补偿的标准按职工月平均工资三倍的数额支付，向其支付经济补偿的年限最高不超过十二年。本条所称月工资是指劳动者在劳动合同解除或者终止前十二个月的平均工资。

3.2.2　薪酬调整

企业给员工降薪，需要与员工本人协商一致。企业可以要求员工对降薪后的工资单签字确认，以此体现与员工协商一致，从而实现对劳动报酬的书面变更。对于企业来说，这种操作方式可以有效地避免劳动纠纷。

员工的直属上级或人力资源管理人员与员工进行降薪沟通时，语气、措辞一定要斟酌。正常情况下，没有员工愿意被降薪。对于沟通时没有负面情绪表现的员工，可考虑给予适当激励；对于沟通时有负面情绪表现的员工，应注重安抚。

如果企业的经营遇到困难，需要实施全员降薪，为了让员工相对容易地接受降薪要求，企业在与员工具体的沟通过程中可以参考如下方法。

1. 召开职工代表大会

企业可以召开职工代表大会，通过工会和职工代表，向全员传达企业经营方面的困难，让员工了解降薪的原因和目的，争取全员的理解和支持。企业也可以发动工会的工作人员走访关键员工，和他们谈话，在方案实施之前，寻求员工的理解。

2. 利用预期减少痛苦

如果企业的方案是全员降薪 10%，在实施降薪方案之前，企业可以放出消息，表明企业的经营正遭受着非常严峻的考验，到了生死存亡的时期。企业要想生存，必须全员降薪，降薪幅度可能会在 50%；降薪的同时，可能会有大规模裁员。当员工对降薪有了预期，再推出真正的降薪方案——降薪 10%，员工的接受度会增加。

3. 制定改善措施

企业如果只是短期降薪，可以告知员工当企业在何时达到何种经营业绩时，全员的薪酬可以恢复何种水平。这样做不仅可以降低员工的不安全感，而且可以激发员工的工作积极性，给员工目标，让员工有盼头和奔头。

一般来说，企业对员工的降薪不应该"一刀切"。企业尽量不要对优秀员工或核心员工实施降薪，甚至可能对一部分重点人才还要增长薪酬，以此稳定核心员工的情绪。

3.3 工作时间

工时制度可以分为 3 种，分别是标准工时制、综合工时制和不定时工时制。企业可以根据自身经营情况的特点，选择适合自身特点的工时制度，但如果选择特殊工时制度，需要经过相应的程序。

3.3.1 标准工时制度

标准工时制是我国普遍的工时制度，如果企业没有提交相关申请，则默认实行标准工时制度。

《中华人民共和国劳动法》（2018 年 12 月 29 日修正）的有关规定如下。

第三十六条

国家实行劳动者每日工作时间不超过八小时、平均每周工作时间不超过四十小时的工时制度。

第三十七条

对实行计件工作的劳动者，用人单位应当根据本法第三十六条规定的工时制度合理确定其劳动定额和计件报酬标准。

第三十八条

用人单位应当保证劳动者每周至少休息一日。

第三十九条

企业因生产特点不能实行本法第三十六条、第三十八条规定的，经劳动行政部门批准，可以实行其他工作和休息办法。

第四十一条

用人单位由于生产经营需要，经与工会和劳动者协商后可以延长工作时间，一般每日不得超过一小时；因特殊原因需要延长工作时间的，在保障劳动者身体健康的条件下延长工作时间每日不得超过三小时，但是每月不得超过三十六小时。

《国务院关于职工工作时间的规定》（1995 年 3 月 25 日修订）第三条的规定如下。

第三条　职工每日工作 8 小时、每周工作 40 小时。

总结下来，在标准工时制度下，员工每天工作的最长工时为 8 小时，每周最长工时为 40 小时。除此之外，标准工时制还有如下几点要求。

（1）企业每周应保证员工至少休息 1 日。

（2）因生产经营需要，经与工会和员工协商，一般每天延长工作时间不得超过 1 小时。

（3）特殊原因每天延长工作时间不得超过 3 小时。

（4）每月延长工作时间不得超过 36 小时。

3.3.2　综合工时制度

综合工时制是以标准工时为计算基础，在一定时期范围内，综合计算工作时间的工时制度。这类工时制度不再以日为单位计算工作时间，而以月、季或年为单位计算工作时间，所得平均日或平均周的工作时间应当与标准工时制的时间相同。

企业因生产特点不能实行标准工时制度，且符合条件的，经劳动保障行政部门批准，可以实行综合工时制度。对于实行综合工时制的员工，企业应当根据标准工时制度合理确定员工的劳动定额或其他考核标准，以便安排员工休息。

企业按照本企业的工资制度和工资分配办法，分别以月、季、年等为周期，综合计算员工工资和员工工作时间。

也就是说，在综合计算周期内，员工某一个具体日（或周）的实际工作时间可以超过 8 小时（或 40 小时）。但综合计算周期内的总实际工作时间不应超过总法定标准工作时间，超过部分应视为延长工作时间，并按劳动法的规定支付报酬。

其中，法定休假日安排劳动者工作的，按劳动法的规定支付报酬，且延长工作时间的小时数平均每月不得超过 36 小时。如果在整个综合计算周期内的实际平均工作时间总数不超过该周期法定标准工作时间总数，只是该综合计算周期内的某一具体日（或周、或月、或季）超过法定标准工作时间，其不超过部分不应视为延长工作时间。

劳动部《关于企业实行不定时工作制和综合计算工时工作制的审批办法》（劳部发〔1994〕503 号）第五条的规定如下。

第五条　企业对符合下列条件之一的职工，可实行综合计算工时工作制，即分别以周、月、季、年等为周期，综合计算工作时间，但其平均日工作时间和平均周工作时间应与法定标准工作时间基本相同。

（一）交通、铁路、邮电、水运、航空、渔业等行业中因工作性质特殊，需连续作业的职工；

（二）地质及资源勘探、建筑、制盐、制糖、旅游等受季节和自然条件限制的行业的部分职工；

（三）其他适合实行综合计算工时工作制的职工。

实行综合工时制的企业，无论员工单日的工作时间是多少，只要在一个综合工时计算周期内的总工作时长不超过以标准工时制计算的应当工作的总时间数，就不视为加班。如果超过该时间，则应视为延长工作时间。同样，延长工作时间的小时数平均每月不得超过 36 小时。

3.3.3　不定时工时制度

标准工时和综合工时都属于定时工时，它们都是根据工作时间来衡量员工的劳动量。不定时工时制度是一种直接确定员工工作量的工时制度。因生产特点、工作特殊需要或职责范围的特点，无法按照标准工作时间计算工时的，可以申请实行不定时工时制度。

劳动部《关于企业实行不定时工作制和综合计算工时工作制的审批办法》（劳部发〔1994〕503号）第四条的规定如下。

第四条　企业对符合下列条件之一的职工，可以实行不定时工作制。

（一）企业中的高级管理人员、外勤人员、推销人员、部分值班人员和其他因工作无法按标准工作时间衡量的职工；

（二）企业中的长途运输人员、出租汽车司机和铁路、港口、仓库的部分装卸人员以及因工作性质特殊，需机动作业的职工；

（三）其他因生产特点、工作特殊需要或职责范围的关系，适合实行不定时工作制的职工。

实行不定时工时制度的企业，不再受《中华人民共和国劳动法》中关于日延长工作时间标准和月延长工作时间标准的限制。但企业应采取适当的休息方式，确保员工的休息休假权利和生产、工作任务的完成。实行不定时工作制度的企业，除法定节假日工作外，其他时间工作都可以不算作加班。

3.3.4　特殊工时认定

综合工时制度和不定时工时制度都属于特殊工时制度，企业如果想实行这两种工时制度，需要到有关政府部门申请，并办理相关的审批手续。申请和审批方式以各省、自治区、直辖市人民政府劳动行政部门的规定为准。

如果企业未按照相关规定进行申请，一旦出现劳动争议，企业主张自己实行的是综合工时制度是没有法律依据的，员工有权要求企业按照标准工时制度下的工资标准支付加班工资。

劳动部《关于企业实行不定时工作制和综合计算工时工作制的审批办法》（劳部发〔1994〕503号）第六条的规定如下。

第六条　对于实行不定时工作制和综合计算工时工作制等其他工作和休息办法的职工，企业应根据《中华人民共和国劳动法》第一章、第四章有关规定，在保障职工身体健康并充分听取职工意见的基础上，采用集中工作、集中休息、轮休调休、弹性工作时间等适当方式，确保职工的休息休假权利和生产、工作任务的完成。

也就是说，当企业实行特殊工时制度时，不代表企业只需要考虑工作需要而不需要考虑员工的身心健康。

【疑难问题】"996"工作制是"毒"还是"药"

2019年春节刚过完不久，就有互联网公司高调宣布要实施"996"工作制。所谓"996"工作制，就是上午9:00上班，晚上9:00下班，一周工作6天。这个企业的官方宣言引来了网友的一片哗然。可是很多企业主却特别推崇这种做法。

在很多互联网行业的创始人看来，"996"工作制根本不算什么。他们认为，为了打拼事业，付出一定的时间是很正常的。而且很多企业的创始人是"工作狂"，他们本身很少休假，对休假也没有特别的感觉。可是，有很多员工不愿意加班，更不愿意企业强制自己加班。

很多企业一方面说不会强制员工加班，或者公开反对员工加班；另一方面，又鼓励员工如果想获得高薪和好的职业发展，那就要有拼搏精神，要有强大的责任心和自我驱动力。这样一来"996"式的加班虽然没有成为企业的制度，但却已经成了一种企业文化，成了一种公开的秘密。

不管企业在制度上对加班如何规定，只要存在加班的企业文化，加班的现象就不会停止。对于员工来说，企业有这种加班的文化，比有加班的制度更可怕。如果企业有加班制度，员工加班企业就必须支付加班费；可如果企业有了加班文化，那企业可能连加班费都不需要支付。

可见，"996"式的加班文化，是所有领导喜闻乐见的企业文化。那么，在有"996"式加班文化的企业里面，员工的工作效率高吗？其实并不高。

很多员工为了融入有"996"式加班文化的企业，出现了"一不做，二不休"的策略，就是"一不工作，二不休息"，即员工既不下班回家，也不好好工作。

笔者曾到一家长期以加班为文化的互联网公司做过调研观察，通过监控发现有一批员工的工作状态是这样的：

上午 9:00 带着早饭打卡，坐在工位上吃早饭，吃完了早饭就一边喝茶一边看新闻；上午 10:00 开始进入工作状态，保持高效率的工作状态到中午 12:00，然后吃午饭；吃完午饭午休到下午 1:30，再来一杯咖啡看看新闻，工作到下午 4:00；拿起手机看看新闻，等着下午 6:00 吃饭；在公司吃完晚饭，消消食，再小睡到晚上 9:00 下班。

同样是"996"，这样的员工每天真正工作的时间其实只有 4 个小时。有类似这种工作状态的员工，超过了员工总数的 70%。

"996"本来就是违法的，公司营造这种氛围也违背人性。所以这类员工做出这种行为的时候，不会有愧疚感，他们反而觉得理所应当，并且认为这是对自己"时间付出"的一种补偿。越多的员工有这种行为，这种想法也越强烈。就这样，员工应对"996"的"一不做，二不休"的默契就形成了。

企业为什么不想办法让员工每天好好工作 8 小时，而非要让员工加班呢？如果管理的质量提升不上去，加班时间越长，对公司的伤害反而越大！对企业来说，员工有没有加班其实并不重要，想办法提高员工的工作效率，让员工更高效地完成工作，形成高效率的企业文化才重要！

管理上有"80/20 定律"，意思是在一个组织当中，80% 的价值是由 20% 的精英创造的。企业中优秀的人是少数，主动上进的人也是少数。与其让企业形成"996"式的加班文化，让那些不优秀的人留在企业，不如让他们早点离开企业。

企业可以用高效率工作的文化取代"996"式的加班文化：明确量化出员工在某段工作时间内要完成的工作任务，防止员工用工作时间"磨洋工"；防止企业出现有的员工很忙，有的员工却很闲的局面。

企业的规章制度，要奖励"结果"，而不要奖励"过程"，要鼓励"功劳"，而不要鼓励"苦劳"。

【疑难问题】如何管理好鲶鱼型人才

关于鲶鱼效应，很多人都不陌生。有人说那个故事是假的。

抛开这个故事的真假，故事的思维是值得借鉴的。类似鲶鱼效应的激活效应是可以在企业中运用并收获很好的效果的。企业为了实现管理目标，需要刻意引入和运用鲶鱼型人才。通过这种方式，改变企业原本的状况。

例如，企业正处在战略转型时期，员工的素质和技能必须提升，不然就会被市场淘汰。这时，需要现有员工学习新知识、新技能，需要他们付出更多努力来适应新的环境。可这种转变说起来容易，操作起来却很难。

大多数员工喜欢按部就班的工作状态，安于现状、不喜欢变化。很多企业战略转型以失败告终，就是因为遭到了现有员工的联合抵制。

要改变这种情况，一种方式是做培训、做研讨，利用企业内部的各种舆论，从文化上、制度上让员工意识并深刻理解这种变化的必要性。除此之外，还可以任用鲶鱼型人才，从而引发鲶鱼效应，以此促进企业内部的变化。

有效运用鲶鱼型人才能够打破企业内部原本的平衡，创造新的平衡；打破企业内部原来的节奏，重塑新的节奏；打破企业原有的文化，建立新的文化。

笔者曾经所在公司市场部员工的工作状态是按部就班、墨守成规的，他们做出来的活动策划毫无新意，这和市场部负责人的管理能力有一定的关系。不过那位市场部负责人是刚被提拔起来的，管理能力不足也在情理之中。

当初提拔他是因为他的业务能力相较于部门其他人要优秀一些，工作态度也相对比较积极。他成为这个部门的负责人之后，很难推动工作的原因是他对老员工没有威慑力，找不出老员工的一点错误，但老员工就是没有业绩，做出来的结果不达标。

为了帮助这位市场部负责人，笔者策略性地帮他招聘了几位应届生，由他自己带。这些应届生的工作积极性高、学习力强，让老员工有了危机感，激发了他们的动力，就这样团队的内部竞争力也提高了。

当然，鲶鱼型人才也不是万能的。有时候，鲶鱼型人才可能会张扬激进，不考虑他人的感受，这样就容易造成团队内部人际关系的混乱，阻碍团队合作。而且，有时候鲶鱼型人才的想法太多，这让团队的意见和思想难以统一，加大沟通成本。从短期看，这两种情况可能会造成团队工作效率下降。

鲶鱼型人才能否和原有成员形成优势互补，是否具备团队意识，能否和团队成员有效地合作，都将影响企业的战斗力能否得以发挥。如果鲶鱼型人才的个人观念非常重，无视团队成员的存在，单打独斗的行为非常明显，这不但不会产生鲶鱼效应，还会损耗团队的战斗力。

所以，企业需要正确地看待鲶鱼型人才的利弊，对其实施有效的控制，这样才能让鲶鱼型人才真正发挥价值。

要用好鲶鱼型人才，引发鲶鱼效应，企业应注意如下事项。

（1）选准"鲶鱼"。企业要找一个能够管得住的"鲶鱼"。具备鲶鱼型潜质的人才不是那种"愣头青"、不知轻重的人，而是能坚持用正确的方式做事的人。"鲶鱼"如果找得准，能引发鲶鱼效应；如果找不准，那他可能会变成一条"鲨鱼"，把团队搅乱。会成为"鲶鱼"，还是会成为"鲨鱼"，企业在选人的时候需要认真识别。

（2）关心鲶鱼型人才的存活问题。俗话说，枪打出头鸟。有时候积极主动的人才最后都会离开企业，因为他们的积极主动可能会有意无意得罪很多人。"出师未捷身先死，长使英雄泪满襟。"正是因为"鲶鱼"不好当，所以那些原本具备鲶鱼潜质的人才可能变成一只低调的小鱼，想动又不敢动。

（3）适时引导鲶鱼型人才。让鲶鱼型人才在追求卓越的同时，学会低调和韬光养晦；让鲶鱼型人才在忠诚企业的同时，学会知进退；让鲶鱼型人才在努力工作的同时，讲究做人做事的方法和手段。

【疑难问题】如何处理裙带关系问题

企业中难免有"关系户"。有的"关系户"自由散漫，不把企业制度放在眼里；有的"关系户"飞扬跋扈，好像企业除了领导之外，他就是最大的。

对于非管理部门，"关系户"存在的问题和他们关系不大，他们可以当这些"关系户"不存在；但对于管理部门，尤其对于有人力资源管理职能的部门，为了维护企业内部秩序正常，他们不能对"关系户"存在的问题视而不见。

"关系户"的一些行为，很可能使企业其他员工的心态和行为受到不好的影响。例如，当企业推行某项管理制度时，可能会遇到"关系户"不在乎制度规定的情景。这时候如果不及时采取一些措施，其他员工很可能效仿，最终使制度形同虚设。

当然，"关系户"中不是只有能力差的，还是有很多能力强的，而且他们中的有些人很有才华。这部分人企业要珍惜重用，可以根据他们各自的特长、兴趣、能力给他们安排适合的岗位，并为他们创造好的平台和工作氛围。"关系户"其实也有工作压力，他们可能需要比别人付出更多才能得到同事的认可。企业创造的好的工作氛围，可能会让有能力的"关系户"创造出更大的成绩。

所以，企业在处理"关系户"问题的时候，要持客观态度。

1.不丧失原则，同时也不抱有偏见

这里的原则不仅是个体为人处世的原则，还包括企业的原则。企业的原则就是企业的规章制度、工作流程、岗位职责要求和考核评价机制等。企业严格按照原则办事，用客观公正的态度来对待"关系户"，他们自己也会认为自己和其他员工一样。

2.协调"关系户"与普通员工的关系

"关系户"和普通员工成为朋友，在双方的职业发展过程中，能够为对方提供帮助。谁也不希望没事就和别人起冲突。如果成不了朋友，按照普通同事的方式相处也可以。对待"关系户"要有底线思维，不能触犯个人的底线，也不能触犯企业的底线。

3. 对飞扬跋扈的"关系户"，先侧面提醒，再坚决处置

对那种飞扬跋扈、不起正面作用的"关系户"，首先可以侧面提醒。提醒多次后，他还是没有改变，那就不需要再浪费时间去说服或感化，可以直接按照企业的规章制度处理。

【疑难问题】如何处理任人唯亲问题

中国有句谚语叫"打虎亲兄弟，上阵父子兵"，指的是当面临生死攸关的大事时，最可靠的合作者是自己的血亲。一家人团结一致，上下一心，做事情就很容易成功。这种思想听起来挺正确的，但也培养和助长了一种坏风气——任人唯亲。

有句俗话叫"一人得道，鸡犬升天"，其实就是讲的任人唯亲。与"任人唯亲"相对应的是"任人唯贤"。

任人唯贤，指的是根据人才的能力和价值来用人。品德好、能力强、绩效好的员工就应当被任命到关键岗位，让其承担更大的责任，同时给他提供比较高的薪酬。任人唯亲，指的是按照人才和自己的亲近程度来用人，即谁和我走得近，谁和我认识的时间长，谁比较听我的话，我就任用谁。

很显然，任人唯贤是正确的用人策略，而任人唯亲却是可能会给企业带来灾难的用人策略。人们知道任人唯亲不好，可现实中这种情况在企业中却随处可见。避免任人唯亲，有3个关键点要注意。

1. 领导

在任人唯亲问题上，领导的纵容是根本原因。如果领导客观、公正地选拔和任命干部，坚决反对任人唯亲，那任人唯亲的问题就很难存在。

2. 制度

可以直接在企业的规章制度里制定不允许任人唯亲的制度。制度的好处是为企业的行动提供统一的标准。例如，可以规定经介绍来企业的人员或企业要晋升的员工，必须经过企业规定的面试或选拔流程，必须符合企业的要求，必须遵守企业的制度。

如果人才符合企业的要求，由人力资源部门统一安排工作，不得由介绍人安排工作。人力资源部门安排工作的原则之一，是把该人员安排在与介绍人不相关的部门。

3. 管家

每个企业都存在一个关键角色——管家。很多优秀的企业经营发展能一直保持理性、遵守规则，有时候不仅因为领导的个人能力有多强、制度建设得多么完善，还因为这家企业有一个愿意管事的"管家"。

这个"管家"能做到对事不对人，既坚持原则，又能处理好各方关系。每个企业都需要这样一个角色，每个领导都希望身边有这样一个人。很多成功的人力资源管理者，就在企业中扮演着这样的角色。

第 4 章

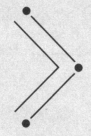

离职环节员工关系管理

　　员工离职对企业造成的损失不仅包括招聘成本、培训成本等管理成本，还包括从寻找接任者到接任者达到能够满足岗位需求的时间成本和因为员工流失影响在职员工士气的精神成本。做好离职环节的员工关系管理，有助于有效降低员工离职给企业造成的损失。

4.1 员工主动离职操作方法

常见员工主动离职的情况包括员工主动辞职、员工劳动合同到期和员工正常退休。对企业来说，员工主动离职的法律风险较小，手续相对比较简单，但要注意手续办理的完备性。

4.1.1 主动辞职

《中华人民共和国劳动合同法》（2013年7月1日施行）的有关规定如下。

第三十六条 协商解除劳动合同

用人单位与劳动者协商一致，可以解除劳动合同。

第三十七条 劳动者提前通知解除劳动合同

劳动者提前三十日以书面形式通知用人单位，可以解除劳动合同。劳动者在试用期内提前三日通知用人单位，可以解除劳动合同。

主动提出辞职的员工，应按照《中华人民共和国劳动合同法》规定的时间提出，并填写离职申请表，经所在部门的直属上级、部门负责人和人力资源部门审批后，方可办理离职手续。离职申请表的格式模板如表4-1所示。

表4-1 离职申请表

姓名		性别		身份证号	
公司		部门		岗位	
入职日期		申请离职日期		预计离职日期	
家庭住址		联系方式			
离职原因					
直属上级面谈记录				直属上级审批意见	
部门负责人面谈记录				部门负责人审批意见	
人力资源部门面谈记录				人力资源部门审批意见	

离职员工在正式离职之前，应填写离职交接表，按照离职交接表中的内容逐项执行交接手续，保证完成交接工作。离职交接表的格式模板如表4-2所示。

表 4-2 离职交接表

姓名		性别		身份证号	
公司		部门		岗位	
入职日期		申请离职日期		预计离职日期	
交接手续					
部门办公用品	□办公设备　　□文档资料 □办公用品　　□物料工具 □其他			部门负责人签字： 日期：	
交接内容 1. 2. 3. 4. 5. 6.		交接人签字 1. 2. 3. 4. 5. 6.			
行政部门	□办公室钥匙　　　□宿舍钥匙 □联系方式更新　　□餐卡 □其他			行政部门负责人签字： 日期：	
信息部门	□办公自动化账号 □其他			信息部门负责人签字： 日期：	
财务部门	□借款清算 □其他			财务部门负责人签字： 日期：	
人力资源部门	□工作服　　　□工作牌 □出勤情况　　□工资计算 □人事档案　　□员工手册 □其他			人力资源部门负责人签字： 日期：	
总经理意见： 日期：					

　　离职交接的过程中需注意，由于员工离职后的工作内容、文件资料、办公用品等项目不一定全部交接给同一个人，所以移交时需要逐项核对，并由接收人逐项签字。如果表格填不下，可以附交接清单。如果交接过程中发现有物品或资料遗失或毁损，给企业造成损失的，应按照企业的相关规定赔偿。

根据《中华人民共和国劳动合同法》（2013年7月1日施行）的规定，用人单位有下列情形之一的，劳动者可以解除劳动合同。

（1）未按照劳动合同约定提供劳动保护或者劳动条件的。

（2）未及时足额支付劳动报酬的。

（3）未依法为劳动者缴纳社会保险费的。

（4）用人单位的规章制度违反法律、法规的规定，损害劳动者权益的。

（5）因本法第二十六条第一款规定的情形致使劳动合同无效的。

（6）法律、行政法规规定劳动者可以解除劳动合同的其他情形。

用人单位以暴力、威胁或者非法限制人身自由的手段强迫劳动者劳动的，或者用人单位违章指挥、强令冒险作业危及劳动者人身安全的，劳动者可以立即解除劳动合同，不需事先告知用人单位。

4.1.2　劳动合同到期

劳动合同的解除可以分为协商解除和法定解除两种情况。协商解除指劳动合同双方出于某种原因，在完全自愿的情况下互相协商，在彼此达成一致的基础上提前终止劳动合同；法定解除指出现国家法律、法规或合同规定，在达到可以解除劳动合同的情况时，不需双方当事人一致同意，合同效力可以自然或单方提前终止。

员工的劳动合同到期之后，如果企业不想与员工续签劳动合同，要根据员工的工作年限，向员工支付员工经济补偿。

如果企业想与员工续签劳动合同，但想给员工向下调整薪酬或岗位，如果员工本人同意，则没问题；如果员工本人不同意，这类因为企业降低原来的劳动条件，员工不续签劳动合同的情况，企业同样需向员工支付经济补偿。

员工的劳动合同到期后，企业维持或者提高员工原来的劳动条件，员工本人不愿意和企业续签劳动合同的，企业不需要向员工支付经济补偿。这种情况相当于员工自愿提出离职。

企业向员工支付经济补偿的标准参照《中华人民共和国劳动合同法》（2013年7月1日施行）的规定。

第四十七条　经济补偿

经济补偿按劳动者在本单位工作的年限，每满一年支付一个月工资的标准向劳动者支付。六个月以上不满一年的，按一年计算；不满六个月的，向劳动者支付半个月工资的经济补偿。

劳动者月工资高于用人单位所在直辖市、设区的市级人民政府公布的本地区上年度职工月平均工资三倍的，向其支付经济补偿的标准按职工月平均工资三倍的数额支付，向其支付经济补偿的年限最高不超过十二年。

本条所称月工资是指劳动者在劳动合同解除或者终止前十二个月的平均工资。

4.1.3　员工退休

各地人社部门的规定不同，办理退休的流程不尽相同。当员工达到法定退休年龄后，正常办理退休的流程一般包括如下步骤。

（1）员工填写退休申请表。企业每月在当地人社部门规定的时间内，向人社部门提交退休人员的退休申请表、身份证原件及复印件（复印件一般一式两份）、医保卡复印件、员工档案（一般需要加盖企业公章）。

（2）人社部门审核退休人员的出生年月、参加工作时间、历年调资表、社保缴费年限等，审核后开具公示单。

（3）企业公示无异议后，加盖企业公章。当月缴纳完社保后，企业对退休人员进行减员操作，向人社部门提交退休申请表、退休申报表、退休公示表。

（4）有部分地区的人社部门对有需要的人员，可以为其打印退休证明。

如果是特殊工种或因病等情况需要提前办理退休的人员，办理流程比正常的退休流程多一步提前审核的过程，企业可以根据当地人社部门的具体要求提交相关审核材料。

4.2　员工被动离职操作方法

员工被动离职，指企业主动与员工解除劳动关系，常见情况包括企业主动劝退不合格的员工、企业辞退员工和企业经济性裁员。企业主动与员工解除劳动关系的法律风险较大，企业要注意合法、合规性。

4.2.1　劝退不合格员工

劝退，指企业通过相关人员和员工谈话，希望员工能够主动提出辞职。劝退不合格的员工是企业降低用人成本、提高用工效率的必要方式。虽然企业需要严格遵守劳动法律法规，不得随意辞掉员工，但也不能让管理流于形式，任由越来越多不合格的员工留在企业。

在劝退不合格的员工之前，首先需要确认该员工不再适合在企业工作。如果员工在某一岗位上的工作表现达不到岗位要求，企业需要提供必要的培训。如果该员工还是不能达到岗位要求，可以调岗或继续培训，若仍不合格，再实施劝退。

企业劝退不合格员工并不是为了免于支付经济补偿金，而是为了让员工了解自身能力与企业岗位要求之间的差异，减少员工对离职的抵触心理，保留企业的社会声誉。如果员工意识到这一点后自愿提出离职，也能为企业降低成本。

在劝退不合格员工前，企业要了解相关的法律依据，要提前经过工会的审批；面谈者要分析该员工的性格特点，了解他的上下级关系，了解大家对他的评价以及必要的数据资料或文档等证明材料，要提前预测面谈过程中可能出现的状况。

面谈的内容应以事实为主，对员工进行简单的寒暄之后，再直奔主题，围绕员工不合格的原因，展开对事实的讨论。如果员工接受劝退，则适当提出建议；如果员工不接受劝退，可以提出反对的原因和证据，人力资源管理人员进行必要的核查。

为了稳定离职员工的情绪，人力资源管理人员需告知员工能够享受的权利，承诺如果其他企业对员工进行背景调查时，企业不会透露对员工再就业的不利信息。如果有必要，企业可以为员工写推荐信。人力资源管理人员可以给员工提出职业发展的建议，有条件的企业可以给予员工职业生涯发展的培训。人力资源管理人员确认员工离职后，启动员工离职程序，做好工作交接。

在劝退员工前，企业需要做好如下工作。

1. 具体化人才录用条件

企业需要确定具体明确的岗位工作条件。根据《中华人民共和国劳动合同法》（2013年7月1日施行）的规定，员工在试用期间被证明不符合录用条件的，企业可以与其解除劳动合同，并且不需要支付经济补偿金。实务中，难点往往出现在企业难以证明员工究竟在哪方面不符合录用条件。企业要具体化人才录用的条件，可以参考如下案例。

案例

某岗位需要员工上夜班，则要在人才录用条件中注明这个需求。对于这个需求，某企业做出的规定为：该岗位每个自然月需要上10天夜班，员工必须根据公司统一的排班要求出勤，每月夜班的请假时间不得超过2天，此条件为从事本岗位的必要条件。

2. 具体化岗位胜任条件

企业需要确定具体明确的岗位胜任条件。根据《中华人民共和国劳动合同法》（2013年7月1日施行）的规定，如果员工不能胜任现岗位的工作，经过培训或岗位调整仍不能胜任工作的，企业可以与其解除劳动合同。实务中，员工能不能胜任工作也是难以衡量的。要具体化岗位胜任的条件，可以参考如下案例。

案例

某生产岗位的胜任条件为：8小时以内，生产合格品的数量不少于50件；某服务岗位的胜任条件为：每个月顾客满意度的调查结果须达到90%（含）以上；某人力资源管理招聘岗位的胜任条件为：公司每月的招聘满足率须达到 95%（含）以上。

3.具体化严重失职情况

企业需要确定具体明确的在工作岗位严重失职的情况。根据《中华人民共和国劳动合同法》（2013 年 7 月 1 日旅行）的规定，员工因为严重失职给用人单位造成重大损失的，企业可以与其解除劳动合同。同样，"严重失职"和"重大损失"也是难以衡量的。要具体化严重失职的条件，可以参考如下案例。

案例

某公司保安岗位规定：如果在未登记的情况下，让非本公司的人员进入公司，则属于严重失职；某财务岗位规定：如果账务问题出现 10 万元（含）以上的差异，则属于严重失职；某质量检验岗位规定：如果某批次产品次品率达到 5%（含）以上而质量检验员未查出，则属于严重失职。

不论是人才录用条件、岗位胜任条件，还是严重失职情况，能够避免争议、化解误解、提升管理的关键点，都是通过量化的方式定义岗位的基础要求、能力要求、绩效指标等的具体数值来实现的。同时，企业平时要注意相关数据和证据材料的收集和保存。

4.2.2 辞退员工

辞退，指因员工违反企业的规章制度、劳动纪律或犯有重大错误，但还没有达到双方自动解除劳动关系的条件，经过合法合规的处罚、调岗、培训后仍然无效，企业内部经研讨后，经过一定的程序，主动与该员工解除劳动关系的行为。

《中华人民共和国劳动合同法》（2013 年 7 月 1 日施行）的有关规定如下。

第三十九条 用人单位单方解除劳动合同（过失性辞退）

劳动者有下列情形之一的，用人单位可以解除劳动合同：

（一）在试用期间被证明不符合录用条件的；

（二）严重违反用人单位的规章制度的；

（三）严重失职，营私舞弊，给用人单位造成重大损害的；

（四）劳动者同时与其他用人单位建立劳动关系，对完成本单位的工作任务造成严重影响，或者经用人单位提出，拒不改正的；

（五）因本法第二十六条第一款第一项规定的情形致使劳动合同无效的；

（六）被依法追究刑事责任的。

第四十条 无过失性辞退

有下列情形之一的，用人单位提前三十日以书面形式通知劳动者本人或者额外支付劳动者一个月工资后，可以解除劳动合同：

（一）劳动者患病或者非因工负伤，在规定的医疗期满后不能从事原工作，也不能从事由用人单位另行安排的工作的；

（二）劳动者不能胜任工作，经过培训或者调整工作岗位，仍不能胜任工作的；

（三）劳动合同订立时所依据的客观情况发生重大变化，致使劳动合同无法履行，经用人单位与劳动者协商，未能就变更劳动合同内容达成协议的。

这里需要注意两点：一是确认员工满足上述情况时，需要企业有足够的证据；二是当满足某些情况时，企业不能与员工解除劳动合同。对于以上第二点，《中华人民共和国劳动合同法》（2013年7月1日施行）有相关规定。

第四十二条　用人单位不得解除劳动合同的情形

劳动者有下列情形之一的，用人单位不得依照本法第四十条、第四十一条的规定解除劳动合同：

（一）从事接触职业病危害作业的劳动者未进行离岗前职业健康检查，或者疑似职业病病人在诊断或者医学观察期间的；

（二）在本单位患职业病或者因工负伤并被确认丧失或者部分丧失劳动能力的；

（三）患病或者非因工负伤，在规定的医疗期内的；

（四）女职工在孕期、产期、哺乳期的；

（五）在本单位连续工作满十五年，且距法定退休年龄不足五年的；

（六）法律、行政法规规定的其他情形。

企业辞退员工时，可以向员工发送辞退通知书等正式文件。辞退通知书的模板如下。

××先生/女士：

我公司与您于　　年　月　日签订了劳动合同，双方建立了劳动关系，您成为我公司　　　　部门　　　岗位员工。但在劳动合同履行过程中，公司发现您不能胜任本职工作，存在　　　　　　　的不良行为，给公司的经营发展带来损失。本公司决定将您辞退，终止与你的劳动关系。

请您接到本辞退通知后，尽快办理交接事宜，并将交接清单提交人力资源部门，在相关事宜处理后前往人力资源部门办理离职手续。本公司将按照劳动法的规定，给予您一个月工资的经济补偿金。同时，接到本辞退通知后，您不得以公司名义再开展任何业务活动，否则，造成的一切后果由您本人承担。

××公司

年　月　日

需要特别注意的是，即使员工确实严重违反了企业的规章制度，不到万不得已，不要采取辞退的方式，因为主动辞退员工可能给企业带来法律风险或影响企业声誉。在辞退员工前，企业可以先实施劝退。为了成功劝退员工，企业同样需要支付员工相应的经济补偿金。

4.2.3 经济性裁员

经济性裁员，指企业的生产经营遇到困难，为了保证企业能够正常存续，采用一次性辞退部分员工来缓解经营状况。经济性裁员的规定可以参考《中华人民共和国劳动合同法》（2013年7月1日施行）的规定。

第四十一条 经济性裁员

有下列情形之一，需要裁减人员二十人以上或者裁减不足二十人但占企业职工总数百分之十以上的，用人单位提前三十日向工会或者全体职工说明情况，听取工会或者职工的意见后，裁减人员方案经向劳动行政部门报告，可以裁减人员：

（一）依照企业破产法规定进行重整的；

（二）生产经营发生严重困难的；

（三）企业转产、重大技术革新或者经营方式调整，经变更劳动合同后，仍需裁减人员的；

（四）其他因劳动合同订立时所依据的客观经济情况发生重大变化，致使劳动合同无法履行的。

裁减人员时，应当优先留用下列人员：

（一）与本单位订立较长期限的固定期限劳动合同的；

（二）与本单位订立无固定期限劳动合同的；

（三）家庭无其他就业人员，有需要扶养的老人或者未成年人的。

用人单位依照本条第一款规定裁减人员，在六个月内重新招用人员的，应当通知被裁减的人员，并在同等条件下优先招用被裁减的人员。

当企业满足经济性裁员的条件后，应当提前30天向工会或全体员工说明情况，告知理由，听取工会或全体员工的意见，与员工谈话，并按照相关法律法规向劳动行政部门报告。对于企业违反法律、行政法规规定或者劳动合同约定的情况，工会有权要求企业纠正。企业应当重视和研究工会的意见，并将工会要求的处理结果或工会要求提供的相关材料书面通知工会。

如果有员工给企业造成损失的，企业有权要求赔偿。

4.3 离职面谈方法和技巧

离职面谈是企业相关工作人员与待离职人员就离职相关问题进行的谈话。

离职面谈分为两种，一种是与主动离职人员的面谈，另一种是与被动离职人员的面谈。与主动离职人员面谈通常是为了安抚员工的情绪、挽留员工留在企业继续工作、了解员工离职的真实原因、收集员工的改进意见或建议、提高企业人力资源管理水平、提高企业声誉。与被动离职人员面谈通常是为了劝员工离开企业。本节主要探讨与主动离职人员的面谈。

4.3.1 离职面谈的时间、地点、实施人

员工主动离职的过程通常包括3个阶段。

第1阶段是苗头阶段。在这个阶段，员工开始对当前工作产生不满，有离职的念头。员工开始思考自身工作的意义以及当前工作给自己带来的价值，开始关注和联络外部的工作机会，比较外部机会与当前工作之间的利弊。

第2阶段是验证阶段。在这个阶段，员工会在当前工作中不断观察和反思，通过直属上级和周围同事不经意间做出的反馈，验证自己对当前工作的不满，增强自己对当前工作的负面评价，增强自己对外部机会的正面想象。

第3阶段是确信阶段。在这个阶段，员工经过一段时间的思考，已经确信自己离职的判断是正确的，并向企业提出自己准备离职的想法。

很多企业的离职面谈通常发生在员工正式提出离职之后，也就是员工离职的第3阶段——确信阶段。其实这时候已经错过了离职面谈沟通的最佳时机。防患于未然是对待员工离职最好的管理手段。

离职面谈时间、地点和实施人直接影响着离职面谈的成败。

1.离职面谈的时间

离职面谈的开始时间，最好选择在员工离职的第1阶段——苗头阶段，也就是当员工工作态度散漫、工作积极性下降、阶段性地请长假、行为举止异常、神色慌张、时不时地到无人地点接听电话等具备离职意向的行为出现的时候。

2.离职面谈的地点

在选择离职面谈的地点时，要注意对离职员工的隐私保护，选择光线较明亮的房间，注意面谈地点周边的环境，在面谈过程中应尽量避免周围出现噪声或干扰。

3.离职面谈的实施人

有的企业认为应该由企业的人力资源管理人员实施离职面谈。实际上，员工的直属上级对员工的情况比较了解，容易发现员工离职的苗头，比人力资源管理人员更有可能知道员工离职的真实原因，也更有可能起到挽留员工的作用。

当人力资源管理人员实施员工离职面谈的时候，通常已经到了员工的离职意向比较明确的第3阶段。这个阶段的员工已经确定自己要离职，比较难挽留。所以离职面谈的实施人首先应是员工的直属上级，其次才是人力资源管理人员。

4.3.2　离职面谈操作方法

如果是提前发现员工行为反常但员工还未提出离职的情况，员工的直属上级可以与员工谈谈该员工行为上的异样，并了解该员工最近是否在工作上、生活上有问题。

如果是生活上的问题，员工的直属上级可以和员工讨论企业是否能通过某些具体事项帮助员工解决问题或渡过难关；如果是工作中的问题，员工的直属上级可以和员工一起寻找解决问题的思路和方法。

如果员工已经提出离职，员工的直属上级或人力资源管理人员首先要了解员工离职的真实想法和离职原因，话术为"能了解一下你为什么会产生这种想法吗？"或"是什么让你产生了这种想法呢？"。

如果员工不愿意吐露心声，员工的直属上级或人力资源管理人员还可以问员工一些更加具体的问题，如"你觉得工作氛围如何？""你喜欢咱们公司的企业文化吗？""你对平时得到的学习或培训满意吗？"等。

了解员工的离职原因后，员工的直属上级或人力资源管理人员要表达出对员工情感和所处情景的理解和感同身受。通过对离职原因的分析，判断是否有成功挽留员工的可能性。如果具备挽留员工的可能性，员工的直属上级或人力资源管理人员可以与员工一起做利弊分析，突出留在企业的优势，和员工一起寻找既能让员工留下又能让双方满意的解决方法。

如果员工不置可否或者表示要好好想想，员工的直属上级或人力资源管理人员可以给员工 3 ～ 7 天的时间考虑。如果员工坚持要离开，员工的直属上级或人力资源管理人员可以征询员工对企业的意见或建议，了解员工离职后的去向，提醒员工在离职前要充分履行工作职责并协助做好工作交接，提醒员工必须履行的保密责任或竞业限制责任。

4.3.3　离职面谈注意事项

实施离职面谈的时候，员工的直属上级或人力资源管理人员要注意如下事项。

（1）要明确离职面谈的目的。离职面谈的总体目的是改善企业的人力资源管理现状，但对于不同类型的员工，侧重点有所不同。对态度好、能力强、绩效高的员工，离职面谈以挽留为主；对态度差、能力弱、绩效低的员工，离职面谈可以只了解离职原因。

（2）在做离职面谈之前需要有所准备，要提前了解员工的家庭背景、工作情况、上下级关系、同事评价、人格特质及可能的离职原因等信息，提前预演对话过程中可能发生的状况、可能采取的行动以及可能会使用的解决方案。

（3）应体会和感知离职人员的想法，多站在他的角度思考问题。围绕员工的利益，选择他认同或感兴趣的话题与其交流。

（4）注意语调的平和、态度的平等，避免产生判断性的语言或语调，避免用自己的价值观评判员工。

（5）离职面谈应多采用开放性问题，如"为什么""是什么""怎么样"等；少用封闭性的问题，如"是不是""对不对""行不行"等。当涉及敏感隐私问题的时候，要小心询问，或尽量避免。

（6）离职面谈结束后，要注意对面谈内容的保密，不得随意泄露员工的隐私。

4.4　离职风险防控方法

员工离职过程如果操作不当，可能会给企业带来比较多的风险，让企业付出不必要的成本。企业在进行员工离职操作时要格外注意离职风险防控。

4.4.1　离职风险

员工离职比较常见的风险包括如下内容。

1. 岗位空缺的风险

企业如果对员工的离职没有预期，很可能出现由于没有储备人选可以接替离职者的工作而导致工作上的被动局面。同时，在离职交接的过程中，也可能因为交接流程的不完善造成交接时间不充分、交接内容不全面，从而带来其他风险。

岗位空缺的风险的应对措施如下。

（1）提前预防。做好人才梯队建设，评估所有岗位的离职风险，建立关键岗位的后备人才库，平时要保障和强化后备人才相关岗位能力的提前培养。建立关键岗位或非关键岗位大规模人才流失的应急预案。

对必要的关键岗位，因工作的特殊性，可在关键人才入职时签署离职事项承诺书，约定从提出离职到正式离开的时间、是否适用特殊的办理程序、详细的工作交接内容等相关离职事项，并约定如果违反这些条款的违约责任。

（2）规范流程。建立并维护正常的离职程序，规定不同的岗位和职责需要谁确认、确认什么、怎么确认，需要谁审批、以什么为依据批准，需要谁监督、怎么监督，需要谁负责、负什么责。在兼顾效率的同时，保证离职流程的完备和安全。

（3）快速反应。当相关人员有离职意向时，要迅速反应、立即行动。员工的直属上级或人力资源管理人员与员工做离职面谈，如果员工的离职意愿明确，立即进入交接流程。争取充足的交接时间，确保工作交接的完整性。注意离职面谈要安抚而不要责备，切不可激化矛盾，让员工产生抵触情绪。

2. 关键信息泄露的风险

企业的关键信息包括技术资料、商业秘密等关乎企业核心竞争力的重要信息。如果处在关键岗位、掌握核心机密的人员离职，不论是到竞争对手那里，还是自主创业，都必然会对企业带来巨大的影响，甚至危及企业的存亡。

关键信息泄露的风险的应对措施如下。

（1）留人很重要。平时做好留人的准备好过离职之后再弥补。关键岗位留人的方法多种多样，原则是"放长线"。例如：中国人对房子有着特殊的情感，企业可以购置房产给关键岗位的人才长期居住，并承诺20年后将房产转到他个人名下；可以赡养、照顾关键人才的父母；也可以设置股权激励、定期分红，保证人才的长期收益。当然，留人的方法除了物质层面，还有精神层面的。

（2）从流程和制度上，将核心竞争力打散、拆分。例如，某餐饮连锁品牌的家传秘方，在工业化生产中，创始人将它分成8份。这8份分别属于不同的工序、工段，操作的时间、地点都不相同。每一份又有一个3～5人的团队负责研发、管理和升级。整套秘方，由创始人的两个儿子继承。

（3）依赖团队好过依赖个人，团队可以把核心能力内化于无形。例如，将核心的发明创造或专利技术尽量归组织或团队所有，而不要归个人所有。某核心产品的技术研发就算可以由个人独立完成，也尽量找多人组成团队共同完成，并将所有的过程文件和资料全部转到企业档案室统一保存。

（4）利用法律手段保护企业的合法权益，与核心人才签订保密协议和竞业限制协议。保密协议可以约束人才在职时对涉密信息、关键信息、技术资料进行保密。竞业限制协议可以约束人才离职后一段时间内对相关信息进行保密。

3. 客户流失的风险

直接面向客户、与客户接触较多的员工离职后往往也会把客户一起带走，尤其是这个客户一开始就是由离职者开发或长期维护、没有其他人插手的。这类情况在一线销售人员中较为常见。如果企业长期对一线销售人员实施"只追求业绩"的粗放式管理，那么必将在人才和客户流失方面存在巨大风险。

客户流失的风险的应对措施如下。

（1）注重品牌建设，提升企业品牌的知名度、美誉度和影响力。注重品牌建设，可以使客户选择企业的产品是因为企业的品牌，而不是因为某个业务人员"善交朋友"与"能说会道"。

（2）实施客户关系管理。建立并维护好客户档案和数据库，所有客户资料由企业统一管理。

（3）建立并实施轮岗制度。不论干部还是员工，都要轮岗，尤其是一线业务部门的员工。当某业务员负责同一地区时间较长时，往往会掌握该地区的重要客户资源，为了防止风险，可以阶段性地进行岗位轮换，并落到实处。业务较优秀者可以通过晋升到更高岗位、提升工资待遇等方式实现轮岗。

4. 军心不稳的风险

平时朝夕相处的同事离开了，必然会对企业中的其他员工产生一定的影响。有权威机构估算，1 个员工离职会引起大约 3 个员工产生离职的想法。按照这个逻辑推算，如果某企业员工的年化离职率为 20%，那么，代表着可能会有 60% 的员工正在找工作。

企业中有些核心人才由于领导魅力、工作年限、岗位性质等因素，会逐渐形成一定的感召力和影响力，周围可能会存在一批"拥护者"或"追随者"。这类人才一旦离职，必然会带来一个群体的心理冲击，降低企业的凝聚力。更有一些核心管理者，如总经理离职后，可能会带走一大批处在关键岗位的技术人员和管理骨干，这会给企业经营带来巨大影响。

军心不稳的风险的应对措施如下。

（1）从选人时就开始预防。选用具备不同背景的员工，采取多元化的管理方式。

（2）利用企业文化，丰富员工生活，让员工与组织产生情感。

（3）做好员工的职业生涯规划管理，定期组织相关的培训或讲座。

（4）在与即将离职的员工沟通的同时，注重与离职员工长期接触的未离职的内部员工沟通，稳定军心。

4.4.2 离职承诺

对于与企业签署保密协议的员工，应按照协议的规定履行在职或离职期间保守企业相关秘密的义务。如果保密协议中明确规定了保密的期限包括员工离职之后，而员工未履行，则企业可以按照协议追究员工的法律责任。

为了避免与员工在员工离职后产生不必要的劳动纠纷，企业在员工正式离职之前，可以要求员工加签一份离职承诺书，格式模板如下。

离职承诺书

本人与公司在平等自愿、协商一致的基础上解除劳动关系，特作如下承诺。

1. 本人在离职前的工作移交、手续办理和资料交接等方面，没有遗漏和不当之处。如因本人工作交接不清或遗漏而导致的公司直接或间接损失，本人愿意按公司相关制度承担相应责任。

2. 离职以后，本人在职所经办未了的事务需要提供协助，本人愿意尽力协助。

3. 本人在工作期间，若有任何损害公司权益的行为，即使本人已离职，公司依然保留追究责任的权利。一经核实，本人愿意承担由此而引起的一切经济和法律责任。

4. 本人承诺离职后遵守公司保密制度，保守在公司任职期间所知悉的公司商业秘密，绝不泄露；如有泄露，本人愿意接受公司制度的惩罚并承担法律责任；同时承诺离职后不抢夺公司客户或者引诱公司其他员工离职，也不自营与公司相同或具有竞争性关系的产品或服务。

5. 本人自愿离职，与公司无其他任何纠纷。自离职之日起，本人保证不再向公司主张任何权利，并不再以公司的名义对外行事，否则，一切后果由本人承担。

特立承诺！

承诺人签字：

身份证号码：

承诺日期：

4.4.3 离职证明

当企业与员工解除或者终止劳动合同时，为了保障员工的合法权益，避免产生劳动纠纷，企业应当为员工出具解除或终止劳动合同的证明，即离职证明。不论员工是主动离职还是被动离职，企业都需要开具离职证明。

企业在开具离职证明时需注意，应当写明员工的基本身份信息、劳动合同的起止日期、工作岗位信息等。

离职证明的格式模板内容如下。

离职证明

姓名：　　　，性别：　　，身份证号：　　　　　　　，自　年　月　日入职我公司，因自身原因，于　　年　月　日向我公司提出辞职申请，离职前从事岗位为　　　，最后到职日期为　　年　月　日。

我公司同意其辞职申请，经协商一致，与其解除劳动关系。双方已办理完全部离职手续，并无任何劳动争议。

特此证明！

公司名称：（公章）

公司地址：

公司电话：

____年____月____日

【疑难问题】如何应对试用期频繁离职

当企业出现员工在试用期频繁离职的情况，可以审视如下环节。

1. 入职管理环节

有时候员工在试用期离职，是因为员工发现企业的实际情况和自己的预期有较大差异。这种差异，常常是招聘或入职培训的过程中，人力资源管理人员提供了不客观的信息，使员工对于新的工作岗位产生了某种预期。上岗后发现想象与现实差距较大，就选择了离职。

这里的预期不仅只是薪酬方面，还包括岗位的工作环境、劳动强度、工作氛围等方面。企业可以审视入职管理流程，从员工的入职通知、新人报到、入职培训、手续办理、部门交接等各个环节入手，查找是否存在提供不客观信息的情况。并查找企业在员工入职环节中是否充分考虑了新人的感受和需求，在整个入职过程中是否存在对新人不尊重的情况。

2. 工作内容本身

员工在试用期离职，可能是工作岗位的设置、岗位职责、任职要求、人才能力判断等方面出了问题。企业要审视：在招聘之前，是否设置了清晰的岗位职责，是否以人岗匹配为前提进行招聘，对新人能力与岗位契合度的判断是否准确，新人所处的环境、氛围、权限、汇报关系等是否令其难以正常开展工作。

3. 团队氛围

员工的试用期比较考验管理者的领导力。如果发现某团队新员工集中在试用期离职，企业不仅要关注该团队的直属上级是否比较好地包容、接纳、关注新员工，也要关注团队内部成员对新员工的接纳态度。

企业应关注新员工的直属上级是否在安排工作时发挥了新员工的优势，利用新员工的优势为企业创造价值，而不是只盯着新员工的缺点。企业要关注新员工的直属上级是否激发出新员工的潜能，是否注重对新员工的培养，有没有让新员工感受到团队积极的氛围。

4. 企业文化匹配

员工试用期离职，可能是因为员工感到个人的价值观与组织的价值观不一致；也可能是因为员工不适应企业文化，不能很好地融入企业文化氛围。企业应审视企业文化和价值观是否过于强势，同时应审视招聘过程中是否介绍过企业文化，是否考虑过员工个人价值观与企业价值观的一致性。

【疑难问题】员工非正常离职如何操作

个别员工有时因为存在负面情绪或为了节省离职的时间，选择采取不办理离职手续或旷工的方式，直接与企业解除劳动关系。从法理上讲，员工不履行正常的离职手续就擅自离岗的，需要承担相应的违约责任。如果对企业造成经济损失，还应当承担相应的赔偿责任。但实务操作中，这类员工的行为往往让企业很头疼，企业难以维护自身的合法权益。

应对这种状况，企业可以在规章制度中规定："员工连续旷工7天或1年之内累计旷工20天，属于严重违反公司规章制度和劳动纪律的行为，将视为员工主动离职，公司可以和员工解除劳动关系并不需要支付经济补偿。"这里要注意，所有新入职员工必须学习企业的规章制度，并签字确认。

按照这种方式操作，如果员工连续旷工满3天，人力资源部门应履行提醒的义务。首先应通过电话与该员工联络；如果通过电话无法联系到员工本人，可以尝试联络员工的紧急联系人；如果仍无法与该员工取得联络，则可以通过快递方式向员工发送恢复上班通知函。恢复上班通知函的格式模板如下。

恢复上班通知函

×× 同志：

您自　　年　月　日起一直未正常出勤，现通知您务必于收到本通知后3日内到　　　　　公司人力资源部门办理恢复工作手续。

若在规定时间内您未恢复工作，公司将根据规章制度第　　章第　　节第　　条规定：连续旷工7日者，按自动离职处理，公司有权直接解除劳动关系。由此导致的一切不利后果，将由您自行承担。同时，公司保留通过法律途径追究您因未正常履行工作职责给公司造成经济损失的权利。

特此书面通知！

×× 公司人力资源部门

年　　月　　日

从对非正常离职员工的处理方式中能够看出，员工在入职阶段填写的电话、地址、紧急联系人的联系方式等信息非常重要。人力资源管理人员应核实员工提供的电话信息是否准确，员工的地址信息必须提供详细到门牌号的可邮寄地址。员工非正常离职情况较多的企业，可以要求员工入职时至少提供2个紧急联络方式。

企业在发出恢复上班通知函后，若仍未收到该员工的任何回复，那在该员工旷工7日后，人力资源部门应立即知会工会，经工会同意后，向该员工发出解除劳动关系通知函。解除劳动关系通知函的格式模板如下。

解除劳动关系通知函

×× 同志：

因您严重违反劳动合同的约定和公司相关规定，现经研究决定，自即日起公司与您解除劳动关系。

请您务必于收到本通知后3日内到　　　　公司人力资源部门办理离职手续，并领取解除劳动关系证明，若您在规定时间内未履行上述手续，由此导致的一切不利后果将由您自行承担。

特此书面告知！

××公司人力资源部门

年　月　日

企业办理员工非正常离职手续时，还需要注意如下事项。

（1）恢复上班通知函和解除劳动关系通知函是企业的正式文件，发送前需要加盖企业公章。

（2）发函选择的快递公司应为规模较大、管理规范的公司，快递公司要能够提供快递签收的回执单。

（3）人力资源部门需要保留好发函的快递单号和快递回执单作为通知的依据。

（4）若发函地址无效，函被退回，人力资源部门应立即登报公示。

【疑难问题】离职人员年终奖该不该发

今年离职的人员，去年的年终奖该不该发呢？

1. 从法理来讲

年终奖是对员工1年劳动的奖励。根据《关于工资总额组成的规定》（1990年1月1日国家统计局令第1号发布），工资总额由6部分组成，分别是计时工资、计件工资、奖金、津贴和补贴、加班加点工资、特殊情况下支付的工资。

根据国家统计局《关于工资总额组成的规定》若干具体范围的解释，工资组成中，奖金包括生产（业务）奖，生产（业务）奖包括超产奖、质量奖、安全（无事故）奖、考核各项经济指标的综合奖、提前竣工奖、外轮速遣奖、年终奖（劳动分红）等。可以看出，年终奖是工资的组成部分。

除此之外，奖金还包括：节约奖，包括各种动力、燃料、原材料等节约奖；劳动竞赛奖，劳动竞赛奖包括发给劳动模范、先进个人的各种奖金和实物奖励；其他奖金，其他资金包括从兼课酬金和业余医疗卫生服务收入提成中支付的奖金等。

既然年终奖是工资的组成部分，那就属于员工的合法劳动所得，那么企业就不得无故克扣或拖欠员工的工资。但关于年终奖的发放条件和发放形式，企业可以与员工提前在集体合同或劳动合同中做出合法合规的约定。

员工离职的时候，企业要不要对其发放年终奖？首先，可以看集体合同中是否有关于年终奖发放的约定；其次，看双方的劳动合同中有没有相关的约定；最后，看企业的规章制度中有没有相关的规定。如果都没有相关的约定或规定，那么企业应当按照相关法律法规的规定，实行同工同酬的原则，向员工发放年终奖。

2. 从情理来讲

员工离职之后依然可以是企业的资源，企业依然有可能和离职员工在其他维度上存在某种合作，或者通过离职员工接触到一些资源。企业可以保持开放的心态，保持和离职员工的良好关系。企业对离职员工发放其应得的年终奖，不仅体现出企业对离职员工的关怀，体现出对其工作的肯定，也会给在职员工信心，彰显企业的大气和公平。

【实战案例】阿里巴巴公司的人才保留

阿里巴巴公司不遗余力地关注人才保留工作。阿里巴巴非常注重给员工提供成长的环境和空间，期望通过采取一系列的行为，让员工愿意主动自发地留在企业，为实现阿里巴巴公司的梦想而奋斗。

早期的阿里巴巴公司在留人方面一直存在问题，人才流失比较严重。一方面原因是当时的阿里巴巴公司处于创业初期，公司规模较小，商业模式尚不成熟，盈利能力尚不稳定，薪酬在行业内并不算高；另一方面原因是员工在阿里巴巴公司工作时，看不到自己未来的发展。那时候，相信阿里巴巴公司未来有巨大发展的员工并不多。

针对留不住人才的情况，阿里巴巴一方面在人才招聘的环节做出努力，把招聘的权力掌握在老板手中，所有进入阿里巴巴的人，他都要亲自面试；另一方面在人才选拔的环节做出努力，相信平凡的人做不平凡的事，英雄不问出处，挑选比岗位需要低一到两级的人才。

除了在招聘和选拔方面做出努力之外，阿里巴巴还特别实施了双重激励的方法。

1. 物质激励

为了留住人才，阿里巴巴公司建立了具有激励性的薪酬制度。阿里巴巴公司专门做了市场薪酬调研，研究行业薪酬状况。调整员工的薪酬，在高绩效的前提下，保证比较强的物质激励。在这种高物质激励的薪酬制度之下，很多员工的干劲十足，充满了工作的动力和欲望。

2. 精神激励

除了物质激励之外，阿里巴巴公司同样重视员工的精神激励。阿里巴巴公司认为，在留住员工方面，物质激励能起到主要作用；在激发员工的工作积极性方面，精神激励能起到主要作用。阿里巴巴公司的精神激励主要体现在团队中的上级对下级的鼓励、认可和帮助等方面。

没有人愿意生活在失败中，员工渴望被上级认可，渴望被企业认可。所以，阿里巴巴公司要求管理者要关注员工的每一个进步，学会赞美员工。同时发现员工不足，帮助员工及时改正不足，让员工对工作和生活充满希望。

阿里巴巴公司的留人策略可以总结成四句话。

（1）用愿景和使命留住高管；

（2）用事业和待遇留住中层；

（3）用薪酬和福利留住员工；

（4）用情感银行留住所有人。

阿里巴巴公司对不同层级岗位的人才的留人策略是不同的。

对于高管，阿里巴巴偏向用比较宏大的目标留住他们，实现他们的人生价值；对中层管理者，阿里巴巴偏向于用不断提升的职位和待遇，用职业的奔头留住他们；对于基层员工，阿里巴巴偏向于用比市场水平更高的物质生活保障留住他们；对于所有人，阿里巴巴都希望用情感留住他们。

阿里巴巴公司把企业对员工、上级对下级感情上的付出称为"情感银行"，付出的越多，情感银行中账户的余额就越大。余额越大，员工的稳定性就越高，工作满意度就越高，离职的可能性就越小。

所以，阿里巴巴公司倡导不论从宏观的企业制度设计层面，还是微观的管理者日常管理方式层面，都要不断为员工的情感银行"注资"。

例如，阿里巴巴公司曾经发现员工的椅子没有扶手会增加员工的疲劳度，于是就把所有员工的椅子换成了高标准、带扶手的办公椅；因为上班早高峰电梯使用比较拥挤，阿里巴巴公司就不强制员工打卡，所以在阿里巴巴公司经常会看到有的员工在上班时间人还在咖啡馆或健身房。

阿里巴巴公司对员工迟到不敏感，对工作审批流程进行简化，对员工行为的条条框框比较少，不是因为阿里巴巴公司的管理水平差，相反地，这却是一种高明的管理方式，其背后表现出来的是阿里巴巴公司对员工的信任。阿里巴巴公司通过对员工的信任，为员工的情感银行不断储蓄。

第 5 章

员工职业通道建设

　　企业和员工之间不仅是雇佣关系，还是合作关系。在员工为企业提供服务的期限内，企业可以通过职业发展通道为员工设计一系列的发展方向和一系列的岗位任期。在每个任期中，企业和员工共同确定任务目标，员工朝着目标努力，而企业负责为员工提供资源支持。员工在为企业创造价值的同时，获得自身的职业发展，双方都能长期共赢。

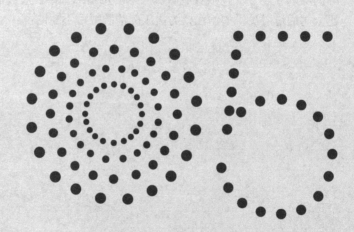

5.1　岗位管理

在人力资源管理工作中，岗位管理是一项重要的基础工作。懂不懂岗位管理，决定了能不能做好人力资源管理工作。很多人在还没弄清楚岗位基本情况的前提下，就盲目地开始做招聘、培训，实施薪酬管理和绩效管理。其实，如果岗位的设置和管理有问题，职业通道建设也会出现问题。

5.1.1　岗位分类方法

岗位是企业中最小的基本单位，它属于企业，而不属于企业中某个成员。岗位因企业战略而存在，承接了企业战略的分解目标，以结果为导向，是一种既动态又稳定的存在。

岗位就像企业的一把把"椅子"，当一个员工离开组织的时候，他可以带走工作风格，可以带走自己的知识技能和业绩表现，但是他以前从事的岗位依然存在，也就是这把"椅子"依然存在。岗位体系是整个人力资源管理体系的基础，它直接和薪酬管理体系、绩效管理体系、职业发展体系等形成关联、相互作用，保证企业能够持续不断地吸引、激励、保留优秀人才。

当一个企业岗位比较多的时候，不同的岗位可以分成不同的族群、序列和角色。

岗位族群是由一系列工作内容相近或相似，对任职者的知识、技能要求相近或相似，领域相同或相近的岗位组成的岗位集合。

岗位序列是在岗位族群之下，在岗位角色之上，基于族群和角色对岗位族群做的进一步细分。岗位序列是对岗位角色做的进一步总结。

岗位角色是根据岗位职责的特点，对岗位执行职责时的特点进行概括性的描述后，形成的特有的岗位类别。

岗位在族群、序列和角色上的划分，和生物界对不同生物进行界、门、纲、目、科、属、种的划分具有类似的道理。

案例

某企业对岗位族群、序列、角色的结构划分如图 5-1 所示。

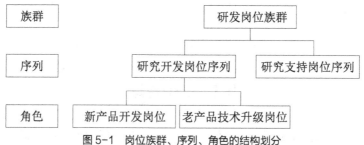

图 5-1　岗位族群、序列、角色的结构划分

　　该企业的研发岗位族群，代表着在这个族群当中，全部员工做的都是与研发工作相关的工作。与研发岗位族群平行的，还有其他的岗位族群，如生产岗位族群、销售岗位族群等。

　　在研发岗位族群之下，有研究开发岗位序列和研究支持岗位序列。

　　研究开发岗位序列主要由负责研究开发相关工作的岗位组成；研究支持岗位序列主要由负责研究支持相关工作的岗位组成。这两种岗位序列的岗位价值不同，研究开发岗位序列的价值要大于研发支持岗位序列的价值。

　　在研究开发岗位序列下面，还可以分成不同的岗位角色，有的角色负责新产品的开发，有的角色负责老产品的技术升级。这些岗位角色虽然做的都是研发创新类的工作，但是它们对企业的意义是不一样的。新产品开发岗位，对企业占领新市场有重要意义；老产品技术升级岗位，对企业降低成本有重要意义。在新产品开发岗位或者老产品技术升级岗位中，又设有不同的具体岗位。

　　将岗位划分为族群、序列和角色的作用有 3 个。

　　（1）为人力资源的调配提供依据，能实现对数量庞大的岗位进行动态管理。

　　一般超过 100 人的企业就可以用到角色的概念；超过 1 000 人的企业就要用到序列的概念；超过 5 000 人的企业就要用到族群的概念。

　　岗位族群、序列和角色的划分与企业的主营业务和人力资源的组成也有关系。一般来说，业务类别越复杂、岗位类别越多的企业，就越应该用到族群、序列和角色的概念来管理企业的岗位。

　　（2）可以建立多通道的职业发展路径，拓宽员工在企业的发展空间，增强对核心人员的激励与保留。

　　不同的族群、序列或者角色，可以有对应的岗位发展通道。

　　岗位的职业发展通道可以是横向的，也就是采取工作轮换的方式，通过横向的调动，使工作具有多样性，使员工焕发新的活力、迎接新的挑战。这种职业发展通道虽然没有加薪或晋升，但可以增加员工的新鲜感。如果企业不能为员工提供足够多的高层职位，而长期从事同一项工作又使人倍感枯燥无味，这时企业可以采用这种模式。

岗位的职业发展通道也可以是多量的，如分成管理通道、技术通道、行政通道等不同类别的晋升通道，沿着这些晋升通道，员工可以通往职级更高的职位。

（3）企业可以针对不同岗位族群、序列或者角色，确定个性化的人力资源管理配套方案，包括薪酬激励、培训与发展、人员选拔与流动、绩效管理等人力资源管理方案。

有时候，单纯根据部门来制定有关岗位的人力资源管理策略是不科学的。例如，销售部门中有销售助理，这个岗位角色具有行政辅助性，和办公室的行政辅助岗位同属于一个类别。对于这类岗位的薪酬策略，应该参考办公室的行政辅助岗位，而不是销售类岗位。从角色的角度来制定薪酬策略，比从部门的角度来制定薪酬策略更科学。

5.1.2 岗位分析方法

岗位分析方法有很多，包括工作实践法、观察法、面谈法和问卷法等。

如果岗位门槛比较低，上手比较容易，且可以实际操作体验，可以采取工作实践法。亲自操作、亲身体验得出的分析结果具有较强的说服力。

有的岗位不方便实际操作，但可以在旁边观察，能看得懂，那么可以采取观察法。通过观察，发现该岗位的关键信息。

有的岗位既不方便实际操作，又不方便观察，那么可以采取面谈法或问卷法。通过实际访谈或调查问卷，了解该岗位的关键信息。

面谈法是通过和实际从事该岗位的人面对面谈话来收集信息资料的方法。这种方法也有单独面谈和团体面谈两种形式。运用面谈法需要掌握比较好的面谈技巧，而不需要对这个岗位了如指掌，甚至完全不了解也可以采用这种方法。

注意，问卷调查法应当在前 3 种方法都尝试应用后再采取，而不是一开始就采取。虽然调查问卷返回来的信息比较多，但很难控制问卷填写者填写问卷时的状态。

岗位分析的内容，主要包括以下几点。

1. 岗位设置目的分析

岗位设置目的分析是对岗位产生背景进行分析，内容包括以下几点。

（1）岗位的名称、职级、职等有哪些？

（2）岗位存在的主要目的和定位是什么？

（3）岗位存在的意义和价值是什么？

2. 岗位工作职责分析

岗位工作职责分析是对工作的性质、内容进行分析，内容包括以下几点。

（1）为了达到岗位目的，该岗位的主要职责是什么？

（2）为什么要有这些职责？

（3）这个岗位有哪些独有的职责？

（4）什么是这个岗位最关键的职责？

（5）什么是这个岗位负责的核心领域？

（6）这个岗位需要负责的具体工作成果是什么？

（7）应该怎么考核这个岗位工作任务的完成情况？

3. 岗位工作环境分析

岗位工作环境分析是对岗位的工作环境进行分析，内容包括以下几点。

（1）该岗位工作的物理环境是什么？

（2）该岗位安全与健康环境如何？

（3）该岗位还有哪些特殊工作要求？如出差、驻外等。

（4）该岗位在什么情况下需要加班？

（5）该岗位需要用到哪些生产资料？

4. 岗位工作关系分析

岗位工作关系分析是对岗位的工作关系进行分析，内容包括以下几点。

（1）该岗位的工作如何与组织的其他工作相协调？

（2）该岗位的上下级关系是什么？

（3）该岗位的汇报关系是什么？

（4）该岗位需要与组织内外部有哪些接触？何时接触？如何接触？

5. 岗位任职资格分析

岗位任职资格分析是对岗位的任职资格进行分析，内容包括以下两点。

（1）从事该岗位需要哪些素质、知识、技能、经验、体能等相关条件？

（2）要获得所期望的工作成果，该岗位任职人员需要有哪些具体行为？

6. 岗位权限分析

岗位权限分析是对岗位的权限进行分析，内容包括以下几点。

（1）怎样把工作分配给该岗位？

（2）该岗位有哪些决策权？

（3）该岗位平时需要检查哪些工作、审批哪些工作？

5.1.3 岗位职责描述

在经过了岗位分析，得出岗位具体职责后，就要在岗位说明书中记录和描述岗位的具体职责。在描述岗位职责时，需要重点关注以下 4 方面。

（1）描述岗位职责时，主要描述岗位的工作过程，而不是岗位的工作成果或者岗位应该有什么样的产出。

销售类岗位、市场类岗位和采购类岗位主要工作职责描述的对比如表5-1所示。

表 5-1 销售类岗位、市场类岗位和采购类岗位主要工作职责描述的对比

岗位类别	主要职责	
	是什么	不是什么
销售类岗位	提升业绩	1 天打 100 个电话
市场类岗位	扩大市场份额	1 个月做 10 场活动
采购类岗位	准时、保质、保量以低价采购物资	1 天看 3 个小时的购物网站

（2）岗位职责描述应当是客观的、具体的成果，而不是一些广义的、主观的、抽象的内容。

例如，有的岗位职责描述中写到"要做好某项工作"。什么叫"做好"？"做好"是一个非常主观、非常抽象的判断。相比之下，"每年保持 5% 以上的业绩增长"就是一个比较客观的、具体的成果要求。

（3）岗位职责描述应尽量避免短期的、临时性的工作，应提交长期的、经常性的工作。

例如，有的企业在描述某个岗位职责时，因为该岗位在某时间点，因为一些临时的、特殊的原因，帮忙举办过一场活动。因此在职责描述时，考虑到该岗位还有可能帮忙举办活动，所以就加入了"帮忙举办活动"这项职责。

实际上，该岗位帮忙举办的活动几年才发生一次，而且每次举办，会根据当时企业各部门的具体情况从不同部门抽调人员协助，并不是固定由哪个岗位协助，因此该岗位的这项职责描述就是无效的。

在岗位说明书中，岗位职责项的最后一般会有一个兜底条款，一般是"完成上级临时布置的其他工作"。这一条实际上已经涵盖了所有短期的、临时性的工作。

（4）岗位职责描述常常长篇大论，不概括。

一般来说，岗位职责描述应该用"工作依据 + 工作内容 + 工作成果"的句式，如"收集财务数据，审核各部门提出的预算费用需求，编制财务预算"。其中，工作依据是收集财务数据，工作内容是审核各部门提出的预算费用需求，工作成果是编制财务预算。

例如，一项岗位职责描述为"统计客户数据，向上级分析汇报客户流失率、拟定并实施方案，降低客户流失率"。其中，工作依据是统计客户数据，工作内容是向上级分析汇报客户流失率、拟定并实施方案，工作成果是降低客户流失率。

在描述岗位职责时，可以按照岗位职责的重要性排序，把比较重要的职责写在前面。一般来说，每条岗位职责描述不超过 50 个字。

5.1.4　岗位职等职级

从岗位的专业知识、岗位能力、贡献大小、业务领域影响力等角度，可以测量岗位的价值，划分岗位层级。岗位层级可以通过职等和职级来划分。不同企业对职等职级的应用有一定的差异，表达方式也不同，但都是用职等职级表示岗位层级。

A企业的岗位职等职级划分如图5-2所示。

A企业将其岗位分成7个职等，分别是员工、主管、经理、高级经理、总监、副总经理、总经理；每个职等分成9个职级，每个职级对应着不同的月薪标准。

职等：员工

职级	月薪标准
1	6 200
2	5 600
3	5 100
4	4 600
5	4 200
6	3 800
7	3 500
8	3 100
9	2 800

职等：主管

职级	月薪标准
1	7 500
2	6 800
3	6 200
4	5 600
5	5 100
6	4 600
7	4 200
8	3 800
9	3 500

职等：经理

职级	月薪标准
1	9 000
2	8 200
3	7 500
4	6 800
5	6 200
6	5 600
7	5 100
8	4 600
9	4 200

职等：高级经理

职级	月薪标准
1	11 000
2	10 000
3	9 000
4	8 200
5	7 500
6	6 800
7	6 200
8	5 600
9	5 100

职等：总监

职级	月薪标准
1	13 200
2	12 000
3	11 000
4	10 000
5	9 000
6	8 200
7	7 500
8	6 800
9	6 200

职等：副总经理

职级	月薪标准
1	16 000
2	14 600
3	13 200
4	12 000
5	11 000
6	10 000
7	9 000
8	8 200
9	7 500

职等：总经理

职级	月薪标准
1	19 400
2	17 600
3	16 000
4	14 600
5	13 200
6	12 000
7	11 000
8	10 000
9	9 000

图5-2　A企业的岗位职等职级划分示意（图中月薪标准单位为元/月）

一般来说，职等职级越高，月薪标准越高。但因为存在技术类岗位，所以企业中存在价值贡献较大但职等较低的员工。企业为了这部分员工能继续晋升，允许提升其职级。所以企业中可能会出现职等较低但职级较高员工的月薪水平大于职等较高但职级较低员工的月薪水平的情况。

另外，职等职级也可以以不同的形态出现，如与A企业类似的B企业，其对岗位职等职级的划分如图5-3所示。

员工级

职级	职等	月薪标准
一级	上限	6 800
	一等	6 200
	二等	5 600
	三等	5 100
二级	一等	4 600
	二等	4 200
	三等	3 800
三级	一等	3 500
	二等	3 100
	三等	2 800

主管级

职级	职等	月薪标准
一级	上限	8 200
	一等	7 500
	二等	6 800
	三等	6 200
二级	一等	5 600
	二等	5 100
	三等	4 600
三级	一等	4 200
	二等	3 800
	三等	3 500

经理级

职级	职等	月薪标准
一级	上限	10 000
	一等	9 000
	二等	8 200
	三等	7 500
二级	一等	6 800
	二等	6 200
	三等	5 600
三级	一等	5 100
	二等	4 600
	三等	4 200

高级经理级

职级	职等	月薪标准
一级	上限	12 000
	一等	11 000
	二等	10 000
	三等	9 000
二级	一等	8 200
	二等	7 500
	三等	6 800
三级	一等	6 200
	二等	5 600
	三等	5 100

总监级

职级	职等	月薪标准
一级	上限	14 600
	一等	13 200
	二等	12 000
	三等	11 000
二级	一等	10 000
	二等	9 000
	三等	8 200
三级	一等	7 500
	二等	6 800
	三等	6 200

副总经理级

职级	职等	月薪标准
一级	上限	17 600
	一等	16 000
	二等	14 600
	三等	13 200
二级	一等	12 000
	二等	11 000
	三等	10 000
三级	一等	9 000
	二等	8 200
	三等	7 500

总经理级

职级	职等	月薪标准
一级	上限	21 400
	一等	19 400
	二等	17 600
	三等	16 000
二级	一等	14 600
	二等	13 200
	三等	12 000
三级	一等	11 000
	二等	10 000
	三等	9 000

图5-3　B企业的岗位职等职级划分示意（图中月薪标准单位为元/月）

B企业将其岗位划分成7个层级,分别是员工、主管、经理、高级经理、总监、副总经理、总经理;每个层级中包含3个职级;每个职级包含3个职等。每个层级的职级职等对应不同的月薪标准。在每个层级中,除了标准职级职等的规定之外,还设置该层级月薪标准的上限。

A企业和B企业对职等职级的划分没有好坏对错之分,只要能达到岗位层级划分的目的,被企业内部广泛认可,形成有效的规则,都是可以的。

5.2 责、权、利分配

企业中每个岗位,都有对应的责任、权限和利益。当这3项达到平衡状态时,就是一个岗位比较完美的状态。如果某岗位的权限和利益太小,但责任太大,将没有人愿意做这个工作。这时候,在这个岗位上工作的人一定会频繁离职,而且企业很难招聘到新的人才。如果某岗位的权限和利益很大,但责任却很小,虽然很多人愿意从事这项工作,但对企业来说却要损失很多成本。

5.2.1 责、权、利分配价值与作用

观察全社会中所有岗位(除了带任期的岗位之外)特点后会发现:一个人长期稳定地从事一个岗位,很可能是因为这个岗位的"权限 + 利益 > 职责";如果一个岗位的从业者长期不稳定,那很可能代表着这个岗位的"权限 + 利益 < 职责"。

案例

某企业采取项目制管理,业务签单需要营销、策划、技术等部门通力合作完成。在跨部门协作时,各部门都不愿意承担项目中的责任,每个项目都需要花费不少的沟通成本,有些时候还需要领导出面协调。

针对这种情况,这家企业的领导制定了一个责任人制度,把所有的工作任务和流程都确定了责任人。这个想法原本是好的,但实施一段时间后发现,员工变得斤斤计较,工作中一切都以制度里面规定的部门职责为准,缺少变通和协作,出现了许多内耗。

案例中的情况如果从人性的角度去解释那就是人都有惰性,都趋向于追求最小的能量耗损,希望别人把事儿给办了,自己坐享其成。不过,这种人性论是站不住脚的。因为任何企业、任何项目、任何需要人与人之间协作完成的工作,都会遇到人性的问题。

那些管理到位的企业,是因为员工的人性比较高尚吗?当然不是。他们更

多是依靠管理手段，避免了人性的负面展示。而那些管理不到位的企业，更多是管理能力比较差，不知道拆解任务，不知道怎么分配任务，不知道怎么做好计划、组织、领导、协调、控制、评价等人力资源管理工作。还有一个更重要的原因，是不知道如何分配岗位的责、权、利。

案例中所谓的责任人制度，只是简单地把很多岗位该负的责任都给了一个人或者一个部门，其他参与的岗位或部门很可能会不在乎。因为这家企业的领导没有提前划分责任，谁该负多少责、怎么负责，都没有明确。所以该案例中的企业实施项目时才经常需要领导出面协调。

"责任一定要落实到人，不落实到人，责任就落不了地。""如果一件事有一个人以上的负责人，等于没有负责人。"单独看这两句话，似乎没错，所以很多人在这两句话的影响下，像案例中的领导一样，实施简单的责任人管理。

如果一项工作真的前后只需要一个人来完成，那这么做当然没问题。可现实中，很多工作任务都涉及协作，需要多个部门参与。这时候，只设置一个人负责，而其他参与人却不问责，必然是不适合的。

岗位责、权、利分配的失衡，还会造成团队内部的氛围问题以及团队业务的开展问题，从而引发团队管理内耗。

案例

某企业的销售团队有业务员、经理和总监 3 级岗位。业务员的销售提成与产品销量直接相关。考虑到职位越高权限越大，团队中有这样的权限规则：总监有权降价 15%，经理有权力降价 10%，业务员有权力降价 5%。

没想到的是，为了快速成单、提高销量，几乎所有业务员都越过销售经理，直接找销售总监，要求降价 15%。销售经理岗位成了"摆设"，销售经理大多在管理一些非业务层面的事项。销售经理到了业务上需要降价的关键环节，也要找销售总监。

销售总监对是否降价的判断并没有统一的标准。团队氛围变得微妙起来，甚至开始流传和销售总监关系的好坏决定了能否获得降价这种言论。也就是说，和销售总监关系好的业务员，获得降价的可能性更大；和销售总监关系不好的业务员，获得降价的可能性更小。

业务员业绩完成，功劳是销售总监的，因为销售总监同意降价更多，业务员的业绩才得以完成。业务员业绩完不成，责任也是销售总监的。因为销售总监不给业务员降价，业务员才没完成业绩。有一些没有完成业绩的业务员甚至认为，因为客户听说销售总监有权降价更多，都不找业务员购买，直接去找销售总监购买，由此造成业务员的业绩没有完成。

这个案例反映了一种实务中责、权、利不对等的典型现象。谁对某项工作拥有主要权力，谁就对这项工作负有主要责任。放权，同样代表着"放责"和"放利"；留权，同样代表着"留责"和"留利"。

5.2.2 责、权、利分配工具与方法

要想有效划分出岗位的责、权、利，就要有一个比较有效的工具——责、权、利分配矩阵。责、权、利分配矩阵如表5-2所示。

表5-2 责、权、利分配矩阵

项目贡献占比	任务	A部门/个人	B部门/个人	C部门/个人	D部门/个人	E部门/个人
	任务1责任划分					
	任务1权限划分					
	任务1收益划分					
	任务2责任划分					
	任务2权限划分					
	任务2收益划分					
	任务3责任划分					
	任务3权限划分					
	任务3收益划分					

责、权、利分配矩阵的纵向是根据项目划分的工作任务或工作目标，这些工作任务或工作目标最终会指向团队、部门或企业的更大的目标。根据工作任务和工作目标，划分出责任、权限、收益的分配情况。矩阵的横向，是相关的部门或具体的个人。

表5-2中的"项目贡献占比"指项目划分的任务在整个项目中的贡献程度。对项目贡献程度越大的任务，在整个项目中的占比越高，能够分配到的责任、权限和收益就越高。

表5-2中的"任务"指项目分配的具体任务，项目能分成几项任务就写几项。列出每项任务不同的责任、权限和收益划分，它们在每项任务中是相互对等的。这里也可以把任务换成目标。

表5-2中的"部门/个人"：如果是比较宏观的项目或任务，责、权、利的划分可以对应部门；如果是比较微观的项目或任务，责、权、利的划分应当对应具体的个人。

运用责、权、利分配矩阵划分责、权、利，是根据"事"来划分，而不是凭空想象。这样划分出来的责、权、利最终指向具体的任务或目标，更加具体。

在责、权、利分配矩阵中，不同的岗位在不同任务或者目标中的角色，可以明确谁负责、谁参与、谁审批、谁知悉以及因为这项任务或者目标获得收益分配的具体比例。

运用责、权、利分配矩阵，对于某个具体的任务或目标来说，应该有总负责人。这个总负责人，负责从整体上推进任务或目标的达成。

任务或目标如果失败，并不是由总负责人负全责，因为任务中还有其他参与人，他们也有责任。如果任务或目标成功，也不是由总负责人获得全部收益，而是根据各参与人的参与程度，分配获得的收益。

每个岗位的参与程度、负责程度和收益分配程度，都是匹配的。如果任务或目标成功，某个岗位获得的收益是10%，那么其对该项目的参与程度就是10%，负责程度就是10%。也就是说，不管成与败，这个岗位都有10%的责任。

另外，在任务或目标运行过程中，负责审批的人一般对这项任务或目标负主要责任。因为过程中的一些审批权限，在一定程度上决定了这项任务或目标的完成质量。

5.2.3　责、权、利分配应用与案例

企业在应用责、权、利分配矩阵时，要注意把相关人员全部纳入矩阵中，时刻关注纵向上责任、权限和收益的匹配情况。

案例

某部门，共有张三、李四、王五、赵六和徐七5人，日常工作采取项目制管理。该部门接到了一个项目，要完成该项目，可以分成3项不同的任务，分别是任务1、任务2和任务3。这3项任务在整个项目的贡献占比分别是30%、50%和20%。

该部门根据责、权、利分配矩阵的原理，对整个项目中的责任、权限和收益进行划分，如表5-3所示。

表5-3 责、权、利分配矩阵应用

项目贡献占比	任务	张三	李四	王五	赵六	徐七
30%	任务1 责任划分	负责	参与程度30%	协助程度5%	协助程度5%	协助程度10%
	任务1 权限划分	审批	知悉	知悉	知悉	知悉
	任务1 收益划分	50%	30%	5%	5%	10%
50%	任务2 责任划分	参与程度20%	负责	参与程度20%	协助程度10%	协助程度10%
	任务2 权限划分	知悉	审批	知悉	知悉	知悉
	任务2 收益划分	20%	40%	20%	10%	10%
20%	任务3 责权划分	协助程度5%	协助程度5%	负责	协助程度10%	参与程度20%
	任务3 权限划分	知悉	知悉	审批	知悉	知悉
	任务3 收益划分	5%	5%	60%	10%	20%

根据上述案例中对责任、权限和收益的划分，如果某项任务出现问题，可以采取的追责方式有两种。

1. **团体追责**

假如任务1没有完成，张三负主要责任，李四负次要责任，王五、赵六、徐七负连带责任，对任务1的追责完全按照任务中不同个体的参与或协助程度来确定。这种追责方式适合团队协作型任务。当任务越需要团队共同努力，越难分清楚个体的具体工作时，越适合这种追责方式。

2. **个体追责**

假如任务1没有完成，由此寻找根本原因，发现是谁的责任，就向谁追责。如果任务1没完成的根本原因是赵六的某项工作没有完成，那即使赵六是协助方，也要对任务1没有完成负全责。这种追责方式适合分工型任务，个体在任务中的工作越明确具体，越适合采取这种追责方式。

不同任务在项目中的贡献占比、不同个体在任务中的参与或协助程度占比可以在项目开始之前由团队共同讨论决定。这类讨论也有助于明确工作目标、工作任务和分工协作方式等，有助于划分责、权、利。

5.3 职业发展管理条件

企业有效留住员工的关键因素之一是让员工在获得物质回报的同时，获得想要的职业发展，让员工获得成就感和自我实现的职业机会。要做到这些，企业就要做好员工的职业发展管理工作。企业实施对员工的职业发展管理工作，需要一定的条件。

5.3.1 职业发展管理实施价值

对于中国的"60后"这一代人来说，一辈子在一个企业工作、从事一种职业，是一件很正常的事；对于"70后"这一代人，一生经历两三家企业已经比较正常了；当"80后"成为劳动力市场的主力军，5年换一份工作也已经不稀奇；到了"90后""00后"开始踏入职场的时代，1年换几份工作都很常见了。

随着时代的发展，在中国的企业中，员工和企业之间的关系也在逐渐发展。从最初的归属关系，到标准的雇佣关系，再到如今强调的合作双赢关系。双赢关系的体现，一是企业获得员工的劳动成果，二是员工通过企业得到物质上和职业发展上的回报。

经验数据表明，如果在一个企业中司龄在3～5年的员工离职比较多，很有可能是因为企业对员工的职业发展通道设置得不好。员工在同一个岗位上工作了3～5年，发现自己并没有什么变化，再看看周围的员工，发现他们也没什么变化，这时候员工就会产生未来也极有可能没有变化的想法，然后选择离职。

员工在一家企业已经待了3～5年，已经熟悉了企业的文化，接受了团队，对企业也基本认可，只是在原来岗位上做的时间太长，有些厌倦。这时候，如果企业有良好的职业发展管理机制，那么员工在这个时期的离职率将会大大降低。

在企业实施职业发展管理工作之前，要先明确企业帮助员工实现个人职业发展主要是想解决什么问题。根据想解决的问题不同，员工职业发展管理工作的侧重点也会有所不同。

企业常见的想要解决的问题主要包括以下几个。

（1）员工离职率过高问题，尤其是优秀或核心员工离职的问题。

（2）不知道该为员工提供什么样的培训、如何为员工开展培训的问题。

（3）在企业内部找不到比较优秀的人才，不知道如何通过给员工提供职业发展机会发现优秀人才的问题。

明确想解决的主要问题之后，围绕问题开展职业发展管理工作，明确工作任务，能够提高员工职业发展建设的工作效率，让企业少做无用功。

5.3.2 职业发展管理组织机构

要想顺利实施员工职业发展管理工作，企业要围绕员工职业发展的工作任务，做员工职业发展管理工作职责的划分。员工职业发展管理不是员工一个人的事，也不是人力资源部门一个部门的工作，而是企业各部门都要共同参与的工作。

落实员工职业发展管理工作，离不开企业决策层的支持，离不开各部门负责人的配合，也离不开员工本人的积极参与。

在员工职业发展管理方面，有 4 个主要角色。

1. 职业发展管理委员会

职业发展管理委员会的人员可以包括总经理、副总经理、人力资源部门以及关键部门的负责人等。职业发展管理委员会在员工职业发展管理中起决定性作用，需要把控整个职业发展管理的方向，并执行最终的审批决策。

职业发展管理委员会在员工职业发展管理工作中的主要职责包括以下内容。

（1）确定企业职业发展管理的方向和策略。

（2）审批职业发展管理体系的管理办法、流程等制度性文件。

（3）支持和推动职业发展管理体系的建设和持续优化等工作。

职业发展管理委员会可以下设职业发展执行委员会，或者指派企业的某个具体部门做整个企业的能力认证工作。

2. 员工的直属上级

员工的直属上级在员工职业发展管理中扮演着参与者和辅导者的角色。很多企业员工职业发展工作最后落实不了的原因就是各部门管理者觉得员工晋升和自己没关系。有的管理者甚至认为，员工的晋升，对自己反而是一种威胁，他们会对员工职业发展管理工作产生抵触情绪。

员工的职业发展管理工作要想做成功，离不开各部门的支持，因为毕竟用人的是各部门的管理者。在比较健康的职业发展体系里面，管理者不会觉得员工晋升对自己是一种威胁，因为管理者本身也在晋升。

员工的直属上级在员工职业发展管理工作中的主要职责包括以下内容。

（1）参与员工职业发展相关制度的讨论，提出意见或建议。

（2）提供员工职业发展需要的相关数据。

（3）向员工准确传递不同职业发展通道的相互关系，帮助员工确定合理的职业发展路径。

（4）充当员工职业发展辅导顾问，为其职业发展目标的设定和个人发展计划的制订提供指导和建议，帮助其确定现实可行的目标。

（5）对员工的绩效和能力进行评价，并反馈给员工本人，帮助其制订进一步的个人发展计划。

3. 员工本人

员工是员工职业发展管理工作中的最小单位，也是员工职业发展管理工作中最重要的主体。员工是职业发展管理工作中的主角。如果员工个人不积极，不想提升能力，不能提升绩效，那员工的职业发展就只是一个幻想；反过来，如果员工太积极，积极到已经超过企业职业发展规则的限制，也是不行的。

员工在职业发展管理工作中的主要职责包括以下内容。

（1）遵守员工职业发展管理制度。

（2）积极配合企业进行自我评估。

（3）根据个人实际情况，设定个人的职业发展目标。

（4）制订相应的个人发展计划，并在实践中不断修正。

（5）具体执行个人发展计划。

当员工发现企业职业发展管理模式中存在问题，也应当提出。

4. 人力资源部门

很多员工职业发展管理工作做得不成功的企业，都是把员工的职业发展管理工作全部交给了人力资源部门。实际上，人力资源部门在员工职业发展管理工作中主要扮演发起者、倡导者和组织者的角色。

人力资源部门在职业发展管理工作中的主要职责包括以下内容。

（1）拟定职业发展管理体系的管理办法、流程等制度性文件。

（2）为推行职业发展管理体系做培训、指导、监督、政策解释等多方面的支持。

（3）及时向员工传达岗位空缺的信息。

（4）汇总、整理员工职业发展管理过程中的有关问题，对职业发展管理体系进行分析、研究，并制定改进措施。

（5）把改进的措施报职业发展管理委员会，协助职业发展管理委员会不断优化职业发展管理体系。

（6）建立职业发展管理体系档案。

只有各方参与、各司其职，企业才能做好员工职业发展管理工作。任何一方敷衍，试图弱化自己的职责，都会影响员工职业发展管理工作的实施。

5.3.3 职业发展管理关键任务

企业进行员工职业发展管理，有4项关键工作任务。

1. 设定有效、合理的职业发展目标

人力资源部门组织员工的直属上级和员工一起，结合实际情况设定员工职业发展目标。

这里需要注意，切忌设定的目标过高，因为过高的目标会让员工胆怯、退缩，当目标无法实现时，员工会受到打击，失去自信心，从而影响积极性。当然，也不要设定一个很容易实现的目标，如果目标很容易实现，员工就会觉得没有挑战性，从而失去兴趣。

设定职业发展目标可以参照绩效管理目标的设计思路，设计一个对员工有一定难度，需要员工"跳跳脚""伸伸手"才能够得到的、可实现的目标。

例如，为一个刚大学毕业进入人力资源部门做招聘工作的员工设计职业发展规划时，可以设计成：3年后，做到招聘主管岗位。这个目标实现的可能性比较大，但想实现，还需要员工不断地学习、不断地提升自己。如果这个员工把目标定成：3年后，做到人力资源总监岗位。那就有点不切实际了。

设定有效、合理的职业发展目标，不仅要基于员工的个人素质，还要基于员工的直属上级对自身经验的判断。

2.追求员工发展与组织发展的协调

这项工作任务要求企业在开展员工职业发展管理工作时，要求企业和员工同时发展。员工离开企业有很多原因，但很多时候是出于以下两方面原因。

（1）员工发展过快，但企业无法提供更大的发展空间，员工会为个人发展寻求更好的平台。

（2）企业快速发展，员工没有跟着企业一起快速成长，不能满足企业岗位的要求。

所以，企业做员工职业发展管理工作，要结合企业的发展目标和发展情况，设计员工职业发展通道，在企业发展的同时，员工也快速成长，这样才能步调一致。

3.要全面、有效、客观地评估工作绩效

企业和员工之间，要进行公开、客观的沟通，企业要帮助员工正确认知自己的实际情况，避免片面、主观的工作绩效评价。企业在进行工作绩效沟通的过程中，经常会担心员工承受不了、打消员工积极性等。所以在沟通时企业会美化员工的工作情况，或只注重提出员工的优点和业绩，忽视员工的缺点或不足。虽然这样沟通很愉快，但不利于员工的个人成长。

4.评估员工职业发展目标的达成情况

实施员工职业发展管理工作，对员工职业发展的达成情况进行评估，可以让企业了解目前员工的实际情况，并且寻找出那些在企业中进步快、发展好、绩效高的员工，把他们作为"种子选手"，进行重点关注和培养，使他们成为继任者或候选人。对于那些工作业绩不好、工作消极的员工，企业可对其进行清理和淘汰，减少企业损失。

5.4 员工职业发展路线

员工的职业发展需要清晰的路线，企业需要提前设计好路线，并且让员工感知到。要设计好员工的职业发展路线，不仅要做好员工职业规划，还要做好其他的人力资源管理工作，为建设员工职业规划生态系统做准备。

5.4.1 职业发展生态系统

很多企业的员工职业发展管理工作都存在制度化、形式化、落地难的问题。员工职业发展通道不能与其他人力资源管理工作割裂开来，企业需要把员工职业发展管理工作放到人力资源管理系统中，构建企业和员工的匹配模型，并做好其他人力资源管理相关工作，为员工职业生涯规划营造好的生态环境。

员工的职业发展管理是人力资源管理系统中的一部分，应该通过平衡企业发展需要、员工发展需要以及人力资源管理的各模块，让员工职业发展管理成为企业管理生态环境中的一部分，成为人力资源管理生态系统中的一环。职业发展生态系统示意如图 5-4 所示。

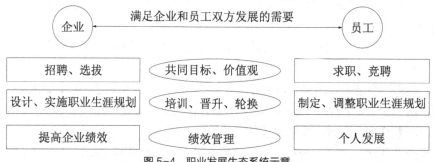

图 5-4 职业发展生态系统示意

在员工职业发展生态系统中，企业要清楚员工职业发展的前提，是员工的职业发展必须和企业的发展相适应和匹配，员工职业发展管理应当满足企业和员工双方发展的需要，而不是一方的需要。

有的企业做员工职业发展管理工作，只是为了保留员工；为了保留员工，年年给员工升职，年年给员工涨工资。结果，员工是留住了，可企业却付出了大量的无效成本。实际上，保留员工只是员工职业发展管理的结果，而不是唯一的目的。

企业在设计员工职业发展规则时，要考虑企业和员工的双赢。例如，有的企业规定，员工第二年晋升条件和晋升比例与企业上一年的业绩有关。企业的业绩越好，晋升的人数越多；如果企业的业绩比较差，第二年整体都不晋升。

这样，企业所有员工都希望通过努力提升企业业绩。因为只有这样，员工在下一年才有晋升的空间和可能性。这么做，是为了把企业命运和员工命运绑定在一起，把企业发展和员工发展联系在一起。

员工职业发展管理是人力资源管理体系中的一环，它应该和人力资源管理的其他模块相匹配。

在招聘管理的过程中，企业要招聘、选拔出和企业有共同目标、共同价值观的员工。有的企业在招聘员工时，只考察员工能不能胜任工作，而忽略了员工的个人发展目标。结果是员工很优秀，并且能出色地完成工作，但一年甚至几个月之后，员工就离职了。企业不但失去了一个优秀的员工，还可能为竞争对手培养了人才。

员工入职后，企业要建立员工职业发展的档案，并通过对各类员工职业生涯发展进行评估和设计，建立与员工职业生涯管理相配套的培训管理体系。按照员工发展的目标，参照企业培训课程体系，为员工量身打造培训方案。

企业可以通过让员工参加企业培训、外出学习等方式，提升员工的专业知识、岗位技能等，并为员工提供晋升和轮岗的机会，让员工找到更适合自己发展的位置，从而激发员工的潜能、提升员工的价值。

薪酬管理的整套规则和职业发展体系应该是关联的。不同等级的员工，对应着不同的薪酬水平。通过薪酬管理，把员工的等级晋升和薪酬挂钩，让员工更直观地体会晋升给自己带来的物质收益。

通过绩效管理对员工每一阶段的工作进行绩效评估，了解员工的工作业绩，帮助员工寻找绩效方面的问题及产生问题的原因，提供改进意见。员工可以通过改进绩效的行动，不断调整职业生涯规划方案，在实现个人绩效提升的同时，提高企业的绩效，实现个人的职业目标。

5.4.2　职业发展通道建设

不同的企业，有不同的员工职业发展通道和职业发展路径。常见的职业发展通道有4种，分别是管理类、业务类、技术类和操作类，如图5-5所示。

管理类通道适用于企业的各类人员。在一般企业里面，不论什么部门，都要有部门管理者，有时候为了人才梯队建设，还会在部门内部设计一些副职。这种部门正职和副职的职业发展通道设计，就是管理类通道。

业务类、技术类和操作类区别于管理类，这些类别的发展通道偏向于专业精深路线。在有的大型企业里面，因为岗位比较多，可能还会设置更多的职业发展通道。

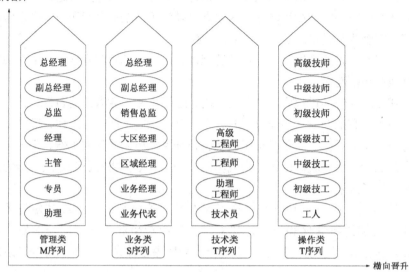

图 5-5 职业发展通道示意

业务类通道适用于从事市场销售的人员。这类通道的晋升规则主要是看业绩，业绩越好，在这个级别中的位置就越高。

技术类通道适用于从事技术工作的人员。这类通道的晋升规则主要是看技术能力，技术能力越强、技术经验越丰富、成功经验越多，在这个级别中的位置就越高。

操作类通道适用于从事生产工作的人员。这类通道的晋升规则和技术类通道类似。不同的是技术类主要偏实验室操作，操作类偏产品的量产操作。

在有些互联网企业里面，产品的技术开发和生产属于一个部门，这时可以适用一个技术类。

企业可以根据职业发展通道示意图设计适合自身的职业通道，让员工的职业可以横向发展，也可以纵向发展。

要注意，企业在设计职业发展通道时需明确晋升条件和晋升标准，避免模棱两可的情况。有些晋升规则里注明"表现优秀""业绩突出"之类的词，这就是典型的不确切的描述。比较量化、比较确切的晋升描述可以是"销售业绩排名前 10%""360 考评结果排名前 20%""绩效考核得分排名前 30%"等。

在职业发展过程中，如果员工想要转换职业发展通道寻求，一般需要参加相应岗位通道的相关培训，在拥有岗位要求的相关技能并通过部门的面试和评价之后，才可以转换。如果员工选择继续留在本岗位领域的通道中发展，一般需要参加岗位晋升的相关培训，并且通过本部门的相关考核之后，才可以晋升。

5.4.3 职业发展晋升流程

通用的职业发展晋升流程如图5-6所示。

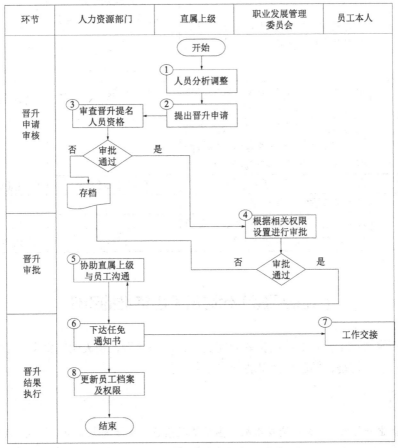

图5-6 通用的职业发展晋升流程

晋升流程中的工作描述及重要的输入与输出如表5-4所示。

表5-4 晋升流程中的工作描述及重要的输入与输出

流程步骤	工作描述	重要输入	重要输出
1	直属上级根据人员规划、岗位设置、现有人员技能水平分析现有人员的合理配置	人员规划 岗位设置 现有人员技能清单	排出现有人员晋升优先次序
2	直属上级根据业务发展需求和人员能力水平及职业发展目标提出晋升申请	个人发展计划 个人绩效承诺 专业能力认证	晋升申请

流程步骤	工作描述	重要输入	重要输出
3	人力资源部门根据晋升要求审查晋升提名人员的资格	个人绩效承诺 专业能力认证业务需求 人员规划 其他晋升要求 岗位空缺状况	合格的晋升候选人名单
4	根据晋升人员的级别按权限划分由总监/副总/总裁进行审批	合格晋升候选人名单 其他考虑要素	审批结果
5	人力资源部门协助直线上级就审批结果与员工进行面谈沟通，解答困惑和进行晋升前的首次就职辅导		
6	人力资源部门下达任免通知书	晋升审批结果	任免通知书
7	员工按需进行工作交接		
8	人力资源部门办理相关手续，更新员工档案及相应的管理权限	任免决定	档案 权限更新

【疑难问题】代岗员工出错谁的责任

正常情况下，企业给岗位划分完责、权、利之后，相关岗位就可以按此正常运行了。但是，偶尔也会出现一些异常状况。

案例

企业一员工，A家中突发事故，由于情况紧急，需要马上请假。所以，A把工作交接给同事B后，就休假了。可A负责的客户核算项目很复杂，B并不熟悉，最后B帮助A做的工作存在失误，造成了企业损失。这种情况下，该由谁来承担责任呢？

在弄清楚这个问题之前，先看另外两个故事。

第一个故事是这样的。

甲有买彩票的习惯，每隔几天都会去买5注彩票，每次买的都是这5注彩票。这5注彩票是他一直非常看好的5组号码。某日，甲有急事，不能去买彩票，匆匆忙忙把自己经常买的5组彩票号码写在一张纸上交给乙，让乙帮助自己购买。

乙拿着甲写的号码到了彩票投注站，发现纸上的字迹很潦草，有几个数字很难分辨。但乙没带手机，凭借自己对甲字迹的了解，凭经验确认了纸上的数字。彩票开奖后，甲发现中奖号码里有自己经常买的5组号码中的一组，奖金有500万元人民币。甲高兴坏了，马上打电话给乙。

乙也很高兴，但拿出彩票一看，发现中奖的那组号码里有两个数字因为甲写得太潦草，被乙认成了别的数字，导致这注彩票只中了三等奖——3 000 元人民币。

从 500 万元人民币到 3 000 元人民币，甲受不了这种过"山车式"的心情落差，把所有过错都怪到乙头上，要求乙赔偿自己全部经济损失。

第二个故事发生在第一个故事的"平行宇宙"。

甲和乙还是同样情况，不同的是，甲写的那组号码原本应该中三等奖，也就是 3 000 元人民币。可当甲找乙要彩票后发现，因为甲的字迹潦草，乙把没中奖的号码阴差阳错看成了中奖号码，结果彩票中了一等奖，也就是 500 万元人民币。

从 3 000 元人民币到 5 00 万元人民币，在这个"平行宇宙"里，甲又像是坐了一次"过山车"。这个时候，甲除了口头感谢乙之外，没有给乙任何奖励。

故事一和故事二中，甲和乙在法律上属于委托人和被委托人的关系，被委托人以委托人的名义替委托人处理委托事务。甲是委托人，乙是被委托人。甲既然委托乙来处理自己的事情，乙又按照甲的委托做了相应的事情。这时候，甲不可以做出产生损失让乙来承担责任、获得收益自己留着的行为。

法理上，如果委托人和被委托人双方事先没有明确的约定，被委托人遵照委托人的意愿处理事项，产生的一切后果应该由委托人承担。当然，这并不代表被委托人在接受了委托人的委托之后可以任意妄为、不管后果。

委托关系和雇佣关系是两个完全不同的概念。雇佣关系讲究的是责、权、利对等，委托关系讲究的是彼此之间的自愿性。在很多委托关系中，没有"利"的存在，是出于"帮忙"。故事一和故事二中乙帮助甲买彩票，并没有收取甲的"跑腿费"，就属于"帮忙"的情况。

委托人委托被委托人办理的事物，一般是具体的工作任务和工作内容。被委托人向委托人承诺的，是按照委托人的要求来做这些具体的工作任务和工作内容。对于工作任务和工作内容的完成质量，如果委托人和被委托人事先有明确的约定，那么被委托人应当按照约定完成；但如果事先没有具体约定，或者约定不清楚，责任由委托人承担。

因此，在 A 与 B 的案例中，A 应该承担全部责任，因为这项工作是 A 的本职工作，B 只是代岗。如果 B 因为帮助 A 而没有做好自己的本职工作，造成了损失，应当 B 承担。

当然，法理是法理，情理是情理。在企业中，按照丁是丁、卯是卯的原则处理事情可能会显得生硬。在处理员工代岗造成损失这个问题上，可以在讲法理的同时，也讲情理。为避免这种情况发生，企业可以事先明确紧急情况下员工请假和代岗的相关流程，明确划分代岗员工和休假员工之间的责、权、利。

【疑难问题】中小企业职业通道建设

中小企业发展时间比较短，管理不成熟，员工比较少，这种情况下，要不要花时间给员工设计职业发展通道呢？

成长之心人皆有之，"有奔头"是很多人的行为动机。这个道理不论是大型企业、中等企业还是小型企业，都通用。中小企业因为处在事业迅速发展的时期，所以更需要给员工提供成长的动力。这就需要一个能激励人的晋升制度。

中小企业因为企业规模的限制，为员工设置职业发展通道的思路和大型企业相比，应当有所区别。中小企业在设置职业发展通道时，要有一定的想象力，同时，要多给员工想象空间。

1. 注重职级而不是职位

与大型企业中职位众多不同，中小企业一般员工人数比较少，能够设置的职位也比较有限。所以中小企业在员工职业发展通道的设置上，可以以职级上的提升为主。

例如，给某岗位设置 15 个级别，在该岗位的每个员工每半年或每一年可以根据态度、绩效或能力情况评定一次是否晋级。这样，员工可以很多年从事同一个岗位，同时随着能力和绩效的提升，工资、福利、待遇、权限都会有所提升，员工还是会有晋升的感觉。

其实不仅中小企业，像 IBM 公司一样咨询业务庞大、由高级人才组成的团队也是这么做的。IBM 公司对岗位设置了 9 个级别（Band1 ～ Band9）。在这 9 个级别之上，还有 4 个 partner 级别。IBM 公司的咨询师，如果具备相应的能力，一般级别越低晋升越快，级别越高晋升越慢。

2. 注重精神而不是物质

财务状况方面，中小企业可能比不过一些大企业，但晋升奖励不一定要完全体现在薪酬的提升上，也可以在精神层面上增加更多激励，精神激励往往比物质激励更具备激励性。例如：职级晋升后，能够更多接触公司最上层；能够获得更多的外出或者内部学习的机会；能够有更加弹性的工作时间；能够获得一个更宽敞自由的工作空间等。

有的企业有高层午餐的做法，就是企业的高层分别和中高层岗位的人员共进午餐。在吃午餐的过程中，他们可以讨论一些企业发展的事项。

企业也可以有打破常规的做法。例如，有一个创业公司，采用"职位名称"

来激励员工。全公司一共 10 个人，可以给每个员工都取一个好听的职位名称。

如果财务部一共 2 个人，但可以设置财务总监、财务副总监、财务高级经理、财务经理、财务副经理、财务主管等职位，这样做的目的一是给现有的 2 个人"奔头"，二是当他们到达那个职位后，有了好听的职位名称，可以印在名片上。

3. 注重远期而不是近期

由于中小企业所具有的特点，员工晋升后的奖励不一定非要即时支付或者近期兑现，可以适当引入长期激励。引入长期激励一方面能够减少企业的财务压力，另一方面也能提高员工队伍的稳定性。

长期激励不仅指股权激励，还可以是一些长期的薪酬计划、福利计划等。例如：在某级别持续做满 5 年，发一块小金牌；在某级别持续做满 10 年，发一块大金牌；在某级别持续做满 15 年，子女可以获得教育基金；在某级别持续做满 20 年，公司保证解决全家户口问题；等等。

这里要注意，远期收益不代表"画大饼"。有些"饼"画出来，员工可能不认可，这就起不到激励效果。例如，有一些小企业主向员工承诺："你好好工作，10 年后就是副总，20 年后给你期权，到时候公司一上市，你一下子就财务自由了。"员工想："20 年后，先别说上市，企业在不在还不一定呢。"

4. 注重功劳而不是苦劳

中小企业很多时候追求活下去、追求活得更好，以企业的成长和发展为目的、以市场的认可为目标。企业接受着市场的考验，员工更应当和企业一起承担。

在大企业，有时候只要员工工作年限到了、能力达标了，如果他没犯过什么原则性错误，在有职位空缺的情况下，很容易得到晋升。但在中小企业里面不建议这样做。中小企业员工的晋升，应当用价值兑换，用结果说话。

不仅在晋升制度的设计上，任何制度，都要体现中小企业更关注市场、更贴近顾客的特点，一切以市场认可的"功劳"来判定，而不是"苦劳"。

【实战案例】阿里巴巴岗位职级设计

阿里巴巴的岗位职级分成 P 序列和 M 序列两类。P 序列是技术序列，分为 1～14 级。这里的技术序列泛指技术、专业能力，而不全是计算机技术。销售类、产品类、运营类、市场类岗位都可以沿着 P 序列晋升。M 序列是管理序列，分为 1～9 级。

阿里巴巴 P 序列和 M 序列的岗位职级划分及其对应关系如表 5-5 所示。

表 5-5 阿里巴巴的岗位职级划分示意

级别	职级名称	级别	职级名称
P1、P2	低端岗位预留		
P3	助理		
P4	专员 / 初级工程师		
P5	资深专员 / 工程师		
P6	高级专员 / 高级资深专员 / 高级工程师	M1	主管
P7	专家	M2	经理
P8	资深专家 / 架构师	M3	资深经理
P9	高级专家 / 资深架构师	M4	总监
P10	研究员	M5	资深总监
P11	高级研究员	M6	副总裁
P12	科学家	M7	资深副总裁
P13	首席科学家	M8	子公司 CEO
P14	高级岗位预留	M9	高级岗位预留

技术序列（P 序列）和管理序列（M 序列）是人力资源岗位管理体系科学化的体现。

阿里巴巴早期的主营业务是 B2B（Business to Business，企业对企业）业务，那时候阿里巴巴有大量的销售岗位，需要建立以销售管理岗位为基础的岗位职级管理体系，于是出现了 M 序列。后来，阿里巴巴的业务转型到 B2C（Business to Customer，企业对个人）业务和 C2C（Customer to Customer，个人对个人）业务，再后来企业技术人才越来越多，技术的重要性越来越高，于是出现了 P 序列。

如今的 M 序列已经基本不对中层以下的员工开放，绝大多数阿里巴巴员工执行的是 P 序列。

在 2011 年以前，阿里巴巴还经常会招 P4 级别或 P4 级别以下的岗位，之后就比较少招了。如今阿里巴巴在校园招聘大学生一般是从 P4 或 P5 起步，社会招聘一般从 P6 起步。

阿里巴巴 P7 以下的员工人数超过总人数的 70%，岗位职级达到 P6 级以上的可以算是中层。

从 P6 到 P9，每一层级的工作内容和需要具备的能力都成倍增长。

P6 级别的阿里巴巴员工一般负责大项目中的一个模块；P7 级别的阿里巴巴员工一般具备独立立项、带项目的能力；P8 级别的阿里巴巴员工已经达到专家级别，有能力带一个完整的业务线；P9 级别的阿里巴巴员工在行业里有一定的影响力，能够带 2～3 个完整业务线或 30～40 人的团队。这个级别的阿里巴巴员工对每一个下属的管理都要做到非常细致，这对一个人的管理沟通能力有非常高的要求。

阿里巴巴是典型的把岗位名称和职级名称分开的企业，大部分阿里巴巴员工也并不在意自己的头衔。在一般的企业，同事之间的相互称谓总要带着主管、经理、总监之类的岗位名称。阿里巴巴员工之间提得却比较少，这些岗位名称更多是为了对外的个人形象和开展业务的方便。例如，某人的名片上印着××总经理或者××总监，那这个人的职级可能是 P7 级，在一些事情上，有权做决策。

岗位名称和职级名称分开的好处：一是能够让阿里巴巴员工随时适应组织发展变化和组织机构调整，这也符合阿里巴巴拥抱变化的价值观；二是能够让广大的技术人才享受更好的待遇。在很多传统企业，很难想象一个管理者的下属会比管理者自己的职级高，薪酬待遇也比自己高。但是这种情况在阿里巴巴比较普遍。

阿里巴巴岗位职级 P4 级及以上的通用职级描述如表 5-6 所示。

表 5-6　阿里巴巴岗位职级 P4 级及以上的通用职级描述

岗位职级	职级描述
P4	1.有相关专业教育背景或从业经验 2.在专业领域中，对企业职位的标准要求、政策、流程等从业所必须了解的知识处于学习成长阶段，尚需要主管或高级别人员对负责的任务和完成的产出进行清晰的定义和沟通，并随时提供支持以达到要求；能配合完成复杂任务 3.在专业领域，具有学习能力和潜能
P5	1.在专业领域中，对企业职位的标准要求、政策、流程等从业所必须了解的知识基本了解，对于本岗位的任务和产出很了解，能独立完成复杂任务，能够发现并解决问题 2.在项目当中可以作为独立的项目组成员 3.能在跨部门协作中沟通清楚
P6	1.在专业领域中，对企业职位的标准要求、政策、流程等从业所必须了解的知识理解深刻，能够和经理一起探讨本岗位的任务和产出，并对经理具备一定的影响力 2.对于复杂问题的解决有自己的见解，对于问题的识别、优先级分配有见解，善于寻求资源解决问题；常常因为对工作的熟练而有创新的办法，有解决复杂问题的能力 3.可独立领导跨部门的项目；在专业方面能够培训和教导新进员工
P7	1.在专业领域，对自己所从事的职业具备一定的前瞻性了解，在某个方面有独到的认识，对企业关于此方面的技术或管理产生影响 2.对于复杂问题的解决有自己的见解，对于问题的识别、优先级分配见解尤其有影响力，善于寻求资源解决问题；常常因为对于工作的熟练而有创新的办法，有解决问题的能力 3.可独立领导跨部门的项目；能够培训和教导新进员工 4.是专业领域的资深人士 5.行业外或企业内培养周期较长

续表

岗位职级	职级描述
P8	1.在某一专业领域中，对于企业内外及业界的相关资源及水平比较了解 2.开始参与部门相关策略的制定；对部门管理层在某个领域的判断力产生影响 3.对事物和复杂问题的分析更有影响力
P9	1.是某一领域中的资深专家 2.对某一专业领域的规划和未来走向产生影响 3.对业务决策产生影响 4.使命感驱动
P10	1.在企业内部被认为是某一方面的专家或者在国内的业界范围具备知名度和影响力 2.对企业某一方面的战略规划和未来走向产生影响 3.对本领域的思想和研究在企业具备较大的影响力 4.使命感驱动
P11	1.业内知名，对国内、国际相关领域都较为了解 2.对企业的发展做出重要贡献或在业内有相当成功的纪录 3.所进行的研究或工作对企业有相当程度的影响 4.使命感驱动，坚守信念 5.成为企业使命感、价值观的守护者、布道者 6.对组织和事业忠诚
P12及以上	1.业内顶尖人才，对于国际上相关领域的思想、实践都有独到的见解并颇受尊重，比较有名望 2.对企业的发展做出重要贡献或在业内有相当成功的纪录 3.能领导企业相关方面的研究、开创业界的一些实践 4.所倡导或所开创的一些做法对企业的未来有深远的影响 5.使命感驱动，坚守信念 6.成为企业使命感、价值观的守护者、布道者 7.对组织和事业忠诚

达到P7级的阿里巴巴员工，已经可以去很多互联网中小企业里做技术负责人或者总监；到P10级，属于国内在某个领域具备很强影响力的专家；到P12级，属于国际上在某个领域非常有影响力的专家。

每个级别对应的薪酬种类、福利种类和待遇水平等有所不同。阿里巴巴的全员通用福利较多，所以福利上的差异并不特别突出。但不同级别之间薪酬的差异比较明显，相邻两个级别的年薪差异在1.5～4倍（含可能的年终奖）。

在不同的子公司，岗位职级的标准也略有不同。例如，阿里巴巴B2B业务板块工作人员的岗位职级普遍较高，但是薪资水平普遍低于天猫子公司的同级别人员。

【实战案例】腾讯员工职业发展通道

腾讯的职业发展体系分为干部领导力体系和员工职业发展体系。腾讯职业发展通道的设置，建立在职位类别的基础上。腾讯职位规划分为技术族、专业族、管理族、市场族、产品／项目族等类别，如表5-7所示。

表5-7　腾讯职位分类示意

技术族	专业族	管理族	市场族	产品／项目族
软件研发类 质量管理类 技术类 技术支持类 游戏美术类 等	企管类 财务类 人力资源类 行政类 采购类 法务类 公共关系类 等	领导者 高级管理者 管理者 监督者 等	战略类 产品类 销售类 客服类 销售支持类 内容类 等	游戏策划类 产品类 项目类 等

技术族、专业族、管理族、市场族、产品／项目族等各类族群划分中的各个职业发展通道均由低到高划分为6个等级：初做者、有经验者、骨干、专家、资深专家和权威。这6个等级的分类定义如表5-8所示。

表5-8　腾讯等级分类定义

级别	名称	定义
6级	权威（Fellow）	作为公司内外公认的权威，推动公司决策
5级	资深专家（Master）	作为公司内外公认的某方面的资深专家，参与战略制定并对大型项目/领域成功负责
4级	专家（Expert）	作为公司某一领域的专家，能够解决较复杂的问题或领导中型项目/领域，能推动和实施本专业领域内重大变革
3级	骨干（Specialist）	能够独立承担部门内某一方面工作/项目的策划和推动执行，能够发现本专业业务流程中存在的重大问题，并提出合理有效的解决方案
2级	有经验者（Intermediate）	作为一个有经验的专业成员，能够应用专业知识独立解决常见问题
1级	初做者（Beginner）	能做好被安排的一般性工作

因个人能力的发展是一个逐步积累和提升的过程，同一级别中的个体又有着不同的绩效表现，所以每个级别内，又分成3个子等，由低到高分别是基础等、普通等和职业等。

基础等指刚达到本级别能力的基本要求，还需要进一步巩固；普通等指完全达到了本级别各项能力的要求；职业等指在本级别的各项能力和表现已经成为部门内部或整个公司的标杆。

　　员工根据从事的岗位，只能选择对应的某一类职位作为自身职业发展的方向。为保证管理人员在从事管理工作的同时还能够不断提升自身专业水平，腾讯要求除了总经办的领导以及执行副总裁职位，所有管理人员必须同时选择技术族、专业族、市场族中的某一职位类别作为自己的专业发展通道，双通道发展，如图 5-7 所示。

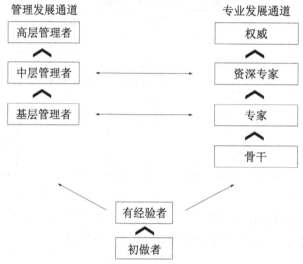

图 5-7　腾讯双通道职业发展体系示意

腾讯员工职业发展与专业技术任职资格等级的评定流程如图 5-8 所示。

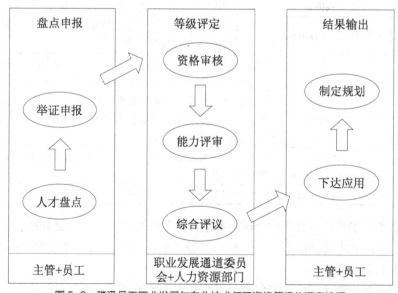

图 5-8　腾讯员工职业发展与专业技术任职资格等级的评定流程

1. 盘点申报

每年的 1 月和 7 月，由人力资源部门发起员工的能力评估，各级主管在人力资源部门规定的时间内盘点本部门人力，汇总晋级、降级和换通道的下属名单。

2. 等级评定

人力资源部门及职业发展通道委员会组成评审委员会对员工进行能力评审。能力评审的方式主要是知识考试和行为认证。知识考试主要是考察员工对培训课程的掌握情况，行为认证主要是考察员工的态度、绩效和能力是否达标。

人力资源部门会定期组织各类知识考试，各职位、各级别的员工均可参加，考试通过后成绩在两年内有效。同时，各职业发展通道委员会对各通道分会能力的评审结果进行综合评议，统一全公司尺度，从总体上把握等级的变动结果。

3. 结果输出

职业发展通道委员会将最终的评审结果反馈至各部门，同时正式下达就位级别的通知，通知将下达到各部门及各主管，由各主管启动职业发展规划的流程。级别确定后，员工的绩效考核、薪酬水平等方面均会有相应的应用。

第 6 章

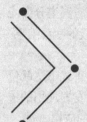

员工职业发展

企业除了进行员工职业发展管理，设计职业发展通道和明确晋升规则之外，还要帮助员工从个体出发，做职业发展规划。员工的职业发展包括职业选择、职业生涯规划、职业适应和职业平衡4个阶段。

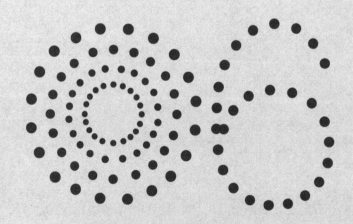

6.1 员工职业选择

员工的职业兴趣不同、价值观不同，选择职业的方向就有可能不同。企业应当考虑员工的职业兴趣和价值观，协助员工做好职业选择。

6.1.1 职业兴趣测评方法

职业兴趣测试是心理测试的一种，职业兴趣测试能够帮一个人寻找其感兴趣、能够得到满足感的职业类型。因为能够实现量化，同时又有一定的理论支撑和数据支持，职业兴趣测试在员工职业发展管理和员工职业生涯规划中被广泛应用。

在职业兴趣测评领域，常用的工具是"职业偏好量表"。它最早由美国约翰·霍普金斯大学的心理学教授、美国著名的职业指导专家约翰·霍兰德编制，因此又称为霍兰德职业兴趣测试。

霍兰德认为人的人格类型、兴趣与职业密切相关，兴趣是人们活动的巨大动力，凡是具有职业兴趣的职业，都可以提高人们的积极性，促使人们积极、愉快地从事该职业，且职业兴趣与人格之间存在很高的相关性。

霍兰德认为，根据兴趣不同，人格可以分为6个类别，分别是实际型（Realistic）、常规型（Conventional）、企业型（Enterprising）、社会型（Social）、艺术型（Artistic）、调研型（Investigative）。霍兰德测职业兴趣测试评结果分类如图6-1所示。

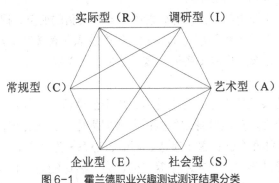

图6-1 霍兰德职业兴趣测试测评结果分类

1. 实际型（R）

这类人群的共同特点是：愿意使用工具从事操作性工作，动手能力强，做事手脚灵活，动作协调；偏好于具体任务，不善言辞，做事保守，较为谦虚；缺乏社交能力，通常喜欢独立做事。

对应的主要是喜欢使用工具、机器，需要基本操作技能的职业。对要求具备机械方面才能、体力或从事与物件、机器、工具、运动器材、植物、动物相关的职业有兴趣，并具备相应能力。代表性职业有技术性职业（计算机硬件人员、摄影师、制图员、机械装配工）、技能性职业（木匠、厨师、技工、修理工、农民、一般劳动）等。

2. 常规型（C）

这类人群的共同特点是：尊重权威和规章制度，喜欢按计划办事，细心、有条理，习惯接受他人的指挥和领导，自己不谋求领导职务；喜欢关注实际和细节情况，通常较为谨慎和保守，缺乏创造性，不喜欢冒险和竞争，富有自我牺牲精神。

对应的主要是要求注意细节、精确度、有系统、有条理，具有记录、归档、根据特定要求或程序组织数据和文字信息的职业。代表性职业有秘书、办公室人员、记事员、会计、行政助理、图书馆管理员、出纳员等。

3. 企业型（E）

这类人群的共同特点是：追求权力、权威和物质财富，具有领导才能；喜欢竞争、敢冒风险、有野心、抱负；为人务实，习惯以利益得失、权力、地位、金钱等来衡量做事的价值，做事有较强的目的性。

对应的主要是要求具备经营、管理、劝服、监督和领导才能，以实现机构、政治、社会及经济目标的职业。代表性职业有项目经理、销售人员、营销管理人员、政府官员、企业领导、法官、律师等。

4. 社会型（S）

这类人群的共同特点是：喜欢与人交往、不断结交新的朋友、善言谈、愿意教导别人；关心社会问题、渴望发挥自己的社会作用；寻求广泛的人际关系，比较看重社会义务和社会道德。

对应的主要是要求与人打交道，能够不断结交新的朋友，提供信息、启迪、帮助、培训、开发或治疗等事务的职业。代表性职业有教育工作者（教师、教育行政人员）、社会工作者（咨询人员、公关人员）等。

5. 艺术型（A）

这类人群的共同特点是：有创造力，乐于创造新颖、与众不同的成果，渴望表现自己的个性，实现自身的价值；做事理想化，追求完美，不重实际；具有一定的艺术才能和个性；善于表达、怀旧、心态较为复杂。

对应的主要是要求具备艺术修养、创造力、表达能力和直觉，并将其用于语言、行为、声音、颜色和形式的审美、思索和感受的职业。代表性职业有艺术方面（演员、导演、艺术设计师、雕刻家、建筑师、摄影家、广告制作人）、音乐方面（歌唱家、作曲家、乐队指挥）、文学方面（小说家、诗人、剧作家）等。

6.调研型（I）

这类人群的共同特点是：思想家而非实干家，抽象思维能力强，求知欲强，肯动脑，善思考，不愿动手；喜欢独立的和富有创造性的工作；知识渊博，有学识、才能，不善于领导他人；考虑问题理性，做事精确，喜欢逻辑分析和推理，不断探讨未知的领域。

对应的主要是智力的、抽象的、分析的、独立的定向任务；要求具备智力或分析才能，并将其用于观察、估测、衡量、形成理论、最终解决问题的职业。代表性职业有科学研究人员、教师、工程师、电脑编程人员、医生、系统分析员等。

6.1.2　职业兴趣测评应用

在招聘员工时，对应聘者进行职业兴趣测试，可以帮助应聘者判定自己属于哪种类型，从而使企业和应聘者就录用职位更好地达成一致。在职业发展过程中，如果出现员工和职位不匹配的情况，可以通过霍兰德职业兴趣测试测出员工的职业兴趣，再安排与其职业兴趣相匹配的岗位。

根据霍兰德职业兴趣测试的结果，可以判断出候选人适合的职业方向。人格越靠近社会型（S），适合的职业类型和"人"越相关；人格越靠近实际型（R），适合的职业类型与"物"越相关；人格越靠近企业型（E）和常规型（C），适合的职业越贴近"实务"；人格越靠近调研型（I）和艺术型（A），适合的职业越贴近"理念"。

霍兰德职业兴趣测试下不同类型适合的职业方向如图6-2所示。

图6-2　霍兰德职业兴趣测试下不同类型适合的职业方向

企业应根据霍兰德职业兴趣测试结果，和员工一起共同寻找员工的职业锚。职业锚是由美国著名的职业指导专家埃德加·H.施恩教授提出的。它实际上是个人通过实际工作经验形成的，与自己能力、动机和价值观相匹配的一种职业定位。

职业锚指当一个人不得不做出选择的时候，他无论如何都不会放弃的职业中的某种至关重要的东西，也可以理解为人们在选择和发展自己职业时所围绕的中心。例如，某人喜欢与人沟通交流，喜欢交朋友，同时他又喜欢竞争，有野心、抱负，那他在职业选择时，会偏向选择销售类型的工作。

6.1.3　员工职业选择匹配

当员工通过霍兰德职业兴趣测试，定位出自己的职业锚，寻找到适合自己的某几类岗位之后，企业可以和员工一起，根据他选择的几种职业类型，展开个人优势和劣势的分析。

员工要盘点自身的情况，不管在哪个领域中，都可以从自己具备的特质和资源角度入手进行分析。拥有和高于其他人的，就是优势；没有或低于其他人的，就是劣势。员工可以从以下几方面进行分析。

1. **知识**

员工可以审视自己是否掌握比别人多的概念性或程序性知识。例如，人力资源工作者不但要了解人力资源管理的基础知识，还要不断学习，掌握更多的、先进的人力资源管理理论和实务知识。

2. **技能**

员工可以审视自己是否具备能够熟练实践、操作和使用的能力优势。例如，行政办公室人员对办公软件的操作熟练程度，工人对某种机械操作的熟练程度。

3. **才干**

员工可以审视自己在天赋方面是否具备一定的竞争优势。管理岗位往往要求从业者具有领导能力和沟通能力，而有的员工天生在领导和沟通方面具备一定的优势。

4. **性格**

员工可以从自身性格方面分析自己是否适应某个领域的发展。例如，销售岗位往往要求从业者的性格比较外向，而财务岗位要求从业者的性格比较细心严谨。

5. **经验**

员工可以从在某个领域的经验方面进行分析。例如很多职业领域要求员工具备相关的工作经验，并且要了解行业情况。

6. **硬件**

员工可以从自身硬件(资格、认证、证书、准入门槛等)方面进行分析。例如：工程类岗位有严格的准入条件，必须具备相关资质；消防验收工作要求从业者必须拥有消防相关证书。

7. 资源

员工可以从资源方面进行分析。例如，从事招聘岗位的人员是否拥有人际关系资源，从事销售岗位的人员是否拥有客户资源等。

6.1.4 价值观与岗位选择

人格与兴趣对职业发展的选择很重要，而价值观也同样重要。价值观是指导个体对行为进行选择与评估的标准，是人们内心的一把尺，是人们人生中对不同人、事、物重要程度进行排列的依据。

职业价值观是人生目标和人生态度在职业选择方面的具体体现，是人们选择职业的重要影响因素。

1970 年，心理学家舒伯研究编制了职业价值观量表（Work Values Inventory，WVI），他将职业价值观分成了 15 项，分别是利他助人、美的追求、创造性、智性激发、成就感、独立性、声望地位、管理权力、经济报酬、安全感、工作环境、上司关系、同事关系、生活方式、多样变化。

舒伯的职业价值观可以帮助人们在确定了几个职业方向之后，做出最终选择。这里可以用到的工具是职业价值观决策量表，如表 6-1 所示。

表 6-1 职业价值观决策量表

价值标准（8项）	重要度（1 ~ 10分）	岗位 1	岗位 2	岗位 3
1				
2				
3				
4				
5				
6				
7				
8				
总分		×	×	×

在面临职业选择时，可以用职业价值观决策量表做职业选择的探索和验证，具体方法如下。

（1）罗列 8 项自己认为重要的价值观，填入表格。注意：可以参照但不限于舒伯的 15 项价值观。

（2）给价值观的重要度打分，分值为 1 ~ 10 分。

（3）罗列职业选项，一般选择 2 ~ 3 个想发展的职业填入表格。

（4）为不同职业选项的满意度打分，分值为 1～5 分。

（5）计算各职业选项的加权总分。

（6）自己分析或与他人讨论并适当调整分数，最后得出结论。

案例

小李在一家上市公司工作多年，兢兢业业，认真踏实，得到了领导和同事的一致认可。目前小李已经在分公司部门负责人的岗位上工作 5 年了。集团公司的领导有意提拔他，目前有两个职位空缺，一个是小李所在分公司副总的岗位，另一个是集团公司某部门负责人的岗位。集团领导找了小李谈话，想征求小李本人的意见。小李回到分公司后，考虑了很久也不知该如何抉择，于是他找到了人力资源部门的小王。

小王利用职业价值观决策量表帮助小李做了决策。小李最重要的 8 项价值观分别是成就、智慧、上司、审美、金钱、创造力、自主、生活方式，不同价值观对应的重要度、不同岗位对应的满意度如表 6-2 所示。

表 6-2   小李职业价值观量表应用

价值观	重要度	分公司副总	集团公司部门负责人
成就	8	5	4
智慧	9	5	4
上司	6	5	3
审美	7	4	4
金钱	8	5	4
创造力	7	4	4
自主	6	4	5
生活方式	5	4	4
总分		255	224

根据量表的测算结果，小李对分公司副总岗位的总体价值观满意度是 255 分，对集团公司部门负责人的价值观满意度是 224 分。小李对分公司副总岗位的综合价值认可度高于集团公司部门负责人岗位。小李在反复检查各项分值与自身价值观的匹配度后，最终做出了选择分公司副总岗位的决定。

6.2   员工职业生涯规划

职业生涯，指人们一生中所有与职业相关的行为活动。对职业有了解、善于做规划的员工能够主动为自己设计职业生涯规划，但很多对职业发展缺乏概念的员工很难主动做职业生涯规划。这时候，企业可以帮助员工，和员工一起做职业生涯规划。

6.2.1 职业生涯发展阶段

人的职业生涯可以分成 4 个发展阶段，这 4 个阶段分别对应着 4 个时期，如图 6-3 所示。

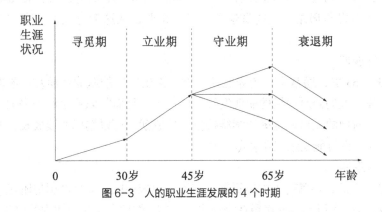

图 6-3 人的职业生涯发展的 4 个时期

1. 寻觅期

30 岁之前，通常是职业寻觅期，属于比较初期的职业生涯阶段。因为知识、心智和经验的影响，人们在这个阶段，会逐渐了解和接触到各类行业、各类职业，并逐渐开始寻找适合自己的行业、职业和企业。

这个时期，也是人们事业的积累期。一般人的职业在这个时期都是稳步上升的，但是上升的幅度比较小。大部分人在 30 岁之前，心智还不成熟，并不知道自己想要什么，也不知道自己适合做什么工作。所以一般处在这个时期的人，职业上会有不稳定的倾向。人们在这个时期换好几份工作，换好几个企业，工作的职业不一样，都是比较正常的。

寻觅期的特点通常也体现在人才招募方面。一般 30 岁以下的人，职业稳定性相对较差。他们可能会在这段时期频繁尝试，频繁换工作。所以企业要特别注意这个年龄段员工的职业诉求。

企业最好能帮助员工在 30 岁以前确立自己的职业发展定位和方向。处于寻觅期的人会自己建立起对某一个职业的认同感，这种认同感可能会伴随人的一生。

2. 立业期

30 ～ 45 岁，通常是人的立业期，属于人生中期的职业生涯发展阶段。在这个阶段，人们逐渐确立了自己的定位，逐渐明确了自己的发展方向，并希望沿着确定的方向发展。立业期是人们职业生涯的快速成长期。在这个时期，人们的职业会得到比前一个时期更快速的发展。

立业期能发展的前提是在寻觅期打下了比较扎实的基础。很多企业在招聘的时候，喜欢选择处在立业期的求职者。因为这个时期的求职者已经过了寻觅期，他们知道自己想做什么、能做什么。处在这个时期的人，一般希望企业能给他们带来经济上的回报，他们希望能得到组织的认可，希望有比较清晰的职业发展通路。能提供这些，对于企业留住这部分人才，有非常大的帮助。

3. 守业期

45～65 岁，通常是人的守业期，属于人生后期的职业生涯发展阶段。在这个阶段，人们会对中期的职业发展做检讨，并且面临职业生涯未来的选择。处于这一时期的人可以选择继续维持自己的成就；可以选择继续成长，发展自己的事业；也可能面临职业衰退。

4. 衰退期

65 岁以后，通常是人的衰退期，属于人生末期的职业生涯引退阶段。在这个阶段，人们可以选择继续留在企业中做贡献，维护自己在企业中的自我价值；也可以主动选择退休，离开职场，开始自己新的无职业生活。

一般来说，30～45 岁的职场人，比 30 岁以下的职场人的职业稳定性高；45～65 岁的职场人比 30～45 岁的职场人的职业稳定性高。原因是年龄的增长、心智的成熟以及生活的压力让年龄越长的人越不敢随意改变职业。

企业帮助员工建立职业发展规划：对于 30 岁以下的员工，为了可以多给他们提供一些与职业生涯引导相关的培训；对于 30～45 岁的员工，可以多给他们提供一些与职业技能提升相关的培训；对于 45 岁以上的员工，要根据员工职业是继续成长、维持还是衰退分类别提供不同的培训。

企业也要注意，处在不同职业阶段的员工诉求不同，所以他们对工作的主观能动性不同。一般来说，45 岁以下员工的主观能动性普遍比 45 岁以上员工的主观能动性高。不同年龄段的员工对薪酬的渴望和重视程度也不同。一般年龄越小的员工，对薪酬的渴望程度越高；还没有买房结婚的员工，对薪酬的渴望程度最高。除此之外，不同年龄段的员工对绩效的感受不同、对福利的要求不同，对企业与自己之间关系的感受也不同。

6.2.2　员工职业发展方向

对于职业发展方向和转换方向，很多人有一种朴素的误解，认为职业发展只有一个方向、一条路径，就是所谓的"升职加薪"。他们认为只有升职加薪，才代表职业得到了发展。其实，职业发展可以体现在很多方面。

人们特性的不同，对职业的追求也不同。有的人追求职业上的高度，他们期望成为管理者；有的人追求职业上的深度，他们不愿意成为管理者，只期望在自己本领域内做精、做深，成为专家；有的人追求职业上的宽度，他们想尝试不同的岗位，不断地尝试新的工作职能；还有的人追求职业上的温度，他们只是把职业看成谋生的工具，而把重心留给自己的生活和家庭。

员工职业生涯发展的 4 个方向如图 6-4 所示。

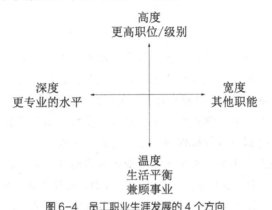

图 6-4　员工职业生涯发展的 4 个方向

员工职业生涯发展的 4 个方向中，高度就是传统认为的"升职加薪"路线。这种职业发展路线适合能力素质模型中具备"成就导向"或者具备管理潜质的人。这类人期望通过自己的能力来兑换价值，崇尚根据职位变化衡量努力的结果。

深度是从追求专业领域、崇尚专业精深的角度来说的。有的人天生不愿意领导或管理别人，职位上的提升不适合这类人。但是他们愿意持续提高自己专业领域内的能力，他们未来能够成为优秀的专家、顾问或咨询类人才。

宽度是从追求尝试多种职业的角度来说的。有的人既不喜欢比较高的职位，也不喜欢专业上的精深，他们喜欢新鲜的感觉，喜欢尝试不同的职业。就像有些人喜欢旅行，去不同的国家，见识不同的文化，欣赏不同的风景。但他们从来不会去同一个地方，也不会在同一个地方待很久。

温度是从追求安全感的角度来说的。有的职场人不想把过多的时间和精力用在职业的发展上。他们把职业定位成一个养家糊口的工具，职业只需要给他们基本的安全感就好了。他们更期望把时间和精力用在非工作的事情上，如家庭生活、兴趣爱好、社群活动等。

《西游记》中，取经团队的几位主人公不同的性格就决定了他们的不同诉求。

孙悟空是偏向于追求高度的人，他自己把自己封为"齐天大圣"，觉得天底下没有比他更厉害的人了；唐僧是偏向于追求深度的人，他淡泊名利；猪八戒是偏向于追求宽度的人，他总是喜欢接触新鲜事物，追求新奇；沙和尚是偏向于追求温度的人，师徒的温情和团队的安全感最能够让他满足。

企业在给员工设计职业发展或转换方向的时候，要注意员工的诉求偏向于哪个方向。对于不同的员工，有针对性地为其设计职业发展或转换方向，并提供指导及建议。

案例

从事会计工作的小刘已经工作5年了，她平时工作很努力，获得了领导和同事的一致好评。但是，从事这个工作时间久了，她感到有些苦闷，隐约感觉到自己不想再做会计工作，希望未来有更长远的职业发展。

可是，对于未来都有哪些方向她自己并不清楚，她问了家人、朋友和周围的同事，但他们也都不能帮她理清头绪。为此，她很苦恼。于是她找到了公司的人力资源管理人员小王，小王利用职业生涯多角度分析工具，帮她梳理了职业发展的可选择方向，并让她对照着不同的方向，根据自身的情况做出选择。

1. 在高度上，她可以选择财务经理、财务总监、副总经理、总经理等在职位上逐渐提高的管理岗位。

2. 在深度上，她可以选择高级审计师、高级会计师、投资理财顾问、财务顾问等专业性较强、更深入的技能型岗位。

3. 在宽度上，她可以选择变换岗位，专业相关的有出纳、理财专员、财务培训专员、财务产品销售等岗位；如果不想再从事与财务相关的岗位，可以考虑到其他岗位从零开始。

4. 在温度上，她可以选择将更多时间放在家庭方面、利用业余时间旅游散心、培养一些业余爱好、利用业余时间炒股理财等。

6.2.3　员工职业生涯规划

在员工为企业服务的期限内，企业可以通过职业生涯规划为员工规划一系列连续的任期。在每个任期中，企业和员工共同确定任务目标，员工朝着目标努力，而企业负责为员工提供资源支持，员工创造价值的同时企业获得价值，双方都能实现长期共赢。

员工的职业生涯设计表现在企业内部流程和文件上，员工的职业生涯设计可以用到员工职业生涯规划表，如表6-3所示。

表6-3 员工职业生涯规划表

填表日期：　　　年　月　日		填表人：					
姓名		出生日期		部门		岗位	
		最高学历		毕业学校		毕业时间	
具备技能／能力	类型						
	证书						
你拥有哪些专长							
请说明你对目前所从事工作的感兴趣程度		□感兴趣　　　□一般　　　□不感兴趣					
		原因：					
希望选择的晋升通道							
请简要说明你1～3年的职业生涯规划							

员工在填写员工职业生涯规划表时，需要员工的直属上级与员工谈话，并指导其填写。这样做的目的是让员工能够充分考虑职业兴趣、优势、劣势、职业锚及价值观等客观信息。人力资源部门负责跟踪、督促职业生涯规划谈话工作的执行情况，并做好相关资料的汇总及其他辅助协调工作。

员工职业生涯规划表中的基础信息是对员工基本情况的了解。需要注意的是，最高学历应当是拥有国家统招毕业证书的学历。这里主要是为了考察员工的专业是否符合员工所选职业的专业要求。

当员工的职业兴趣和其所从事的职业相匹配时，会产生较高的满意度和较低的流动率。如果员工对现在的工作满意，企业可以根据员工现在的职业和员工进行下一步交谈。但是当员工表达出对现在的工作不满意时，企业就需要重视，主动询问员工原因，并寻找解决问题的方法。如果问题不能得到解决，企业需要和员工一起探讨是否选择其他职业。

员工确定好职业方向后，企业可以按照职业定位让员工选择希望的职业发展通道和路径。这里的职业发展路径可以根据4种类型（管理类、业务类、技术类和操作类）并结合企业的实际情况设置。

根据员工选择的职业发展通道和路径，再结合企业实际情况，员工的直属上级可以和员工一起设计职业生涯规划方案。职业生涯规划是对员工一系列连续任期的安排，在每个任期都需要确定一个任务目标。每个任期内的任务目标来源于员工的职业目标。员工也可以对任期内的任务目标做进一步分解，形成更加具体的阶段性目标。

例如，某企业招聘专员岗位员工的职业目标是3年后晋升到招聘主管岗位，那么这位员工3年的职业生涯规划方案可以按照如下内容设计。

第1阶段：1年之内，能够在招聘专员岗位上沉淀下来，锻炼最基本的工作能力，积累工作经验，把工作的基础打牢。

第2阶段：利用1～2年的时间，成为一个能够在招聘工作中独当一面的人，能够独自完成招聘工作，能够独立承担责任，能够发现问题、解决问题，不需要上级管理者操心。

第3阶段：利用3年时间，让自己不仅能够独自完成招聘工作，而且要学会管理知识，能够进行管理角色的转换，能够开展招聘管理工作，管理下属招聘专员，同时能在工作中有创新和发展，能为企业创造价值。

6.2.4 员工个人发展计划

员工填写完员工职业生涯规划表，明确了职业方向之后，直属上级需要与不同类型的员工沟通，了解他们的职业意向，和他们一起讨论并制订个人发展计划。

个人发展计划（Individual Development Plan，IDP）是一个帮助员工进行职业生涯规划的工具，是一张描绘员工未来职业生涯发展的愿景图。个人发展计划能够协助员工勾勒出自身的优势、兴趣、目标、待发展能力及相应的发展活动，帮助员工在合适的时间内获取合适的技能以实现职业目标。

随着知识生命周期的缩短，越来越多的员工关心自己的个人发展计划。企业在面临留住优秀人才的压力下，个人发展计划也成为提升企业整体人力资本的重要方式之一。

实施个人发展计划的好处有：有助于员工增强对工作的把握能力和控制能力；有助于员工持续不断地实现和超越自身的价值；有助于提高员工工作的积极性和创造性；有助于员工较好地处理职业和生活的平衡关系。

个人发展计划应用示意如图6-5所示。

图6-5 个人发展计划应用示意

员工本人在应用个人发展计划时，可以分成如下4个步骤。

（1）员工要考虑"我想到哪里"，也就是员工个人的职业发展目标是什么。

（2）员工要思考"那里的要求是什么"，也就是实现个人职业发展目标需要什么样的能力和素质。

（3）员工要关注"我现在在哪里"，也就是评估自身当前能力和经验状况，思考要实现职业发展目标还需要提升哪些能力，积累哪些经验。

（4）员工要思考"我做些什么能帮助我到那里"，也就是制订详细的学习和发展的行动计划，提高自身的能力，以期实现未来的职业目标。

个人发展计划样表如表6-4所示。

表6-4　个人发展计划样表

姓名		部门		
职务		直属上级		
计划有效期：　　　年　月　日—　　　年　月　日				
职业发展目标 （优势、劣势、挑战分别至少列出为实现目标关键的3项）				
职业发展 目标				
优势				
劣势				
挑战				
个人现状总结				
期望发展的技能（至少列出3项）				
具体行动计划				
行动计划	衡量标准	持续时间	评估方式	评估人
希望公司提供的支持				
签署计划				
□以上内容经过充分考虑和沟通，属于本人真实意愿，我同意此发展计划	本人签字： 时间：		直属上级签字： 时间：	

员工的直属上级、部门负责人或者人力资源部门可以与员工一起制订员工个人发展计划，实施步骤可以分成3步。

1. 员工过往发展回顾

员工根据对个人发展计划应用的了解，实施对自己职业发展的回顾。回顾时要注意对自己的个人通用能力（包括沟通能力、时间管理能力等）、个人管理能力（项目管理能力、激励下属等）以及个人专业能力（包括岗位技术能力、专业应用等）的整体回顾。

2. 员工未来发展建议

员工对自己职业发展的想法经常是不客观或存在偏差的，这时候企业应当根据员工对自己职业的初步想法，给员工意见或建议，和员工一起讨论并制订员工短期的业绩改进计划和长期的职业发展规划。

3. 员工未来发展需求

在与企业讨论并形成员工个人发展计划的过程中，员工可以提出为实现自己职业发展的需求，包括个人需要的通用能力、管理能力、专业能力的补充方式。员工与企业沟通后，企业可以通过安排培训、轮岗或者自学等多种多样的形式完成对员工能力的提升，同时满足员工需求。

6.3　员工职业适应

员工选择了职业方向，做好了职业规划之后，并不一定能够适应职业的要求。这时候，企业要关注员工对当前和未来职业的适应情况，提高员工的组织满意度和职业满意度。

6.3.1　员工职业能力开发

员工在完成职业生涯规划表和个人发展计划的制订之后，企业要根据目前员工所选择的职业通道种类、职业发展路径、岗位职责及任职资格要求，帮助员工找到个人职业能力的缺项，帮助员工改善能力的短板。

这里用到的工具是员工能力开发需求表，如表 6-5 所示。

表 6-5　员工能力开发需求表

填表日期：　　　年　　月　　日　　　填表人：					
姓名		部门		岗位	
所承担工作	工作职责				
	自我评价	□完全胜任	□基本胜任		□不能胜任
	上级评价	□完全胜任	□基本胜任		□不能胜任
	上级评价依据				
对工作的期望和想法					
达到目标所需要的知识和技能					
达到目标所需要培训的课程					
需要公司提供非培训的支持					
备注					

员工能力开发需求表需要员工所在部门的直属上级和员工共同根据员工目前的情况进行工作胜任情况的评价。在确认员工目前所任职岗位的主要工作后，建立工作清单，再按照工作清单一一对照，评估员工是否能够胜任当前的工作。

评估时需要注意过程中的客观公正和实事求是，评估不是为了证明员工不胜任之后淘汰员工或对其降职。评估的最终目的是提升和改进，通过评估寻找员工存在的不足之处，和员工一起分析问题，并帮助员工找到可行的解决方案。

评估过程中也要求员工能够正确认识自己的现状，需要员工对自己是否胜任工作做出评价，是完全胜任、基本胜任，还是不能胜任。如果员工认为自己不能胜任，要说明是哪方面不能胜任。员工需要提供做出自我评价的依据，依据最好是详细、具体的。

根据工作评价的结果，员工提出对工作的期望和想法，主要从职位期望、个人能力提升等方面填写。在这项内容上，员工的直属上级需要和员工不断沟通，发掘员工真正的需求，并且要鼓励员工说真话。有时候员工担心自己的期望说出来会受到他人的否定，所以选择不说出真实的想法，这样企业在这方面的工作就很难达到预期的效果。

例如，有一位刚入职的招聘专员想在3年内做到经理职位的岗位，但是他担心自己的想法说出来后会被别人认为好高骛远，或者自己的上级听了会不高兴。所以他就可能会对外说："没什么职业发展想法，就想做好自己的本职工作。"这样直属上级和员工之间的谈话就很难延续。企业一定要创造开放的沟通氛围，鼓励员工吐露心声。

当然，企业也不能完全按照员工的期望进行职业生涯设计。如果员工的期望过高，直属上级发现很难或不能完成，可以和员工沟通。沟通时注意不要直接打击员工的积极性，而应该首先肯定员工的期望和想法，之后再引导员工发现其中的难点或不切实际的点，引导员工将大目标分解成小目标和阶段性目标。

直属上级要和员工从岗位职责和胜任力的角度分析员工所需要提升的知识和技能。如上面提到的刚大学毕业入职的招聘专员，想要晋升为招聘主管，他需要具备与招聘相关的专业知识和技能，其中包括招聘管理基础知识、招聘流程管理知识、招聘渠道管理技能、识别人才的能力、良好的分析能力、良好的团队合作精神、解决问题的能力等。

根据员工需要提升的知识和技能，结合企业的培训课程体系，直属上级可以为员工设计专属的个性化培训方案。如果上面这位员工选择的是管理通道的晋升，那么他不仅要学习专业技能提升课程，还要参加管理技能提升课程。通过专业技能和管理技能的共同发展，他可以完成从员工到管理者的转换。

最后，直属上级应询问员工除了需要企业内部提供的培训之外，还需要其他哪些方面的支持。例如，有的员工希望转换职业通道，从当前的销售岗位转换到人力资源管理岗位，期望直属上级的支持；有的员工想回家乡工作，期望直属上级能够提供外调的机会。

6.3.2　组织和职业满意度

企业领导人常常会听到一些员工对自己的职业发出抱怨。有的员工抱怨自己的工作就是"打杂"，看不到希望；有的员工在频繁变换工作岗位后，抱怨职业达不到自己的期待；有的员工抱怨绩效总是不达标，薪酬水平一直比较低。

员工对职业产生抱怨，直接原因是员工的满意度低。在找到应对方法之前，企业首先要搞清楚两个概念，一是组织满意度，二是职业满意度。

组织满意度，指员工因为自己的职业表现能满足职业要求的程度所获得的满意度。职业满意度，指员工因为自己职业给自己带来的回馈所获得的满意度。

组织满意度和职业满意度之间的关系如图 6-6 所示。

在理想状况下，当员工个体的能力能够满足职业要求时，员工的组织满意度就会提高，员工会获得职业上的成就感。这时候，员工会有成功的感觉。当职业的回馈能够满足个体需求时，员工的职业满意度就会提高，员工会获得职业上的幸福感。这时候，员工会有幸福的感觉。

但是，如果个体能力不能满足职业的要求，组织对员工的行为表现就会不满意，员工就无法获得职业上的成功，失去职业上的成就感，员工的组织满意度就会降低；如果职业的回馈无法满足个体的需求，员工就无法获得对职业的满意，失去职业上的幸福感，员工的职业满意度就会降低。

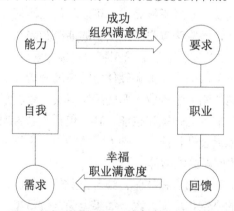

图 6-6　组织满意度和职业满意度之间的关系

要想减少员工的抱怨，就要想办法让员工收获职业上的成就感和幸福感，提高组织满意度和职业满意度。不过，要提高员工在职业上的满意度，企业首先要搞清楚员工抱怨的究竟是什么，员工究竟是组织满意度低还是职业满意度低。

　　要帮助员工解决问题，企业首先要让员工搞清楚这两种满意度的不同，让员工自己发现问题究竟出在哪。企业也可以让员工思考自己不满意的环节在哪里：是觉得自己不够成功，还是不够幸福；是希望自己更加成功，还是更加幸福。

　　如果员工觉得自己不够成功，一般是组织满意度有问题，也就是员工的能力不能满足职业的需要，员工没有成就感。具体表现可能是员工觉得职业给自己带来的声誉低、地位低，员工在精神上不能得到满足。

　　如果员工觉得自己不够幸福，一般是职业满意度有问题，也就是职业的回馈不能满足员工的需求，员工没有幸福感。具体表现可能是员工觉得职业给自己带来的收入低、福利低，员工在物质上不能得到满足。

　　组织满意度和职业满意度之间有一定的相关性。对于期望获得传统"升职加薪"的员工，升职对应着组织满意度，加薪对应着职业满意度。只要升职加薪，两个满意度都会提升；如果长期无法升职加薪，那么两个满意度都会降低。

　　如果员工的组织满意度低，也就是员工感觉自己不成功，精神层面得不到满足，出现这种情况的原因通常是员工的能力没有满足职业的要求。这时候，可能员工并不清楚职业的要求，或者可能员工不知道该如何提升自己的能力。

　　如果员工的职业满意度低，也就是员工感觉自己不幸福，物质层面得不到满足，出现这种情况的原因通常是职业的回馈没有满足员工的需求。这时候，可能员工的需求比较高，对职业的期待比较高，有些不切实际，也可能是职业的回馈确实比较低。

　　当找到员工不满意的根源后，企业可以和员工一起，帮助员工分清楚主次，找到当前想要解决问题的先后顺序，然后分步努力，各个击破。

　　针对组织满意度和职业满意度常见的4种情况，企业可以做出如下努力。

1. 员工不清楚职业的要求

　　企业可以与员工沟通，让员工清楚岗位的具体要求；提醒员工时刻关注企业和职业的变化趋势，提前做准备；帮助员工寻找优秀的员工充当职业导师，让自己少走弯路。

2. 员工的职业能力有待提高

　　企业可以帮助员工设定目标，目标的设定要遵循SMART原则。目标必须是具体的、可以衡量的、可以达到的、和其他目标具有相关性的、有明确截止期限的。

　　定好目标之后，企业可以帮助员工找到差距。首先，通过明确的岗位要求，列出自己和岗位要求之间的能力差距；其次，制订阶段性的能力提升计划；最后，实施计划，通过刻苦学习、持续练习，提升缺项的能力，调整自己的能力结构。

3. 员工的需求比较高，不切实际

　　第1步，帮助员工系统地探索自己的职业价值观，了解自己对职业的需求；

第2步，找到重点，清晰在某一个阶段，员工最核心、最需要满足的2～3个核心需求；第3步，帮助员工调整需求获取的方式，员工通过主动调整工作状态，找到当下其他可以满足员工需求的方式；第4步，寻找资源，调动员工和企业的资源，搜索员工可以更好实现自我满足的可能性。

案例

　　一家公司中有一个非常优秀的培训师，除了薪酬之外，他对各方面都满意。可是该公司的实际情况和该培训师的职级，决定了公司当前能给到他的薪酬水平已经是最高了。该公司不想因为薪酬流失人才，但为了保证薪酬体系的内部公平性，又不能给他加薪。

　　后来，该公司通过允许这个培训师在不影响正常本职工作的情况下，承接外部培训的方式，帮助他提高收入，而且公司还会主动帮助他联络外部培训机会。这个培训师在接外部培训，提高个人收入的同时，也能够锻炼个人能力，让他自己的职业能力越来越高，也提高了内部的工作成果。

4. 员工职业的回馈比较低

企业可以核实员工所在岗位的回馈是否在客观上真的很低。企业在确认职业回馈的收益时，要从全局的角度出发，不仅包括每月金钱上的短期收益，还包括发展空间、情感以及其他长远收益。

同时，企业也需要做一些内外部的薪酬调查，尽量做到客观评价。如果最终确认员工职业的回馈确实低于市场水平和薪酬策略，企业可以做出调整。

6.4　员工职业平衡

大部分人工作是为了更好地生活，而不是用工作代替生活。对于大部分员工来说，如果没有了生活，工作就会变得没有意义。所以，企业在做员工职业管理的时候，要注意让员工实现职业和生活的平衡，而不是让员工把大部分时间都用在工作上，而失去了生活。

6.4.1　职业平衡问题查找

人类社会的发展进步有一个奇怪的现象——生产资料越先进，围绕先进生产资料花费的总时间越长。汽车代替马车，人们的交通变得更加便利，但汽车越来越多，人们因此花在汽车里的时间没有减少，反而越来越多。客运飞机、高铁也是同样道理。

随着计算机、互联网、手机的出现，人与人之间的联络变得越来越便利，但这没有让人们联络的时间变短。相反，人们使用这些工具的时间越来越多，人与人之间的联系越来越频繁，甚至在未来，有可能实现万物互联。

大数据、人工智能、机器人的快速发展，不一定会减少人类的工作时间。相反，人们用在工作上的时间可能会越来越长。

随着人类生产资料越来越先进，人们想用它们来满足的需求就会越来越多，希望通过它们实现的可能性就会越来越多，人们用它们来解决问题的领域就会越多，结果就会产生新的产业、出现新的事物。

这也造成了在未来世界，人们的生产资料越来越先进，人们的需求越来越多，人们的工作时间越来越长的局面。这也必然会催生出一种矛盾，就是员工比较长的工作时间和员工比较短的生活时间之间的矛盾。

近几年，年轻人因为工作时间长、工作压力大而猝死的新闻越来越多，一些名人因为工作原因离婚的新闻也越来越多。很多人因为工作的原因，职业和生活很难平衡。这虽然是一种可以理解的状态，但却并不是一种健康的状态。

人是社会的产物，每个人不仅代表着自己，还代表着与整个社会关系的总和。在所有的社会关系中，人扮演着不同的角色。当一种角色占比过分高的时候，就容易出现问题。所以，企业要帮助员工实现职业和生活的平衡。

企业可以用到一个工具——角色时间分配饼图。运用这个工具，企业可以帮助员工发现自身"角色"的分配情况。

在使用角色时间分配饼图时，可以分3步。

（1）拿出一张白纸，让员工把自己每天除了睡觉之外的时间分别担任什么样的角色写出来。这里的角色，可以根据员工个人的实际情况划分，如以职业为主的"工作者"角色，以追求新知识和不断成长为主的"学习者"角色，以亲子关系为主的"父母"角色，以孝敬老人为主的"子女"角色，以放松心情、休闲娱乐为主的"休闲者"角色等。

员工进行角色划分，要以个人的实际状况为基础，所以除了一些通用角色外，每个员工的角色分类可能会有不一样。在划分角色时，还要注意时间，对于一天中时间分配少于5%的角色，应尽量合并。

有的员工可能有些角色不是每天都出现，而是一个月或一年时间里出现一段时间。这时候，企业也可以按照一个月或者一年对角色进行划分。

（2）把每一个角色占用的时间换算成百分比，并填写到相应角色后面。例如，工作者角色占用了某员工80%的时间，就在工作者角色后面写80%；父母角色占用了某员工10%的时间，就在父母角色后面写10%。所有角色的百分比加在一起后，应是100%。

（3）让员工画一个圆形，把刚才写出来的角色和百分比，在这个圆形中按照百分比画出来。这时候，就会得到一个被分成了不同块的"圆饼"。这个"圆

"饼"，就好像一个轮子，这个轮子代表了时间的流逝方式，代表了生命的度过方式。

通过员工画出来的角色时间分配饼图，企业可以和员工一起查找问题。这时候，就更容易发现有的员工生活中的大部分时间都被工作占用了。

案例

某员工近期工作热情低、心情较差，原因是他感到自己陪家人的时间越来越少，于是他找到了企业的人力资源管理人员小王。小王利用角色时间分配饼图，让该员工自测了近一年以来的角色分布情况，如图6-7所示。

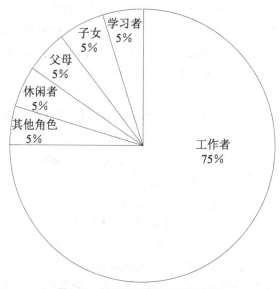

图6-7　某员工的角色时间分配饼图

该员工"工作者"角色的占比达到75%，为了工作而花掉的学习时间也占了5%。由此可看出该员工是典型的"工作狂"。这样一来，他作为子女、作为父母的角色必然会被大量占用。生活中，他很可能已经不是一个好儿女，不是一个好父母。这也正是他近期比较烦恼的原因。

小王让该员工再绘制一份自己期望的角色时间分配饼图。该员工期望"工作者"角色的时间分配减少到45%，"父母"角色的时间分配增加到20%，"子女"角色的时间分配增加到10%，"学习者"和"休闲者"角色的时间分配分别增加到10%。

针对角色时间分配的现状和期望值的差异，该员工就当前的工作状况与小王展开了讨论。根据该员工工作中遇到的问题，小王承诺组织层面能做出努力协助其解决部分问题，并与该员工一起制订了帮助他实现工作和生活平衡的具体行动计划。

6.4.2 职业生活平衡达成

《礼记·大学》中提到"修身、齐家、治国、平天下"。企业战略目标的实现，员工的努力很重要。有了工作和生活的平衡，员工会更加努力，会更加全身心地投入到工作中，从而产生更好的业绩。

从人力资源管理角度，帮助员工实现工作和生活的平衡有如下做法。

（1）减少员工的劳动时间和劳动强度，将员工每天正常的工作时间控制在合理范围内。员工的劳动时间要有严格的限制，对需要连续加班的部门要了解评估其加班的原因和必要性。如果加班是因为缺少人手，企业可以通过招聘或采取外部合作的方式减少加班。

（2）开展宣传教育活动，对全员贯彻"生活和工作平衡"的理念。人力资源部门可以举办一些论坛、讲座、沙龙甚至茶话会等非正式的交流活动，邀请各部门管理者和员工一起参加并讨论，循序渐进地引导和启发全体员工接受这一理念。

（3）辅导员工学习实现"工作和生活平衡"的技巧。例如：可以辅导员工进行职业生涯规划，实现工作和生活的平衡；可以倡导上下级之间充分沟通，合理分配工作时间；可以做一些生活技巧的培训。

（4）录用员工前，将人才的特质、志向、兴趣与岗位的任职资格相匹配，实现人岗匹配。有时候，时间分配仅仅是"生活和工作平衡"的表象问题，兴趣需求得不到满足才是深层次的原因，实现人岗匹配能够把潜在的工作生活不平衡因素扼杀在摇篮中。

（5）关心员工的身体，对员工进行健康投资。人力资源部门要关心和检查员工的健康状况，告知已经在不平衡状态中的员工必须及时采取相应措施。关注员工的健康不能只停留在报销医药费、定期体检等传统项目上，还应主动对员工进行更为广泛的健康投资。

（6）实施弹性工作制，使员工拥有时间安排的自主选择权。弹性工作制的具体操作形式多种多样，可以包括工作地点的弹性、工作时间的弹性、工作内容的弹性等。总之，以完成工作目标为目的，不必拘泥于形式。

（7）尽力帮助员工解决后顾之忧。例如，在员工结婚时，企业将车借给员工使用；员工家人遇到丧事时，企业特准员工额外的带薪假期；员工要买房时，企业提供员工无息借款等。

帮助员工做好职业生涯平衡、注重员工生活和工作的平衡，能够提高员工满意度，降低员工的缺勤率和流失率，还能够吸引高素质人才，最终使得企业提高效益和效率。在维持员工生活和工作平衡方面舍得投资的企业，能够从员工身上得到更多的回报。

6.4.3 提升职业幸福感

企业要帮助员工提升职业幸福感，可以和员工一起，按照如下步骤进行。

（1）让员工画一个空白的圆圈，平均分成8份，填上与该员工职业幸福感相关的8项内容，如图6-8所示。

图6-8 职业幸福感相关事项示意

图6-8中填写的8项内容不局限于此，可以参考舒伯15项职业价值观中的内容，也可以参考角色时间分配饼图中的角色，还可以完全按照员工本人的意愿填写。

（2）员工将圆圈内容填完之后，对这8项内容排出优先顺序，并分别写出自己对该项的满意度。例如，有的员工"个人成长"排第1，满意度为50%；"家庭"排第2，满意度为90%；"财务状况"排第3，满意度为60%。全部写完后，找出优先顺序比较高、满意度比较低的项目，重点思考。

（3）对优先顺序比较高、满意度比较低的项目，列出针对当前情况要进行改正的行动方案和实施计划。方案和计划中要包含具体的时间、事件和行为。

（4）审视整个图形和整体的方案与计划，视情况将它们调整到最适合自己的情况。

第 7 章

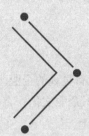

企业文化管理

企业文化对企业经营管理具有十分重要的作用。现代企业之间的竞争已经不仅是技术的竞争、产品的竞争、市场的竞争或人才的竞争，还包括企业文化的竞争。越来越多的企业家都认为文化管理是企业管理的最高境界。

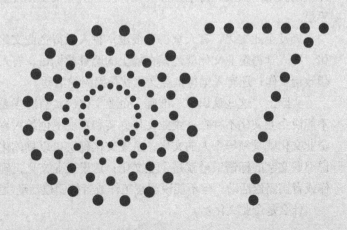

7.1 企业文化认识

企业文化，是企业所有员工都拥有的一种共同的思维模式和行为模式。企业文化能够提升企业的凝聚力，约束员工的行为，传播正确的价值导向，树立企业的品牌价值，提高企业的经济效益。

7.1.1 何为企业文化

任何企业都有自己的文化。一个没有文化的企业，是一个没有灵魂的企业。企业文化本身没有优劣之分，却有适宜与不适宜之分。正确认识企业文化，有助于有效地建设和传播企业文化。

在很多企业里面，员工之间除了工作之外，就没有其他的互动和交流了。很多员工除了与部门内部有工作接触的几个同事有互动和交流之外，对待其他同事就像对待陌生人一样。大家都局限在自己业务的小圈子里面，同事之间感情淡薄，甚至有的员工入职很久，也不认识其他人。

这种人情上的冷漠，站在员工的角度，无可厚非。可是站在企业的角度，很多企业都不希望出现这种局面。虽然企业中的同事关系、上下级关系具备商业属性，但绝不应该被看成纯粹的商业关系。

很多上班族在企业与同事一起度过的时间，比与家人在一起度过的时间长。在这么长的时间里面，很多人不认识彼此，像陌生人一样。这其中除了员工本人的性格原因之外，还和企业文化有关。人情冷漠的企业文化容易塑造出人情冷漠的员工。相反，好的企业文化，能够引导员工相互关心、相互帮助、情同手足。

谈及企业文化，有人觉得它很虚；有人觉得企业文化就是领导者个人的文化；有人觉得企业文化就是挂在墙上的愿景或标语；有人觉得企业文化就是思想政治工作；还有人觉得企业文化就是搞团建活动。

实际上，这些认识都不准确。企业文化确实有时候看不见、摸不着，但是不能说企业文化不存在；企业文化确实和企业的创始人有很大关系，但不能说企业文化就是领导个人的文化；企业文化确实可以具体化成一些文字，但不能说那些文字的标语口号就是企业文化；建设企业文化，确实需要做一些思想工作或者搞团建活动，但不能说思想工作或者搞团建活动就是企业文化。

什么是企业文化？

国内外不同的学院派学者和实战派专家对企业文化有不同的解读。总结下来，企业文化是企业中一条无形的"轨道"和"发动机"，它有一股无形的力量，引导着一个企业整体思维模式和行为模式的确定，它包括了整个企业的价值观、企业的习俗以及企业内部的氛围等。

7.1.2 企业文化形象

常见的企业文化形象有4种。

1.象文化

这类企业文化强调人本理论。在这类企业当中，"以人为本""以人为先""以人为始""人文关怀"等关键词经常出现，这类企业强调人与人之间的尊重、友好。这类企业相信，企业的成功是因为人力资源得到了比较充分的开发和重视。

这类企业通常会为员工提供和谐、友好、舒适的工作环境，主动协助员工解决困难，提高员工的满意度。在这类企业中工作，员工经常会感受到被关怀、被重视。象文化比较典型的代表企业有万科、青岛啤酒、海信、长虹、雅戈尔等。

2.狼文化

这类企业强调快速发展、弱肉强食，强调狼性精神。在这类企业当中，"冒险""速度""创新""增长""危机意识""持之以恒""团队协作"等关键词经常出现，强调"胜者为王、败者为寇"的适者生存法则。

这类企业通常会为员工提供充满活力的、激发创造力的工作环境。这类企业非常重视自己在行业中的领先地位，管理层通常具备比较强的冲劲。狼文化比较典型的代表企业有华为、格力电器、娃哈哈、李宁、比亚迪等。

3.鹰文化

这类企业强调绩效、结果导向，强调目标意识。在这类企业当中，"市场份额""市场排名""业绩达成""目标实现"等关键词经常出现，这类企业强调实现目标、完成计划、取得业绩的市场意识。

这类企业通常会为员工提供充满竞争的环境，让员工保持市场的敏感度，激发员工的竞争意识。这往往是这类企业能够在市场中一直占有一席之地的原因。鹰文化比较典型的代表企业有联想、伊利、国美、平安、光明等。

4.牛文化

这类企业强调遵守秩序、一步一个脚印，强调稳健发展。在这类企业当中，"标准""制度""流程""规则""成本""运营""服务"等关键词经常出现，这类企业强调稳定发展、稳步前进的大局意识。

这类企业通常会为员工提供相对稳定的工作环境，让员工严格遵守企业创造的某种秩序，通过运营的稳定性，保证比较稳定的产品质量或服务质量。牛文化比较典型的代表企业有海尔、苏宁、美的、汇源等。

7.1.3 企业文化种类

比较强调人情味、强调人的作用的企业文化，可以分成 3 种常见的类型。

1. 军队的战友情文化

世界上最有战斗力的组织是什么？是军队！想象一下，人们一般和同事的关系更好，还是和战友的关系更好？答案是和战友的关系更好。为什么战友之间的感情更好？因为战友吃在一起、睡在一起、训练在一起，受苦受难时在一起，面临生死时还是在一起。

战友是当我们一起在战场上时，会和我一起为了打败敌人获得生存而努力的那个人。战友是当我们背靠背时，不需要向后看就知道你会在我背后一直守护的那个人。我死了，有你在，你死了，有我在。我们彼此都会帮对方料理后事，铭记对方。

2. 家庭的亲人情文化

世界上最有凝聚力的组织是什么？是家庭！想象一下，人们一般和家人更亲近，还是和同事更亲近？当然是和家人更亲近。为什么人们和家人更亲近？有人说是因为血缘关系，不尽然。为什么收养的孩子还是会对不是自己亲生父母或者兄弟姐妹的人产生浓厚的亲人感情？而且这份感情一点都不比亲生的弱。

亲人情来源于较长时间的充分信任和这份信任带来的持续正反馈。能够做到这一点，不论是和谁，不论有没有血缘关系，双方都能建立起亲人之间的感情。家是心灵避风的港湾，亲人是给我们安全感最多的人。当我们和家人在一起的时候，不需要担心被欺骗、被算计。

3. 学校的同学情文化

世界上最有学习力的组织是什么？是学校！想象一下，人们一般与同学的关系更好，还是和同事的关系更好？答案是和同学的关系更好。人们是更尊敬老师，还是更尊敬上级领导？答案是人们更尊敬老师。为什么人们和同学的关系更好？对老师更尊敬呢？

因为同学之间都在对方成长的路上互相帮助过，大家都有着类似的目标——个人能得到更好的发展。老师是能够帮助我们快速成长的那个人。同学之间的互相支持，老师的无私帮助，使人们对学校形成了正面的感受。

不论是军队中的战友情、家庭中的亲人情还是学校中的同学情，它们都有以下几个共同的特点。

（1）军队、家庭、学校都属于学习型组织，这些组织里面的领导人既是管理者，又是导师。

（2）军队、家庭、学校都特别注重从"心灵"和"思想"的角度去管理。

（3）军队、家庭、学校不是纯粹以物质报酬作为激励，而是把"情感、教育和个人成长"作为激励。

7.2 企业文化建设

不同的企业，可以根据自己的风格选择适合自己的企业文化，建立、强化并且发扬这种企业文化。建设企业文化，需要企业最高管理层参与，提炼企业文化的核心，从而形成与企业文化相关的制度，并通过各类活动，落实企业文化。

7.2.1 企业文化建设维度

企业文化建设有 3 个维度，分别是精神层、制度层和物质层。要有效建设企业文化，可以从这 3 个维度入手。

1. 精神层

精神层面的企业文化指企业领导者和大部分员工共同遵循的基本理念，包括价值观、职业道德或者精神风貌等。精神层面的企业文化既是企业文化的灵魂，又是企业文化的核心。

企业文化在精神层面的表现包括两部分：一是企业愿景、使命、价值观、精神、信仰等核心理念；二是品牌理念、服务理念、产品理念、营销理念、质量理念、人才理念等运营理念。

例如：迪士尼的愿景是"成为全球的超级娱乐公司"，使命是"使人们过得快活"；麦当劳的核心价值观是"质量、服务、清洁、价值"；海尔的企业精神是"敬业报国，追求卓越"。

2. 制度层

企业文化建设，不能只说不做，也不能仅仅停留在意识形态。企业文化建设不仅要做，而且还要变成制度、流程、规范。这里的制度，包括奖惩制度、绩效考核制度、人员任用制度等一切企业必备的制度。

通过制度层面的建设，企业可以在内部形成"游戏规则"，让企业文化不仅能够变成一种长期的、稳定的存在，而且成为企业所有人约定俗成的做事准则，久而久之，成为一种企业风俗和行为习惯。

3. 物质层

企业文化在物质层面的建设是让企业文化能够被看得见、摸得着，能够被员工更直观地感受到。物质层面的企业文化体现为企业的产品、企业的绩效结果、企业的奖惩实施、企业建筑、企业广告、企业标识、工装、工作牌、名片、信纸等。

精神层、制度层和物质层之间的关系如图 7-1 所示。

图 7-1　精神层、制度层和物质层之间的关系

精神层是企业文化中最核心的一层，它说明了企业文化的核心价值导向以及深层次内涵；制度层是根据精神层延伸出来的，它承接精神层的内涵，是企业内部的"游戏规则"和制度保证；物质层是企业文化的最外层，它的表现形式非常多样，是企业文化的传播形象和外在表现。

7.2.2　企业文化建设步骤

建设企业文化，可以按照 3 个步骤进行。

1. 企业文化诊断与提炼

企业可以与中高层领导召开企业文化研讨会，建立一个企业文化推广小组，最高层领导挂帅，总结企业文化的理念。企业文化推广小组要把能够代表企业文化理念的事件、人物找出来，判断这些事件、人物与企业理念的匹配程度。过程中，要注意诊断企业文化的问题，在讨论中修正当前的企业文化理念，让企业文化的精神层更精准、更凝练。

如果企业文化推广小组中的大部分人无法找出企业中具有代表性的事件或人物，说明企业文化并没有得到员工的广泛认同，或者企业文化并没有深入人心。如果企业文化推广小组中的大部分人都能找到比较有代表性的事件或人物，且这些事件或人物相对比较集中，说明企业文化已经被广泛认同。

2. 企业文化设计与布局

在提炼出精神层的企业文化之后，企业文化推广小组要对企业文化进行设计。把企业文化的理念变成能够落地的各项制度、流程、规则，除此之外，还要将其总结成易于传播的故事，形成企业文化手册，为企业文化的强化与传播做好事先的布局。

3. 企业文化强化与传播

要想让企业文化在企业中得到有效的强化和传播，需要企业文化推广小组制定一整套的企业文化推广策略。在制定企业文化推广策略的过程中，企业文化推广小组应考虑如何对全体员工进行企业文化培训，如何让新员工快速理解企业文化，如何让企业文化故事在企业中持续传播等。

7.2.3 企业文化传播方法

企业文化传播的方法非常多样，比较常见的有如下几种类型。

（1）领导人的榜样作用。在企业文化形成的过程中，领导人的榜样作用有很大的影响。行胜于言，要让员工接受并认可企业文化，不是靠这种文化被如何描述，而是看管理者（尤其是最高管理者）是怎么做的。企业要想让基层员工真正感受到企业文化，最好的办法是从高层到基层管理者，从他们的行为上得到落实，并让他们形成一种习惯。

（2）企业内部的各种会议，如晨会、夕会、总结会，可以用来宣讲企业文化和经营理念。

（3）企业内部所有宣传活动的文章都要落实企业文化。如宣传栏内的公告、企业内部发行的刊物（企业文化大家谈、好人好事）、内外部网站宣传、播放器中持续播放的视频（宣传片）、企业内网或者邮件下方署名处的标语等。

（4）举办企业文化论坛，请高层领导或者优秀人士现身说法。

（5）利用各种文体活动，如唱歌、跳舞、体育比赛、晚会、演讲比赛、征文比赛等，可以把企业文化的价值观融入这些活动中。

（6）故事的力量。让有关企业的正向故事在企业内部总结和流传，这样会起到企业文化建设的作用。在企业的创业、发展史陈列室中，陈列一切与企业文化相关的物品。树立典型人物或典型部门，供全企业学习和发扬。

（7）开展互评活动。互评活动是员工对照企业文化要求当众评价同事工作状态，也当众评价自己工作状态，并由同事评价自己工作状态的一种活动。通过互评活动，员工和企业或员工和员工之间可以摆明矛盾、消除分歧，员工可以改正缺点、发扬优点、明辨是非，以达到工作状态的优化。

（8）运用各类标识统一形象。员工的工作牌、工作服、统一发的运动服等衣服上可以宣传企业文化；笔记本、便笺纸、信纸、纸杯、台历、包装袋以及其他办公用到的物品上也可以宣传企业文化。

7.3 仪式感

仪式感是企业文化建设中一个很重要的组成部分。个人因为仪式感而对工作更有热情，员工与企业也因为有仪式感的事件而紧密联系在一起。仪式感能够让企业文化更加与众不同、个性鲜明、深入人心。

7.3.1 仪式感的作用

仪式感是人类因为仪式而产生的神圣感觉。仪式，存在于全人类的各种活动中。举行仪式的作用在于给人们带来仪式感，让人们对仪式传达的内容印象深刻。

国家举办体育赛事，直接办不就好了，为什么还有搞开幕式或者闭幕式？

两个人相爱之后要结婚，领证不就好了，为什么还要办婚礼？

朋友间关系很好，表示一辈子互相帮助不就好了，为什么还要结拜？

升旗仪式、节日庆典、清明扫墓等，这些看似平常的事情也是一种仪式，也会给人们带来仪式感。

不同的企业会举行不同的仪式。有的企业把团建活动搞得非常隆重，一定要让上级和下级有某种互动；有的企业每周五晚上必须聚餐；有的企业每次工作例会、每年的年会之前，都要集体背诵企业文化；有的企业一到员工生日，必须部门所有人一起为员工过生日。

有的企业组织员工在大街上跳舞或者跑步，外人看着心里面会想"要是让我过去跳舞，我肯定不去"。但是员工习惯了，也不会觉得有什么问题，他们反而会觉得这是一种展示自己企业风采和个人形象的方式，觉得非常自豪。

有的企业欢迎新员工的仪式非常隆重，管理层带着员工又唱又跳，而且要求新员工宣誓对工作负责、对企业忠诚。这种做法也确实会给企业带来相对比较低的员工离职率。

通过某种仪式，员工心里有了很深的仪式感。仪式越隆重，仪式感越强，从而人们越难忘，效果越显著。

7.3.2 仪式感的原理

仪式感背后有着巨大的能量，它能够快速让人们产生某种行为。泰国到了泼水节那天，满街都是互相泼水的人。是什么力量，让上亿人产生一个不论从自然科学还是从经济人假设的角度来讲，都毫无意义的行为呢？就是强烈的仪式感！

仪式感本质上是一种心理暗示，它可以让人们对某些事情怀有敬畏和重视的心理，它能唤醒人们对生活的尊重。生活如果没有仪式感，就会弱化人与人、人与物之间的想念。仪式只要不断，人们就不会忘记。

那些注重仪式感的企业，总会有一种莫名的吸引力。那些注重仪式感的人，总会比较容易把事情做好。在企业中重视仪式感的管理者，能够在不自觉中把团队的心聚集到一起，使团队成员行为一致。生活里重视仪式感的人，在潜意识里能够暗示自己感受生活、做好事情。

仪式的本质，是将人的自然性和社会性暂时剥离。人们在仪式当中，在社会中的角色得以暂时剥离。社会层级、社会关系在仪式中变得不再重要，取而代之的是仪式本身的规则。在仪式中，原本社会中熟悉的事物不再适用，人们开始思考仪式本身的意义。人们的参考感、意义感和自主性得到了充分尊重。

人们借助仪式，能够把自己从日常中解放出来，获得一种掌控感。当人们获得掌控感时，才会确认身边的事物是能够被掌控的，确认自己可以影响环境，确认自己存在。所以这种掌控感，能够给人们带来安全感，让人们获得价值感。

人们只有确认自己的存在，确认自己能够对身边的事物、周围的环境产生影响，确认自己的自主意识，才能确认自己的价值。

7.3.3 仪式感的应用

企业在应用仪式感时，首先要明确，仪式感没有好坏之分，就像人的价值观一样，所谓的好坏只是站的角度不同。评判仪式感，不是以好与坏，而是以适合或者不适合、有效果或者没效果作为依据。

仪式感的关键其实不是做什么，而是做的这件事有什么意义。当然，这里的意义不是指这件事本身的意义，而是这件事背后，人们赋予它的某种意义。从另一个角度讲，仪式感本身就是一种意义！

所以，如果要在企业中让员工通过某种仪式让员工产生仪式感，不仅要赋予这件事神圣的意义，还要持续地去做，渐渐地，这件事在企业中会变得越来越重要。

案例

笔者曾经服务过的一家公司有做"早礼"的传统。所谓"早礼"，就是管理人员每天早晨要比员工早到15～30分钟。早到的管理人员站在公司门口，迎接员工的到来，给每一个来上班的员工鞠躬，而且要心存感激、满怀诚意，并且要大声地对员工说"早上好"。对此，员工也要鞠躬回礼，并大声说"早上好"。

在每天的这段时间里面，公司所有的上下级关系都不存在，工作中所有的不愉快都消失不见，只剩下人与人之间最基本的善意与感恩。

这家公司的风气很正，平时同事之间的关系也比较好，员工的离职率远低于同行业平均水平。

管理大师彼得·德鲁克说过，管理的本质，就是用善意去激发善意。德鲁克对管理的理解不是控制、不是压迫，而是激发善意。这对企业运用仪式感强化企业文化的传播效果有很强的指导意义。

7.4　跨地区企业文化管理

随着企业规模扩大和战略需要，企业可能需要在不同地区建立分公司。时间长了，企业会发现不同地区的分公司，会形成一种独特的文化。这种文化是一种"小圈子"文化，和总公司的企业文化氛围差异比较大。例如，有的地区分公司团队开放活跃，有的地区分公司团队却比较严谨低调。这种差异，导致总公司的一些战略和思想很难上传下达到位，让跨地区的企业文化管理成为企业比较大的难题。

7.4.1　环境因素

跨地区企业文化的差异的形成，可能有一定地域文化的影响，可能有人员组成年龄结构的影响，也可能有员工身上有之前企业文化惯性的影响。面对不同的地区，企业首先要充分考虑环境因素，环境因素包括人文环境因素和地理环境因素。

1.人文环境因素

人文环境因素，指人们日常生活中长期积累形成的行为习惯，它主导着人们的价值观和行为。和企业文化相比，人文环境因素对人的影响要更深刻，而且具有更长的稳定性，比较难改变。

有时候，人文环境因素会成为人们的精神支柱，对人们有强大的影响力。如果企业在实施企业文化建设时，不考虑人文环境因素的影响，或与之相悖，可能会引发与员工之间的文化冲突，有时甚至会导致严重的后果。

做企业文化管理，要能适应人文环境因素，把有利因素为企业所用，企业文化才能得到有效实施。

2.地理环境因素

地理环境因素，指受地域性影响的文化因素，这类因素在管理企业文化的过程中同样需要充分考虑。

针对当地的风土人情，企业文化应该尽量和它呼应，而不是抵触，这样才能融入当地的文化中，真正实现企业文化有效落地执行。

7.4.2　精神文化

既要考虑人文环境，又要考虑地理环境。难道就没有办法做跨地区的企业文化建设了吗? 不是的，当然有办法，只不过做起来不能"眼里容不得一粒沙子"。要实现跨地区的企业文化建设,企业要注意保证跨地区的分公司或子公司,精神文化的高度统一。

　　企业的精神文化是企业的灵魂和指引，是企业的核心，是企业在长期经营发展过程中摸索和总结出来的思想精华，是企业上到高层领导下到基层员工都应当遵守的最高准则。如果不同的子公司同属于一个母公司，精神文化却不统一，那将会形成"两层皮"。貌合神离，说的就是这个道理。

　　即使是跨地区的分公司或子公司，都必须保证精神文化的统一。这就好比在一个四世同堂的大家庭中，"我们都是一家人"这个大的前提不允许有任何动摇。

　　在这个层面，要充分发挥总部的策划和指导作用。总结企业文化，把它传道到每一个分公司或子公司当中。不过，要注意这个层面可以相对做得精炼一些、宽泛一些，不能太过具体，也没必要要求太多。

【案例】

　　2000年，美国时代华纳公司兼并美国在线。按照很多投资机构事前的预期，这种"传统媒体＋新兴网络媒体"的模式，本来应该是一场双赢的收购。可没想到的是，因为双方的运营模式不一样、习惯不一样，在企业文化上，出现了很大的冲突。

　　美国在线的员工认为时代华纳人员慵懒，做事被动；时代华纳的员工认为美国在线的员工做媒体攻击性太强。这两个新旧媒体之间始终相互指责，相互埋怨，甚至经常破口大骂。最后，双方不欢而散。这场并购，让股东价值损失2 000亿美元。

　　美国时代华纳公司兼并美国在线失败的原因，是企业文化融合的失败。实际上，这两家都是做媒体的公司，只是做媒体的方式方法不一样，领域不一样，各自站的角度不一样，所以才产生了相互之间的不理解。

　　其实，这两家公司经营的大方向是一致的，不然也不会出现这场兼并。既然大方向一致，如果时代华纳可以提炼出一个总的精神文化，如"服务好广大传媒用户"，只要美国在线的员工保证这个精神文化不动摇，至于在方式方法上，可以允许有所不同，那么这两家公司企业文化的融合，很可能会比之前容易许多。

7.4.3　行为文化

　　跨地区的分公司或子公司之间，应当允许行为文化的丰富多彩。行为文化最终体现为员工行为活动上的文化氛围，它是文化的一种表现形式。实际上，只要认可企业的精神文化，不违背企业的核心价值观，行为文化可以尽可能丰富多彩。

　　这就好比在一个家庭中，哥哥喜欢古典文学、弟弟喜欢下象棋、姐姐喜欢跳舞、妹妹偏好诗词歌赋，爸爸妈妈带着全家一起玩的时候，可以允许他们有自己不同的娱乐方式，不需要太过于关注爱好的不同。只要承认彼此是一家人，只要彼此之间拥有共同的精神文化、共同的目标就可以。

案例

1995年，IBM公司以35亿美元的价格收购了一家软件公司——路特斯（Lotus）公司。路特斯公司的企业文化和IBM公司的企业文化差距很大。路特斯公司的企业文化和其产品一样，没有拘束、灵活多样。它的员工上班时可以穿休闲服；而IBM公司的员工却有统一的制服，每天必须穿整套制服上班，不穿的话，IBM公司有相应的惩罚措施。

路特斯公司规模不大，制度并不完善，而IBM公司当时已经是一家规模相当大的公司，几乎所有事情都有明确的制度和规范。所以如果这两种截然不同的文化碰撞，很可能出问题。IBM公司的做法是，保留路特斯公司原来的独立性，不把IBM公司的制度和文化强加给这家公司。

在后来的3年当中，路特斯公司的人数增长了一倍，业绩连年增长。收购之前，员工的年化流失率是11%，收购之后，反而降到了6%。路特斯公司没有因为收购而越来越萎缩，反而乘坐着IBM公司这艘"大船"，不断发展壮大。

跨地区的分公司或子公司文化存在差异，也存在相互学习和借鉴的可能性，如果跨地区的公司能抱着相互学习的态度来完成文化的融合，实现优势互补，也会让整个公司的企业文化向良性的方向发展。

案例

2002年，惠普公司和康柏公司合并。当时，这两家公司的个人计算机业务都排在世界前5名，两家公司的合并在当时是该领域有史以来最大的一场合并。

按理说，这家公司合并应该出现比较大的文化冲突。因为惠普公司比较老派，而康柏公司比较新潮；惠普公司的产品强调稳重，康柏公司的产品强调创新。这样两个团队放在一起工作，不是应该像时代华纳和美国在线这两家公司一样矛盾重重吗？

可是，惠普公司和康柏公司并没有出现上述情况，两家公司吸收了彼此文化中优秀的部分，通过把值得学习和发扬的文化相结合，形成了新的企业文化。结果，这两家公司合并之后，第二年的业绩就超出了华尔街分析师最乐观的预期。

【疑难问题】如何考核企业文化工作

很多人有这样的疑问：企业文化工作应该如何考核呢？

企业文化工作绝不只是某一个人的工作，而是在一个管理系统上的一系列工作。就算企业的"一把手",一言一行直接影响着企业文化的走向,也不敢说凭自己的几项工作布置或开几个会,就能把企业文化工作做好。企业文化需要持续地引导、时间的积累和不断的经营。

从岗位的角度来说,对企业文化工作的考核,不应该只是对某一个岗位实施考核,而应该对影响企业文化的不同岗位实施考核。从工作的角度来说,对企业文化工作的考核,不应该只对一两件工作实施考核,而应该对整个企业文化推广行为计划实施考核。或者说,应该对一系列工作实施考核。

如果有企业试图通过年底评价某一个岗位的某几个指标,来评判有没有完成企业文化工作的推行,那是极不科学、也不严谨的。这种考核方式不仅不能考核企业文化工作的质量,甚至不能简单作为考核岗位工作质量的依据。

绩效考核指标可以分成结果类指标和过程类指标。将绩效考核指标与考核方式相联系,则对应着对过程的持续监控和对结果的评估。对企业文化工作的考核,这两方面同样重要,因为企业文化工作的实施质量是很难量化的。

企业文化的实施结果,大多是通过主观上的打分或评价来得出的。但过程中的工作却是实实在在的。只注重过程也不可以,因为企业想要看到的是结果。

企业文化工作的考核事项,可以包括如下内容。

1. 制度建设

制度建设是企业文化建设的前提,也是企业文化建设的重要保障。与企业文化相关的制度文件的完善程度不仅和企业文化管理人员有关,和总经理(一把手)也息息相关,因为企业文化制度建设的过程中无处不体现着总经理的意见。有了总经理的支持与参与,制度才能有效地出台和推行。

2. 学习培训

企业文化是什么?员工应该怎么做?什么样的行为是符合企业文化的行为?什么样的行为是不符合企业文化的行为?这些问题的答案都要通过培训传达给全体员工。学习培训同样不仅是企业文化管理人员的工作,总经理、各部门负责人,在这方面也都有具体的职责和工作。

3. 行为素质

企业明确什么样的行为是企业提倡的行为、什么样的行为是企业绝对不容许的行为之后,接下来就是对员工日常行为与企业文化相符程度的评估。这可以通过对员工日常绩效考核的评价,可以通过员工奖罚的记录,也可以通过对员工日常行为的观察和抽查工作来进行评估。

在行为素质层面,需要总经理、各部门负责人、企业文化管理人员和各级员工参与。也就是说,这其实是一项考核全员的工作。

4. 文化宣传及其他

这部分主要是对企业文化管理人员的工作职责和具体内容的考核,这类考核主要体现在企业内部的宣传标语标识的建设、企业内部宣传媒体中关于企业文化相关内容的建设、企业平时的文化主题活动等方面。

要做好企业文化工作的考核，对不同岗位、不同工作和不同指标方面，可以参考表7-1的内容。

表7-1　企业文化工作考核方向

岗位	制度建设	学习培训	行为素质	文化宣传及其他
总经理	√	√	√	
各部门负责人		√	√	
企业文化管理人员	√	√	√	√
各级员工			√	
参考指标方向	制度完善程度 制度出台时间	培训次数 培训人次 培训效果	行为记录 奖罚记录	工作完成度
参考指标类型	定性指标 结果指标	定量指标 过程指标	定性指标 过程指标	定量+定性指标 过程+结果指标

【实战案例】华为公司的企业文化

"以客户为中心，为客户创造价值"是华为的价值观。

华为公司的主要创始人任正非在2015年接受福布斯中文网杨林采访时说："其实我们的文化就只有那么一点，以客户为中心、以奋斗者为本。世界上对我们最好的是客户，我们就要全心全意为客户服务。我们想从客户口袋里赚到钱，就要对客户好，让客户心甘情愿把口袋里的钱拿给我们，这样我们和客户就建立起良好的关系。怎么去服务好客户呢？那就得多吃点苦啊。要合理地激励奋斗的员工，资本与劳动的分配也应保持一个合理比例。"

福布斯中文网的记者杨林问任正非："您觉得未来华为的这种文化会不会变化？"

任正非说："长期艰苦奋斗的文化是不会变化的。第一，你要成功，就要奋斗。第二，你要想吃饭，就得要工作，没人为你做马牛。凭什么你享乐的时候，让我们挣钱养活你啊。"

关于公司文化，杨林问，"您是公司的精神领袖，如何把这种精神传承下去，形成企业的连续性？"

任正非说："华为文化不是具体的东西，不是数学公式，也不是方程式，它没有边界。也不能说华为文化的定义是什么，是模糊的。'以客户为中心'的提法，与东方的'童叟无欺'、西方的'解决方案'，不都是一回事吗？他们不是也以客户为中心吗？"

"我们反复强调之后，大家都接受这个价值观。这些价值观就落实到考核激励制上，流程运作上……员工的行为就牵引到正确的方向上了。"

"我们盯着的是为客户服务，也就忘了周边有哪个人。不同时期有不同的人冲上来，最后就看谁能完成这个结果，谁能接过这个重担，将来就谁来挑。"

"我们还有一种为社会贡献的理想，支撑着这个情结。因此接班人不是为权力、金钱来接班，而是为理想接班。只要是为了理想接班的人，就一定能领导好，就不用担心他。如果他没有这种理想，当他捞钱的时候，他下面的人很快也是利用各种手段捞钱，这公司很快就崩溃了。"

2004年4月28日，任正非在"广东学习论坛"第十六期报告会上发表如下讲话。

十年以前，华为就提出：华为的追求是实现客户的梦想。历史证明，这已成为华为人共同的使命。以客户需求为导向，保护客户的投资，降低客户的Capex（投资成本）和Opex（运营成本），提高了客户竞争力和盈利能力。

1. 真正认识到为客户服务是华为存在的唯一理由

从企业活下去的根本来看，企业要有利润，但利润只能从客户那里来。华为的生存本身是靠满足客户需求，提供客户所需的产品和服务并获得合理的回报来支撑；员工是要给工资的，股东是要给回报的。

天底下唯一给华为钱的，只有客户。我们不为客户服务，还能为谁服务？客户是我们生存的唯一理由！

既然决定企业生死存亡的是客户，提供企业生存价值的是客户，企业就必须为客户服务。现代企业竞争已不是单个企业与企业的竞争，而是一条供应链与供应链的竞争。企业的供应链就是一条生态链，客户、合作者、供应商、制造商命运在一条船上。只有加强合作，关注客户、合作者的利益，追求多赢，企业才能活得长久。

因为，只有帮助客户实现他们的利益，华为才能在利益链条上找到华为的位置。只有真正了解客户需求，了解客户的压力与挑战，并为其提升竞争力提供满意的服务，客户才能与你的企业长期共同成长与合作，你才能活得更久。所以需要聚焦客户关注的挑战和压力，提供有竞争力的通信解决方案及服务。

2. 真正认识到客户需求是华为发展的原动力

我们处在一个信息产品过剩的时代，这与物质社会的规律不一致。人们对物质的需求与欲望是无限的，而资源是有限的。而信息恰好反过来，人们对信息的需求是有限的（人要睡觉，人口不能无限地增长……），而制造信息产品的资源是无限的。

我们不能无限地拔高人们对物质的需要，因为资源满足不了。我们也没有能力无限地刺激信息的需求，因为人还要睡觉……

技术在哪一个阶段是最有效，最有作用的呢？我们要去看清客户的需求，客户需要什么我们就做什么。卖得出去的东西，或抢先市场一点点的产品，才是客户真正的技术需求。超前太多的技术，当然也是人类的瑰宝，但未必是客户需要的。

华为的观点是，在产品技术创新上，华为要保持技术领先，但只能是领先竞争对手半步，领先三步就会成为"先烈"。要明确将技术导向战略转为客户需求导向战略，通过对客户需求的分析，提出解决方案，以这些解决方案引导开发出低成本、高增值的产品。盲目地在技术上引导创新世界新潮流，是要成为"先烈"的。

为此，华为一再强调产品的发展路标是客户需求导向。以客户的需求为目标，以新的技术手段去实现客户的需求，技术只是一个工具。新技术一定是能促进质量好、服务好、成本低，非此是没有商业意义的。

华为为什么能成功。我说我们理解了中国的客户需求。我借用了中国古时候婆婆给媳妇说的一句话，"新三年，旧三年，缝缝补补又三年"来说明华为对技术与产品的看法。我们认为客户一般都是希望在已安装的设备上进一步改进功能，而不会因新技术的出现而抛弃现在的设备、重建一个网。

3. **基于客户需求导向的组织、流程、制度及企业文化建设、人力资源和干部管理**

（1）基于客户需求导向的组织建设。

为使董事会及经营管理团队（EMT）能带领全公司实现"为客户提供服务"的目标，华为在经营管理团队中专门设有战略与客户常务委员会，该委员会主要承担务虚工作，通过务虚拨正公司的工作方向，再由行政部门去决策。

（2）基于客户需求导向的产品投资决策和产品开发决策。

华为的投资决策是建立在对客户多渠道收集的大量市场需求的去粗取精、去伪存真、由此及彼、由表及里的分析理解基础上的，并以此来确定是否投资及投资的节奏。已立项的产品在开发过程的各阶段，要基于客户需求来决定是否继续或停止或加快或放缓开发。

（3）在产品开发过程中构筑客户关注的质量、成本、可服务性、可用性及可制造性。

任何产品一立项就成立由市场、开发、服务、制造、财务、采购、质量人员组成的团队（PDT），对产品整个开发过程进行管理和决策，确保产品一推入市场就满足客户需求，通过服务、制造、财务、采购等流程后端部门的提前加入，在产品设计阶段，就充分考虑和体现了可安装、可维护、可制造的需求，以及成本和投资回报。

（4）基于客户需求导向的人力资源及干部管理。

客户满意度是从总裁到各级干部的重要考核指标之一。华为公司的外部客户满意度是委托盖洛普公司帮助调查的。客户需求导向和为客户服务的精神蕴含在干部选拔、员工招聘、培训教育和考核评价之中，强化对客户服务贡献的关注，把对干部、员工选拔培养的素质模型固化到招聘面试的模板中。

（5）基于客户需求导向的、高绩效的、静水流深的企业文化。

企业文化表现为企业一系列的基本价值判断或价值主张，企业文化不是宣传口号，它必须根植于企业的组织、流程、制度、政策、员工的思维模式和行为模式之中。多年来华为一直强调：资源是会枯竭的，唯有文化才生生不息。

华为文化承载了华为的核心价值观，使得华为的客户需求导向战略能够层层分解并融入到所有员工的每项工作之中。不断强化"为客户服务是华为生存的唯一理由"，提升了员工的客户服务意识，并深入人心。

强化以责任和结果为导向的价值评价体系和良好的激励机制，使得华为公司所有的目标都以客户需求为导向，并通过一系列的流程化的组织结构和规范化的操作规程来保证满足客户需求，由此形成了客户导向的高绩效企业文化。华为文化的特征就是服务文化，即全心全意为客户服务的文化。

【疑难问题】只看结果，是好的企业文化吗

一些培训机构做管理类培训的时候，培训讲师常信誓旦旦地说："打造具有高效执行力的团队，就是要没有借口、没有理由、得令则行、用结果说话。"

受这类思想的影响，有些管理者在管理下属的时候总喜欢说："我不管你怎么办，我只看结果"；或者在下属遇到困难的时候说："别跟我讲借口，我只要结果。"

企业从上到下都推行"只看结果"的思想，渐渐地，"只看结果"变成了企业文化。可是这种文化，并不是一种好的文化。

1. 只看结果，往往不会得到结果

在《西游记》中，有一段故事讲的是唐僧被红孩儿抓走了，猪八戒和沙和尚也相继被抓走了，只剩下孙悟空。孙悟空去找观音菩萨帮忙，希望她能灭了红孩儿的三昧真火。如果按照只看结果的逻辑，把原本的情节修改一下，就会变成这个样子。

孙悟空说："菩萨，我师父被红孩儿抓走了，马上就要被吃掉了，请求菩萨能够帮忙收服这只妖怪！"

观音菩萨瞄了悟空一眼，冷冷地说："你这泼猴怎么那么烦？这种事情你应该自己想办法。你当年能大闹天宫，还自称'齐天大圣'，你有这么大本事，连这么个小妖怪都搞不定？"

孙悟空赶忙解释道："菩萨有所不知呀，这红孩儿年纪虽小，可有三昧真火，一般的水根本浇不灭，三昧真火烧得我连毛都没了！"

观音菩萨有些生气地说："你这臭猴子，别跟我讲那么多借口！当初在太上老君的炼丹炉里，用的也是三昧真火，整整烧了你七七四十九天，也没见把你烧死！还给你烧出个'火眼金睛'。现在一个小妖怪的三昧真火你反倒怕了？让你保护唐僧取经，就是要让你戴罪立功，你这一趟一趟地总找我，要你有什么用？"

孙悟空苦苦哀求道："菩萨息怒呀，我要是自己能解决，哪能来麻烦您呀。这个小毛头的火实在太厉害，我是真没别的办法，您可不能见死不救呀。"

观音菩萨鄙视地看着悟空，说："西天取经路上遇到的妖精多了去了，你遇到点困难就过来找我，那还不如我自己去护送唐僧！"

孙悟空有些失落，说道："菩萨，师父危在旦夕，您若不出手相助，恐怕……"

观音菩萨已经很不耐烦，回答道："别说了，我可不吃你那一套，别再跟我讲理由和借口了，我只要看到唐僧取到真经的结果！去吧！"

如果孙悟空找观音菩萨帮忙的情景变成了这样，结果会怎么样？估计唐僧早就被红孩儿吃了。这是天庭想要的结果吗？显然不是！

在这个故事中，观音菩萨"没有借口""没有理由"的方法达到预期效果了吗？显然没有！

所以书中的观音菩萨从一开始就很智慧地选择了帮助孙悟空，而不是忽略他的"理由"和"借口"。

孙悟空就算有再大的本事，也不可能每只妖怪都对付得了。有的妖怪有法宝、有的妖怪有靠山、有的妖怪有奇招，各有各的厉害。而孙悟空的本领却是相对固定的，当他遇到了自己无法应对的妖怪时，找菩萨、佛祖（领导）或找土地公（平行部门）帮忙于情于理，也顺理成章。

危难之时，如果领导愿意出面协助，不仅能够体现出他对取经任务的重视，而且能够从情谊上给取经团队支持。可是现实企业中，有多少管理者和下属之间的交流，恰似上述场景中菩萨和悟空的对话。

下属接受任务以后，遇到一些实际困难，个人或团队都无法给他帮助，向管理者讨要资源和支持时，管理者却不想管，就想要结果。这种处理方法不会对工作、团队、组织产生积极的作用。

2.企业不是军队，员工不是士兵

"只看结果"的理念被一些"管理专家""培训名师"强行跟"军队"联系起来。他们的逻辑是：军队是世界上执行力最强的队伍，要想管理好团队，就要学习军队！要打造军队一般的团队！要拥有军队一般的执行力！要一切向结果看！可实际上团队和军队是不一样的。

（1）企业不是军队。

管理者可以要求员工学习军人的精神，但是要清楚，员工来企业上班和军人在军队练兵有着本质的不同。军人的使命是保家卫国，有着与生俱来的崇高使命感和责任感；而员工的第一使命是赚钱养家，解决家庭的温饱问题，在付出劳动的同时，协助企业完成目标。两者的社会分工不同。

（2）结果不是无情。

注重结果是对的，但在注重结果的同时要讲究方式方法。出现困难和障碍之后，不轻易放弃是对的，但要弄清楚究竟是什么样的障碍。如果"无情"，哪里来的团队凝聚力？如果"无情"，哪里来的情感激励？

（3）"猴子理论"不是对"只看结果"文化的开脱。

管理学领域流传着一个"猴子理论"，这里的"猴子"指困难、麻烦、压力或责任。下属身上有"猴子"，下属向上级"诉苦"之后，"猴子"就到了上级身上，原本是下属的烦恼、下属的问题，结果却变成了上级的烦恼、上级的问题。下属落得轻松，上级反而忙得要死。

"猴子理论"在职场中是存在的，可并不是每个下级找上级反映问题，都是想向上级"丢猴子"。管理者要懂得区分什么是"猴子"，什么是下属真正需要的帮助。

【实战案例】IBM 公司的高绩效文化

打造百年企业，必须要有过硬的企业文化。世界上的百年企业当中，IBM公司随着企业的发展与时代的变化，对企业文化的调整堪称经典。

IBM 公司曾经"三起两落"，每次崛起除了靠战略调整的成功和战术运用的成功之外，还靠核心队伍的信念、价值观等精神层面的支撑，这其中最集中的体现就是企业文化。

IBM 公司于 1911 年创立于美国，鼎盛时期全球的雇员人数超过 40 万人，业务遍及 160 多个国家和地区。

这么大的人员数量，这么大的管理跨度，按理说 IBM 公司推行绩效管理应该非常困难。事实上，刚开始的时候也确实是如此。IBM 公司历史上遭遇过至少3次大的经营管理失败，内部管理曾经也比较混乱。

后来，关于经营管理过程中"思想统一"的问题，IBM公司就是通过管理企业文化来解决的。直到今天，IBM公司的战略布局与商业运营还是商业帝国中值得学习的典范。笔者在一次讲线下课的时候听朋友说："IBM公司不是被联想公司收购了吗？"那只是硬件个人计算机业务而已。现在回顾，IBM公司剥离实体制造业务，把个人计算机硬件业务卖给联想公司的战略其实是非常成功的。

作为百年企业，IBM公司经历过许多CEO和管理团队。但最出名的还是创始人老沃森、第二任CEO小沃森、路易斯·郭士纳和彭明盛。

IBM公司的创始人老沃森最早把IBM公司的企业文化定义为"尊重个人"。小沃森曾经在《一个企业与它的信仰》一书中对IBM公司的企业文化做了详细描述——把努力工作，体面的工作环境，公平、诚实、尊重，无可挑剔的客户服务以及工作是为了更好地生活等这些个人的理念总结成"尊重个人、服务至上、追求完美"的著名的IBM公司企业文化3个原则。

这3个原则被当时各大媒体和商业经典案例引用和学习。然而随着IBM公司的发展，这3条原则却渐渐地成了IBM公司的精神枷锁。原因当然不是这3句话本身不对，而是随着时间的推移，这3个原则逐渐在理解和执行中变了味儿。

（1）原本的"尊重个人"变成了员工的"为所欲为"。员工逐渐可以不承担责任。只要是员工不愿意接受的安排，员工可以大胆地说"不"。员工不执行公司的制度时，甚至也会搬出这一条文化来当盾牌。"为所欲为"的结果是没有作为、各自为政、争权夺利。

（2）原本的"服务至上"变成了员工的"自我意识"。在那个时代，IBM公司对市场有绝对的领导权，对购买产品的顾客，IBM公司有详细的服务流程。但是，对非顾客的群体（潜在顾客）以及对顾客个性化的需求，当时的IBM公司是没有服务可言的。所以这一条企业文化本质上演变成了企业流程重要，顾客次要。

（3）原本的"追求完美"变成了员工的"固执己见"。原本的追求完美是为了追求产品质量高而需要的反复论证、精雕细琢，但是后来却成了企业内部行动迟缓、反应缓慢、怠于执行的挡箭牌。企业内部等级制度森严，流程烦琐，官僚化现象严重，员工普遍打着追求完美的名义不愿意改变。

郭士纳曾经在《谁说大象不能跳舞》中说："新领导人要解决难题恐怕得从战略和文化层面上推动改革入手。"在郭士纳接任IBM公司总裁之后，为了改善当时IBM公司的经营问题，郭士纳逐渐把IBM公司的企业文化与绩效管理联系在一起，提出"高绩效文化"的企业文化理念。

高绩效文化强调员工"力争取胜、快速执行和团队精神"。IBM公司鼓励员工追求卓越，期望激发员工的潜能，达到高绩效。在 IBM 公司，一谈起绩效，人们经常说的一句话是"让业绩说话（Performance Says）"。直到今天，这句话也经常被很多公司引用。

那么，IBM 公司的高绩效文化是怎么落实的呢？

为了贯彻这种高绩效文化，IBM 公司的绩效管理体系是以一种被称为"个人业务承诺（PBC，Personal Business Commitments）"的项目为中心来开展和运作的。PBC 由"工作成功的结果""怎么成功的过程"和"整个团队达成的目标"3 个部分组成。

IBM 公司的 PBC 承诺可以分成 3 个具体层面。

（1）对结果的承诺。IBM 公司鼓励员工赢得市场中的领先地位，强调员工保持销售目标和市场占有率。每个员工在做绩效承诺时，必须要保持赢的心态，发挥团队的优势，把能够通过个人的努力和团队的协作所能达到的结果层面的承诺列清楚。

（2）对执行的承诺。IBM 公司永远强调执行的重要性，只有承诺、目标和计划是远远不够的，更重要的是要坚决地执行。对计划执行的过程，反映了员工的能力和素质水平，是员工自我管理和自我挑战的过程。通过执行的过程，IBM 公司的业务流程也得到了进一步强化。

（3）对团队精神的承诺。团队协作让 IBM 公司内部能够相互沟通、共同进步，一起完成工作中的任务目标。IBM 公司矩阵式的组织管理模式就是为了更好地完成项目任务和团队协作而出现的。项目将多个部门的人才资源整合到同一个项目组，充分发挥项目组的优势，充分利用资源。在项目中遇到困难，成员之间也可以相互帮助。有时候为了解决某个困难，甚至可以在世界层面寻找专家，征求意见。

IBM 公司的高绩效文化，直接落实到了绩效管理层面。IBM 公司的绩效管理做法，又影响着高绩效文化。企业文化和绩效管理相互支持，相互推动。在这种背景之下，最终让高绩效的期望得以在 IBM 公司有效地推行和落实。

【实战案例】阿里巴巴的企业文化

阿里巴巴的企业文化关乎小企业的利益，始终贯穿和蕴藏在企业的经营发展过程中。阿里巴巴经营的商业生态系统，让包括消费者、商家、第三方服务供应商和其他人士在内的所有参与者，都享有成长或获益的机会。阿里巴巴的业务成功和快速增长有赖于他们尊崇的企业家精神和创新精神，还有始终如一地关注和满足客户的需求的原则。

阿里巴巴相信，无论公司成长到哪个阶段，强大的共识可以让他们维持一贯的企业文化以及公司的凝聚力。本节中关于阿里巴巴使命和愿景的内容描述，来源于成书时阿里巴巴集团官方网站。

1. 强大的共识

（1）使命

阿里巴巴集团的使命是让天下没有难做的生意。

阿里巴巴公司旨在助力企业，帮助其变革营销、销售和经营的方式，提升其效率。阿里巴巴为商家、品牌、零售商及其他企业提供技术基础设施以及营销平台，帮助其借助新技术的力量与用户和客户进行互动，并更高效地经营。

（2）愿景

阿里巴巴公司不追求大，不追求强；追求成为一家活102年的好公司。阿里巴巴旨在构建未来的商业基础设施。阿里巴巴公司的愿景是让客户相会、工作和生活在阿里巴巴。

① 102年

阿里巴巴集团创立于1999年，持续发展102年就意味着公司将跨越三个世纪，取得少有企业能实现的成就。阿里巴巴的文化、商业模式和系统的建立都要经得起时间考验，让公司得以长期可持续发展。阿里巴巴的终极目标，就是为社会创造价值，更好地解决社会问题，变阿里巴巴的能力为中小企业发展的能力，为整个社会进步的动力。

② 相会在阿里巴巴

阿里巴巴公司助力数以亿计的用户之间、消费者与商家之间、各企业之间的日常商业和社交互动。

③ 工作在阿里巴巴

阿里巴巴向客户提供商业基础设施和新技术，让他们建立业务、创造价值，并与阿里巴巴生态体系的参与者共享收益。

④ 生活在阿里巴巴

阿里巴巴致力于拓展产品和服务范畴，让阿里巴巴成为客户日常生活的重要部份。

（3）价值观

阿里巴巴集团的六个价值观对于公司如何经营业务、招揽人才、考核员工以及决定员工报酬扮演着重要的角色，这六个价值观分别为如下内容。

① 客户第一，员工第二，股东第三

这是阿里巴巴公司的选择，是阿里巴巴的优先级。只有持续为客户创造价值，员工才能成长，股东才能获得长远利益。

② 因为信任，所以简单

世界上最宝贵的是信任，最脆弱的也是信任。阿里巴巴成长的历史是建立信任、珍惜信任的历史。你复杂，世界便复杂；你简单，世界也简单。阿里人真实不装，互相信任，没那么多顾虑猜忌，问题就简单了，事情也因此高效。

③ 唯一不变的是变化

无论你变不变化，世界在变，客户在变，竞争环境在变。阿里巴巴要心怀敬畏和谦卑，避免"看不见、看不起、看不懂、追不上"。改变自己，创造变化，都是最好的变化。拥抱变化是阿里巴巴最独特的 DNA。

④ 今天最好的表现是明天最低的要求

在阿里巴巴最困难的时候，正是这样的精神，帮助公司渡过难关，活了下来。逆境时，阿里巴巴懂得自我激励；顺境时，阿里巴巴敢于设定具有超越性的目标。面向未来，不进则退，阿里巴巴仍要敢想敢拼，自我挑战，自我超越。

⑤ 此时此刻，非我莫属

这是阿里巴巴公司的第一个招聘广告，也是阿里巴巴公司内部的第一句土话，是阿里人对使命的相信和"舍我其谁"的担当。

⑥ 认真生活，快乐工作

工作只是一阵子，生活才是一辈子。工作属于员工，而员工属于生活，属于家人。像享受生活一样快乐工作，像对待工作一样认真地生活。只有认真对待生活，生活才会公平地对待员工。每个人都有自己的工作和生活态度，阿里巴巴公司尊重每个阿里人的选择。这条价值观的考核，留给生活本身。

2. 企业文化的特质

除了使命、愿景和价值观之外，阿里巴巴的企业文化还有 6 个独有的特质。

（1）武侠文化。武侠文化是阿里巴巴的特色，是一个有很强趣味性的文化。这个文化从 2003 年开始出现。阿里巴巴每个人都有一个武侠世界的"花名"，在阿里巴巴内部，同事之间相互称呼花名。

阿里巴巴的武侠文化相信平凡的人只要勤练武功、爱学习、行侠仗义就有可能成功。很多人离开阿里巴巴以后，见了面不知道对方的真名，却记得"花名"。阿里巴巴的武侠文化，烙印在每一个当前以及曾经在阿里巴巴工作过的人心中。

（2）太极文化。企业主要创始人的个性不一样，企业文化的具体表现会千差万别。马云喜欢打太极，阿里巴巴中就出现了"太极文化"。潜移默化地，很多原本对太极并不了解的阿里巴巴员工也变得喜欢"打太极"。

太极实际上是一种理念，每个人因为知识结构、生活经验、悟性高低的不同，对太极的理解都不一样，所以阿里巴巴的太极文化在不同员工那里有不同的感悟。太极有阴也有阳，有正也有反，看似矛盾与不同，却也对立又统一。

（3）趣味文化。很多阿里巴巴员工说，在阿里巴巴工作虽然荣耀，但也是一件比较辛苦的事。阿里巴巴会为员工打造有趣的工作氛围，举办各类活动。而在团队聚会中，主管也会通过讲笑话、表演节目等方式弱化权利等级，提供让员工放松下来的时间和空间。比如阿里巴巴的集体婚礼、兴趣派、年会、阿里好声音等。

阿里巴巴的兴趣派是按照个人兴趣，自发组织成立、自主管理，形成的阿里巴巴内部的独立社群，能帮助阿里巴巴员工在工作之余找到共同业余快乐。为什么叫"兴趣派"呢？是因为阿里巴巴把兴趣爱好看成武侠世界中的帮派。

兴趣派有助于跨团队间的沟通交流，让每一位员工都能以兴趣为纽带实现"非官方"的聚合，在共同热爱的活动中寻求与同事之间的共鸣与羁绊，在彼此的友爱互动中找到快乐，在积极向上的社群中迸发青春的活力。

阿里巴巴早期成立了10个兴趣派，叫"阿里十派"（10个兴趣社团）。如今随着企业的发展和员工的增加，阿里巴巴内部已经有超过40个兴趣社团，包括吉他派、摄影派、篮球派、瑜伽派、旅行派、剑道派、咏春派、书法派、精舞门等。这些兴趣派每年都会组织各类兴趣活动，通过大量的活动和社群，促进阿里巴巴内部友爱、团结，点燃员工的激情，加强每一个阿里巴巴员工的归属感和团队感。

阿里巴巴集团旗下的不同企业也可以结合自己企业的特点，基于各自的业务特点，根据不同的员工群体，打造属于自己企业特色的趣味文化，举办一些能够营造趣味文化的各类活动。所以在阿里巴巴集团不同的企业、不同的业务部门，会诞生不同的趣味文化。

（4）倒立文化。在阿里巴巴有一种说法——倒立着看世界，这个世界会变得很不一样。企业面对环境的各种变化，敢于把自己倒空，善于从另一个维度去思考问题，这对于任何一个企业来说，都是一种可贵的品质。

"倒立文化"起源于2003年阿里巴巴创立的时候。那个时候，淘宝网实力有限，而他的对手是易趣网（背后是当时全球最大的电商公司eBay）。这场资本、品牌、资源都相差悬殊的比拼，淘宝网要如何应对呢？

当时，淘宝网所有人都要学会一件事——"靠墙倒立"，俗称"拿大顶"。男士要保持30秒，女士要保持10秒，借这种方式训练员工的思维，让他们学会换个角度看问题。因为人一倒立，就能体验到头重脚轻的倒空感，看世界、想问题的角度也不同了。

从"倒立文化"中，淘宝网很快找到了应对易趣网的方法：一是聚拢中小卖家，易趣网看不上的卖家，淘宝网欢迎他们，易趣网抽成高，淘宝网免费；二是推出支付宝，保障交易安全；三是加速本地化。这三招让淘宝网实现爆发式发展，并赶超易趣网。

阿里巴巴在新员工入职培训的时候，会进行倒立培训。倒立培训不仅是新员工培训的必修课，而且是新员工必须做到的测试。它的关键不在于倒立多久，而在于让新员工体会阿里巴巴的文化，并在行动上传承这种文化。

（5）"裸奔"文化。"裸奔"文化是一种"确立比较高的目标，努力完成目标，以及在完成目标之后庆祝"的行为模式。员工通过这种方式表达完成目标的喜悦，释放努力过程的压力，向团队传递喜悦。企业可以通过这种方式给团队建立再次胜利的信心。

"裸奔"文化的发起人是倪行军（花名"苗人凤"，阿里巴巴合伙人之一）。倪行军在一次闲聊时，提出当支付宝的日交易额破 700 万元时，他就"裸奔"。2005 年上半年，这个目标达成了，倪行军被团队脱去了上衣，成了第一个在阿里巴巴内部"裸奔"的人。

从此以后，"裸奔"成了阿里巴巴内部一种独特的庆祝方式。每当有项目完成目标时，项目负责人就会脱掉上衣或者穿上奇装异服，在企业里跑一圈，告诉所有员工这个好消息。

例如，在 2009 年 12 月 7 日，为了庆祝支付宝的日交易额突破了 12 亿元，支付宝第 2 位总裁邵晓峰也"裸奔"了一回。他头戴礼帽，身穿黑色佐罗装，身后的牌子写着"业务量新高 1 213 163 891 元"。

（6）创新文化。"创新"是阿里巴巴的灵魂。创新在阿里巴巴内部是被提及较多的关键词之一。除了一些行政命令之外，阿里巴巴想了很多方法促进内部创新。

阿里巴巴的"赛马"项目，就是每个人都可以把自己的想法在一个平台上"晒"出来，然后让评委评定。如果评委认为某个项目值得做，那么企业就会投入资源。

阿里巴巴的创新不仅体现在业务方面，在组织发展和人才晋升方面也有一些创新的做法，如"自主晋升"项目。有时候，如果员工想要晋升，不一定需要上级提名，也可以自己给自己提名。

第 8 章

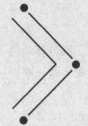

规章制度编制与管理

没有规矩，不成方圆。企业的成功需要适应企业发展系统的、明确的、具备可操作性的规章制度。企业的规章制度是员工在工作中必须遵守的企业内部规范的总和。

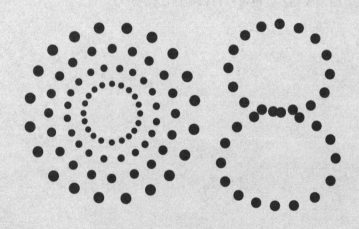

8.1　系统汇编规章制度要点

　　规章制度绝不仅是"有没有"的问题。如果是"有没有"的问题，那在互联网上搜索关键词，复制粘贴之后，稍做改动，企业的规章制度就"全"了。可是这样做得到的规章制度在很大程度上"没有用"，因为这些规章制度不符合企业的需要。要系统编制企业规章制度，让规章制度真正发挥作用，需要采取一系列科学的方法。

8.1.1　种类

　　系统的规章制度是企业自主管理的根本体现，作为法律的延伸和补充，是维护企业的秩序、对员工行为进行约束的手段。系统的规章制度能够明确员工的行为规范和劳动条件，是企业依法维护自身合法权益的重要文件。

　　通过编制系统的规章制度，企业能够引导、教育、警戒和威慑员工，达到规范员工行为、降低企业风险、形成企业文化的目的，同时能够保障员工履行劳动义务，促进员工自律，预防和减少劳动争议。

　　规章制度可以分成如下几种。

　　1. 行为规范类规章制度

　　这类规章制度适用于所有员工，对所有员工的规范程度相同，是所有员工都必须遵守的基本行为准则。这类规章制度包括员工行为规则、劳动纪律、企业奖惩条例、企业商业准则、办公用品管理制度、物品领用管理制度、保密制度、竞业限制制度、出勤管理制度等。

　　2. 工作流程类规章制度

　　这类规章制度同样适用于所有员工，但并不强调具体的行为，更偏重"标准"、"流程"和"秩序"。这类规章制度包括入职管理制度、转正管理制度、离职管理制度、岗位调整管理制度、岗位晋升／降职管理制度、薪酬管理制度、绩效管理制度、请假管理制度、述职管理制度等。

　　3. 工作内容类规章制度

　　这类规章制度通常适用于部分员工，属于从事特定岗位员工需要遵守的行为规范。这类规章制度包括生产作业管理制度、生产设备管理制度、产品质量管理制度、技术研发管理制度、市场营销管理制度、采购管理制度、物流控制管理制度、信息系统管理制度、财务会计管理制度、安全检查管理制度等。

如果需要，规章制度可以涵盖企业中的所有行为。有效的规章制度通常是系统化的规章制度，但系统化的规章制度不一定有效。企业在编制系统化规章制度时，不应追求"多"，而应当追求"有效"。100个没用的规章制度比不上1个有用的规章制度。

企业的内外部环境在不断发展变化，系统编制规章制度时还要注意与时俱进。华为公司著名的《华为基本法》，就是一个比较系统的规章制度。但《华为基本法》并没有全面到可以涵盖华为公司所有的领域，而且随着华为公司的发展，《华为基本法》也一直在不断更新和完善。

8.1.2 问题导向

企业在系统编制规章制度之前，要注意以问题为导向。如果一个企业当前没有任何规章制度，那么最先制定的规章制度，应是能够优先解决企业问题的规章制度，而不是从互联网上搜索的规章制度，或者"拍脑袋""想当然"拟定出来的规章制度。

在编制规章制度以前，企业要明确当前最需要解决的问题、最大的"痛点"。先把问题列出来，然后再针对问题做规章制度的系统化规范，并且明确规章制度编制的责任人和编制完成时间。企业可以用"根据问题做规章制度编制工作分配表"来解决企业当前的规章制度编制问题，如表8-1所示。

表 8-1　根据问题做规章制度编制工作分配表

当前问题（按照重要性排序）	对应的制度	制度编制责任人	编制完成时间

规章制度的内容要包含期望员工做出的行为和避免员工做出的行为，规章制度要做到有据可查、有章可循。如果规章制度制定之后，员工出现某类有损企业利益的行为，但是规章制度中却没有相关规定，那对这个问题就可以在后续第一时间完善进规章制度当中，给出明确的处理方法。

案例

某创业型企业新招聘了一名员工。这名员工消极怠工，经常在上班时间以抽烟或者上厕所为借口私自外出，常常1～2个小时不在岗。该员工在岗时，又常常浏览与工作无关的网站，或者低头用手机做与工作无关的事等。

该员工的直属上级已经发现并批评过他多次。但他屡教不改，而且还说："我每天按时上下班，又没有违反企业的规章制度，你们没有权力把我怎么样。"

当企业规章制度不全，没有关于日常行为规范的规定时，这个员工的说法也许是对的。这就是当前的问题，这时候，企业可以针对这一类实际发生的问题，制定相应的规章制度。

8.1.3 量化

企业在编制规章制度的时候，为了界定行为的性质和程度，要尽量做到量化。对有可能产生争议的事项，设定出具体的实施标准，做出具体的界定方法。

如果规章制度的界定过于模糊，当情况真的发生时，企业很可能没有办法给行为定性。例如，类似"数额巨大""金额较高""比较严重"之类的含糊词语，如果出现在规章制度中，很可能让规章制度变得无效。

案例

某公司的规章制度中规定：因为员工违规操作给公司造成损失，损失金额在1万元以下的，属于三级违规；损失金额在1万元到5万元的，属于二级违规；损失金额在5万元以上的，属于一级违规。

该公司的某员工在一次操作中，因为不按照操作流程操作，给公司造成了2万元的损失，按照规章制度的规定，该员工属于二级违规。

根据案例中的量化方式，把规则界定清楚，当发生违规时，就可以明确判断出员工行为的属性。具体和量化，才能造就落地的规章制度，才可能形成有效的规章制度。

8.1.4 数据获取

企业要想让规章制度中规定的事项得到真正执行，在制定规章制度之前，就要想到该怎么获取员工行为发生的证据。

例如，有企业规章制度中规定员工不得挥霍和浪费企业资源。这个规定本身是好的。可是，要怎么判断和审查员工在挥霍和浪费企业的资源呢？或者说，当发生什么事件时、企业要通过什么样的方式来获取员工在挥霍和浪费企业资源的事实呢？

案例

某企业在规章制度中鼓励部门内部员工之间增进友谊，规定部门可以每季度有一次团队聚餐。团队聚餐的标准，按实际参加的人数计算，每人每次不超过200元。同时规定，部门负责人在报账时，不得弄虚作假。

该企业有一个部门，共30人，每次团队聚餐时，总有几个同事因为个人原因无法到场。可是，部门负责人每次报账的时候，都按照30人全员参加报销6 000元。

部门负责人觉得即使自己这样做了，企业的相关管理部门也不会追查。

该企业的规章制度中规定，财务部门在报销之前，要核对各部门的报销单据和人员签字，对异常状况要核查到底。财务部门通过一些关键信息，获取到了这个部门负责人违规的事实，然后企业按照相关规定，对该部门负责人进行了处分。

如果不把获取证据的部分规定清楚，规章制度将很难得到落实。有一些规章制度的数据虽然比较容易获取，但需要某些岗位在日常工作中做好记录。这些记录工作，需要企业在设计规章制度的时候就考虑进去。

8.1.5　注意事项

企业编制规章制度时需注意以下问题。

1. 程序问题

有的企业规章制度只是由少数管理者或个别部门拟定，没有与工会协商，没有与职工代表讨论；有的企业用上级公司的规章制度代替下级独立法人的规章制度。

企业在制定规章制度时，要注意民主协商，运用合法的程序通过规章制度。

2. 内容问题

有的企业规章制度有悖于法律法规的相关规定；有的企业规章制度完全照搬法律法规；有的企业规章制度成了处罚员工的"菜单"，全是处罚内容；有的企业规章制度言之无物，没有具体的内容和标准。常见的问题如下。

（1）存在霸王条款。例如，不得恋爱，不得生育，不缴纳社会保险或住房公积金，工伤全部由员工承担，安全责任全部由员工承担，没有假期，工作损失全部由员工承担等。

（2）随意调岗。调岗的主动权在企业，企业可以根据需要随意给员工调整岗位。

（3）随意解聘。企业可以根据各类违法条件，解除与员工的劳动关系。

企业编制规章制度要注意有效性和可操作性，要注意证据意识，要规范操作流程，要根据实际情况及时调整、适时修改。

规章制度操作实施的过程中，要注意以下几点。

（1）执行的时候要统一标准，平等对待。

（2）执行过程中要保留证据，书面记录。

（3）所有的程序要依规实施，全面履行。

（4）制定规章制度的机构要有相应权限。

（5）制度执行的结果要与员工确认，要有效送达员工。

8.2 员工手册

员工手册是企业的规章制度、企业文化和企业战略的集合与浓缩,能够起到展示企业形象、明确工作规则、传播企业文化的作用。员工手册可以覆盖企业所有规章制度的内容,也可以作为规章制度的补充。

8.2.1 内容框架

员工手册的内容没有固定格式,一般根据企业的不同有所不同,常见的内容框架包括以下几点。

1.总则

员工手册的总则部分,可以说明员工手册的作用、定位,内容包含适用范围、使用方法、制定过程、通过程序、公示形式、主编部门、版本编号、更新规则、创始人致辞等。

2.企业概况

员工手册的企业概况部分,可以说明企业的发展历程、大事记、企业性质、经营范围、主要产品、主要客户、市场分布、行业地位、组织机构、资金实力、隶属关系、合伙人关系、投资人概况、人数规模、所在地区等。

3.企业文化

员工手册的企业文化部分,可以说明企业的愿景、使命、价值观、经营哲学、企业形象、企业精神、企业风采、企业理念、企业信仰、典型故事、典型人物、企业标识、标识释义、企业歌曲等。

4.行为规范

员工手册的行为规范部分,可以说明企业员工的仪容仪表、工装制度、行为准则、劳动纪律、保密管理、竞业限制、奖惩规则等。

5.劳动管理

员工手册的劳动管理部分,可以说明企业的人才选拔标准、用人原则、企业与员工的权利义务关系、绩效考核标准、晋升/降职制度、聘用/解聘程序、试用期/转正规定、工资待遇、工资结构、工龄计算、各类奖金、各类补贴、出勤制度、休假制度、轮岗制度、调岗制度、劳动保护制度、报销制度、出差制度、车辆使用制度、安全制度、卫生制度、社会保险/住房公积金制度、早/午/晚餐制度、住宿制度、图书借阅制度、休假制度、工作地点、工作流程、离职管理制度等。

6.投诉建议

员工手册的投诉建议部分,可以说明企业的投诉流程、建议反馈方法、工会和职工代表大会制度、劳动争议处理流程等。

7.附录

员工手册的附录部分，可以包含员工签收页、企业相关部门的联系方式、企业网站、企业地址、交通地图、纪念照片等。

8.2.2 编制步骤

编制员工手册可以分成4步。

1.确定框架

根据企业的需要，设计员工手册的基本框架。一般来说，员工手册的内容并不是越多越好，应当根据企业实际需要选择需要的部分。

2.填充内容

员工手册中的内容可以从企业已经存在的规章制度中摘录。员工手册中包含而规章制度中没有包含的内容同样应当遵循制定规章制度的流程去确定，不可以自作主张。

这个部分要注意，不能由负责员工手册编制的部门独自编制。一方面，负责编制员工手册的部门要主动与其他相关部门沟通；另一方面，企业其他相关部门也要主动参与到员工手册内容填充的过程中。

因为员工手册中可能涉及许多顶层设计的内容，在编制员工手册的过程中，最好成立专门的工作小组，由比较高的管理层担任组长。

3.审核应用

编制完成的员工手册在推行前要进行审核，审核类型包括5种。

（1）合法合规性审核。审核员工手册的合法合规性。员工手册中的条款不能与相关法律相悖。合法合规性的审核可以由企业内部专业的法务人员完成，也可以找外部专业的法律咨询机构完成。

（2）实用性审核。审核员工手册的实用性。可以参考的审核方式是找一部分新员工、一部分老员工、一部分中层管理者组成评审小组，阅读员工手册中的内容，对员工手册的实用性评分，并提出修改意见。

（3）描述性审核。审核员工手册的文字和图片描述。这里审核的重点不仅有错别字，还包括内容的表达方式，语言的准确度、精练度、逻辑性、条理性。

（4）公示性审核。把前3步审核后的员工手册在企业范围内公示一段时间，让全体员工看到，并让全体员工对其提出异议，企业可以借此过程进行解释或做出修改。

（5）操作性审核。审核员工手册的操作性。可以参考的审核方式是直接在新员工中试用，请试用的新员工反馈意见，企业根据反馈意见做修改。

4. 评估改进

经审核后的员工手册，可以先开始小范围试用，试用一段时间后评估效果，做出调整和改进之后，再开始较大范围试用。

8.2.3 编制注意事项

企业在编制员工手册时，要注意如下事项。

1. 不要贪多

员工手册不是事无巨细的工作指南，不是企业规章制度大全，也不是企业发展历程全集。编制员工手册的目的不是要把企业所有想告诉员工的事项全放在里面，而是把员工必须知道的、与员工切身利益相关度比较高的、日常工作中出现频率比较高的事项告诉员工。

2. 语言亲和

员工手册不是上级给下级发的公文，也不是上级对下级的命令文书，而是给员工的"工作指南"。员工手册的语言应当表现出亲和力，应当少一些类似"绝对不许""后果自负""过时不候"等生硬的语言。可以使用类似"我们""大家""您"等亲切的表达。

有的企业员工手册中语言表达太过亲和，员工手册变成了类似父母教育孩子一样的说教，有大量类似"希望不要这样，因为这样做违反道德，影响个人声誉"的表述。这些内容是没必要的，企业只需要客观地说明要求，不需要有任何说教类的内容。

3. 印刷质量

员工手册代表着企业的形象，是新员工能够拿到的早期书面资料。员工手册的编写质量不仅体现在内容上，还体现在外在的印刷和装帧质量上。包装精美的员工手册能显出企业的用心、大气、专业，能给员工比较好的感官感受，会让员工产生翻阅的冲动。包装比较差的员工手册从感官上就会给员工一种"内容廉价"的感觉，就算内容再好，员工也比较难有翻阅的意愿。

员工手册一般可以编辑印刷成精美的口袋书，方便携带，易于查阅。大部分员工手册制作成 64k、32k 或 16k 塑料套封面，烫金或烫银凹凸标题。员工手册的形式可以不拘一格，原则是便于员工阅读学习，切忌另类或花哨的员工手册，员工手册不要给人俗气、随便的感觉。

员工手册的封面文字一般可以采用黑体或隶体一号加粗，彰显厚重正式，不宜使用琥珀、行书、草书。一级标题可以采用宋体加粗三号字，二级标题可以采用宋体加粗四号字，三级标题可以采用宋体加粗小四号字，正文字体可以采用宋体五号字。

员工手册的排版参照书籍排版，封面、扉页、版权页、目录、内页、封底等都要包含。文字图案印刷要清晰、色彩要饱满，选择有质量保证的印刷机构，不论是采用胶装还是骑马钉装订，都要保证整洁，更不能有缺页、脏页现象。

4. 适时更新

有的企业员工手册编制完之后，十几年不更新。企业所在的商业环境在发生巨大的变化，员工手册也应当相应变化。内容陈旧的员工手册起不到应有的作用。一般来说，如果企业经营状况平稳，员工手册应当 2 年左右更新一次；如果企业经营过程中发生较大的变化，员工手册应当及时更新。

8.2.4 使用方法

合法合规、精心编排的员工手册能够成为员工管理的重要工具，员工可以通过员工手册了解到必要的信息，企业可以把员工手册作为与员工建立劳动关系和与员工解聘的重要依据。

《中华人民共和国劳动法》（2018 年 12 月 29 日修正）第二十五条规定如下。

劳动者有下列情形之一的，用人单位可以解除劳动合同：

（一）在试用期间被证明不符合录用条件的；

（二）严重违反劳动纪律或者用人单位规章制度的；

（三）严重失职，营私舞弊，对用人单位利益造成重大损害的；

（四）被依法追究刑事责任的。

企业如果没有相关的规定，或者规定不够明确，发生劳动争议时，就会因为没有依据而陷入被动。所以，员工手册不仅是法律赋予企业的权利，也是企业管理的需要。

员工手册在员工入职时发放，人手一本。新员工入职培训时，员工手册可以作为入职培训的教材。在员工手册的最后一页，应当设置有"员工签收回执单"，由员工签字后，在新员工培训之后，统一上交人力资源部门，代表员工已经收到、阅知并学习了员工手册中的内容。员工签收回执单格式模板如下。

员工签收回执单

兹收到 ×× 公司人力资源部门员工手册一份，本人已详细阅读并学习了手册中的内容，并谨此声明本人愿意自觉遵守。如有违反，自愿接受公司相关规定处理。

签名：

日期：

这里需要注意，如果企业只有员工手册的签收回执单，没有实施新员工培训，或者虽然实施了新员工培训，但是培训过程中没有留下相应的证据，发生劳动争议时，员工可能主张自己并不知情，只是履行企业的手续。这时，仲裁庭或者法院可能根据情况，支持员工的说法。

所以，企业在实施新员工培训的时候，最好在培训结束后设置关于员工手册内容的考试，尤其是多设置一些与员工解除劳动关系相关的内容，以及其他一些企业经常发生劳动争议的敏感内容。把员工参加培训的签到表，以及员工通过考试的试卷，作为证据留存。当然，如果员工考试未通过，可以再次培训，直到通过考试，正式上岗。

对所有辞职或辞退的员工，企业必须及时收回员工手册。

8.3　规章制度合法通过程序

很多企业和员工发生劳动争议时，拿出自己的规章制度当作证据，即使规章制度的内容合法合规，却还是败诉。为什么？因为规章制度建立的程序出了问题。很多企业没有通过民主程序制定规章制度，或者通过民主程序的流程不符合法定的要求，或者没有经过职工代表大会或全体职工讨论，这些都会导致企业在发生劳动争议时处于不利的位置。

要想让规章制度有效，有3个要件缺一不可：内容上必须合法合规，流程上必须通过民主程序，条件上必须向员工公示。

8.3.1　法律规定

《最高人民法院关于审理劳动争议案件适用法律若干问题的解释（一）》（法释〔2001〕14号），第十九条规定如下。

用人单位根据《劳动法》第四条之规定，通过民主程序制定的规章制度，不违反国家法律、行政法规及政策规定，并已向劳动者公示的，可以作为人民法院审理劳动争议案件的依据。

《中华人民共和国劳动法》（2018年12月29日修正）第四条规定如下。

用人单位应当依法建立和完善规章制度，保障劳动者享有劳动权利和履行劳动义务。

同时，《中华人民共和国劳动合同法》（2012年12月28日修正）第四条规定如下。

用人单位应当依法建立和完善劳动规章制度，保障劳动者享有劳动权利、履行劳动义务。用人单位在制定、修改或者决定有关劳动报酬、工作时间、休息休假、劳动安全卫生、保险福利、职工培训、劳动纪律以及劳动定额管理等直接涉及劳动者切身利益的规章制度或者重大事项时，应当经职工代表大会或者全体职工讨论，提出方案和意见，与工会或者职工代表平等协商确定。

在规章制度和重大事项决定实施过程中，工会或者职工认为不适当的，有权向用人单位提出，通过协商予以修改完善。用人单位应当将直接涉及劳动者切身利益的规章制度和重大事项决定公示，或者告知劳动者。

根据上述相关规定，企业在制定规章制度时，必须充分考虑法律法规的相关条款。注意规章制度的合法合规性。企业规章制度中的不合法通常包括内容不合法、通过程序不合法和实施过程不合法。

规章制度中如果存在违法内容，不论规章制度的通过程序是否合法、是否民主，都将视为无效的规章制度，劳动争议仲裁庭和人民法院将不予采用。违背法律法规的规章制度如果被发现，企业将会收到劳动行政部门的责令改正通知或警告。

对于规章制度中违法违规内容已经造成损害员工合法权益事实的，员工可以随时通知企业解除劳动合同，并且要求企业提供经济补偿。对于给员工造成的损失或损害，企业要承担赔偿责任。

企业制定规章制度的前提条件是严格遵守法律法规。对于法律法规中已经规定的事项，企业的规章制度也需要做出规定的，在劳动条件、劳动报酬、劳动福利、劳动保护等方面的待遇规定不得低于劳动法律法规或者集团合同规定的最低标准。

对于劳动法律法规没有做出强制规定的事项，如果企业自行做出规定，必须遵循权利和义务对等的原则，不能只规定劳动者的责任和义务，不规定劳动者能够享受的权利。在制定带有惩罚或奖励性质的相关规定时，不能只规定惩罚的条款，而忽略奖励的条款。处罚的标准，不得高于劳动法律法规规定的标准。

合法性要求不代表规章制度的内容只需要考虑合法合规。合法合规是基本要求，除此之外，规章制度还需要"合理"。所谓合理，就是规章制度的条款要在保证公平、公正、恰当的同时，体现出对员工的关爱和温情。有"温度"的制度更容易被员工理解和接收，也更容易被执行。

8.3.2 民主程序

企业规章制度首先通过的民主程序是将企业方初拟的规章制度交给职工代表大会讨论；没有职工代表大会的企业，可以请全体职工讨论。结合职工代表大会或全体职工的反馈意见，经过平等、充分地讨论和协商后，企业规章制度最终由职工代表大会或全体职工审议确定并通过。

在规章制度实施的过程中，如果某个员工或工会组织认为规章制度中的某个条款不合理，可以提出来，职工代表大会或全体职工再做谈判和协商。

这里需要注意，职工代表大会和工会虽然不是企业中必须存在的组织，但是它们却对规章制度的确定和通过起着至关重要的作用。如果企业没有职工代表大会，那么企业规章制度就需要全体职工通过。这样企业组织起来会有比较大的难度，不容易实现。

所以，企业不如一开始就成立职工代表大会和工会组织，一来可以让企业的管理更规范，二来可以增强员工的归属感。

企业在实施民主程序的时候，需要保留好证据，民主程序的证据并不是企业在公示文件中提到的"经过某次职工代表大会讨论通过""已经与工会协商一致"等这些文字，而是能够起到证明职工代表大会发生事实的决定性证据。

企业在制定员工手册及相关制度时，必须按照程序执行，而且要在每个阶段留存相关的文本记录、签字记录、照片记录、录音记录等，做到有据可查，避免因程序不合法而承担不必要的风险。

这里的证据可以包括3部分。

（1）职工代表大会所有参会人员的签到记录，参会过程的照片记录。

（2）所有规章制度讨论、协商的过程记录，最终达成一致的相关录音记录和文字记录，以及参与讨论人员的签字。

（3）职工代表大会决议上的签字。

这3部分可以作为规章制度经过民主程序的证据要求，可以作为企业预防劳动争议的基本证据材料。所以，企业要妥善收集、保管好这一类证据材料。

8.3.3 公示程序

规章制度的公示程序要做到规范。所谓规章制度的公示，就是通过某种方式告知全体员工。

规章制度公示的方式不拘一格，企业可以通过宣传栏、网站公告、群发邮件、手机端推送、专题培训、集体开会宣读等方式公示，也可以通过其他适合企业的方式公示。

发生劳动争议的时候，员工可能会主张自己并没有看到或者学习到规章制度，也就是有的员工辩称企业并没有履行公示的程序。这种情况一旦发生，企业就需要提供规章制度公示的证据，而企业往往很难拿出证据，因此就容易处于一种不利的位置。

这就需要企业必须重视规章制度的公示过程，常见的规章制度公示方法可以包括以下几种。

1.入职申明法

在新员工入职的时候，让新员工阅读规章制度，保留新员工阅读规章制度签字的凭证；在新员工入职培训的时候，保留新员工通过规章制度考试的试卷资料；把规章制度写进劳动合同中，作为劳动合同的附件，在员工签订劳动合同时一起约定签字。

2. 张贴公示法

企业可以把规章制度张贴在宣传栏，或者做成黑板报的形式。规章制度的张贴公示不仅可以在物理办公环境下进行，而且可以通过互联网进行。例如，在官方网站、内网系统上公示，或者可以通过内网系统或电子邮件主动推动、群发，可以设置员工打开后自动回执。

3. 传阅签字法

企业可以把规章制度打印出来后，由各部门负责人组织，在各部门内部传阅学习，已阅者要签字确认；或者直接把规章制度汇编进员工手册，保证人手一本，在员工手册中设置回执页，员工收到员工手册后，在回执上签字确认，并统一回收保存。

4. 集中学习法

企业可以适时组织员工集中学习规章制度，尤其当企业的规章制度发生变化时，新老员工对新的规章制度不了解，这时可以集中组织培训，留下培训的影音资料、照片资料、签字资料、培训后的考试资料等。

以上方法企业不是用了其中一条就可以高枕无忧了，而是在企业管理成本允许的前提下，用得越多越好。不论作为劳动合同的附件，作为员工手册，还是培训后的签字确认，都要有明确表示员工已经知悉规章制度的签字说明。

参考内容如下。

＿＿＿＿＿已经详细认真阅读了上述规章制度，已经充分了解其内容和含义，愿意自觉遵守上述规章制度。

以上内容可以印成固定模板，让员工在空格处签字，也可以要求员工按照此格式全部手写。

8.4 员工违规处理

在企业中，可能会由于员工违规操作而导致事故发生，既让员工个人受到伤害，又给企业带来财产损失。企业不希望员工违规，当违规发生时，企业应当采取相应的措施，在最小化损失的同时，防止违规再次发生。

8.4.1 违规判断

企业判断员工是否存在违规操作，首先得有"规"。如果没有"规"，企业不能随意判定员工违规。"规"就是企业的规章制度、奖惩条例、操作标准等规范化文件，企业可以把它们统称为规章制度。

当有了规章制度之后，企业判定员工违规操作，还得有确凿的证据。如果没有确凿的证据，企业依然不能判定员工违规。

[案例]

某生产型企业发生火灾，1名员工在火灾事故中受伤，企业损失了价值300多万的厂房和货物。火灾事故发生后，企业追究在火灾中受伤员工的责任。

企业认为在正常生产的情况下，不会发生火灾。而且即使发生火灾，该员工也应当能够第一时间发现，用车间内配备的灭火器迅速灭火，不应当出现这么大的损失，更不会有员工受伤。企业认为发生火灾的原因应该是这名员工在生产过程中没有按照企业规定进行规范操作，而且在发生火灾时也没有按照企业的规定迅速灭火。

然而，这一切只是企业的推测，企业并没有任何该员工违规的证据。最终，企业需要承担全部损失，不能对该员工追责。

如果员工因违规操作造成员工自己人身损伤，这种情况算不算工伤？

《工伤保险条例》（2010年12月20日修订）的有关规定如下。

第十四条

职工有下列情形之一的，应当认定为工伤：

（一）在工作时间和工作场所内，因工作原因受到事故伤害的；

（二）工作时间前后在工作场所内，从事与工作有关的预备性或者收尾性工作受到事故伤害的；

（三）在工作时间和工作场所内，因履行工作职责受到暴力等意外伤害的；

（四）患职业病的；

（五）因工外出期间，由于工作原因受到伤害或者发生事故下落不明的；

（六）在上下班途中，受到非本人主要责任的交通事故或者城市轨道交通、客运轮渡、火车事故伤害的；

（七）法律、行政法规规定应当认定为工伤的其他情形。

第十五条

职工有下列情形之一的，视同工伤：

（一）在工作时间和工作岗位，突发疾病死亡或者在48小时之内经抢救无效死亡的；

（二）在抢险救灾等维护国家利益、公共利益活动中受到伤害的；

（三）职工原在军队服役，因战、因公负伤致残，已取得革命伤残军人证，到用人单位后旧伤复发的。职工有前款第（一）项、第（二）项情形的，按照本条例的有关规定享受工伤保险待遇；职工有前款第（三）项情形的，按照本条例的有关规定享受除一次性伤残补助金以外的工伤保险待遇。

第十六条

职工符合本条例第十四条、第十五条的规定，但是有下列情形之一的，不得认定为工伤或者视同工伤：

（一）故意犯罪的；

（二）醉酒或者吸毒的；

（三）自残或者自杀的。

从相关规定能够看出，判定员工是否属于工伤的标准，并不是员工有没有违规操作的事实，而是员工是否有主观上的故意行为。如果员工有主观上的故意行为，就不应当算工伤；如果员工没有主观上的故意行为，就应当算工伤。

这里要注意，要判断员工是否有主观上的故意行为，同样需要有确凿的证据，不能凭借推理来判断。

8.4.2　违规处理

对于日常工作中有确凿证据的员工违纪行为，企业可以有两种处罚方式。

（1）行政处罚。主要包括警告、记过、记大过、降级、撤职、留用察看、开除。

（2）经济处罚。一般是在给予行政处罚的同时，给员工一次性罚款处罚。

除了这两种处罚之外，其他对员工违纪的处罚都有可能违法。例如：有的企业因为员工过错生产出废品，就罚员工加班工作，不结束工作不得回家；有的企业因为员工的某种过错，剥夺员工节假日休息的权利；还有的企业甚至采取某些形式的体罚，某些形式的限制人身自由，某些形式的侮辱人格等。这些类型的处罚都是违法的处罚。

面对员工的违规行为，企业一般会比较头疼。如果处理得太轻，不能起到警示作用；如果处理得太重，可能会让员工对企业丧失信心，甚至双方可能会对簿公堂。要恰当地处理员工违纪行为，既做到合理合法，又避免发生劳动争议，有3点企业需要特别注意。

1. 公开、公平、公正

公平是指企业要依据规章制度，对同样的情形，必须做出同样的处罚，不管是员工还是领导；公开是指劳动者违反了劳动纪律，必须公开处理，企业不得私自陷害或侮辱员工；公正是指企业要站在中立的一方，不偏袒，不偏激，客观地处理。

2. 以事实为依据，重视法律，重视证据，严格按照规章制度进行处罚

企业在处罚违纪员工时，要做到以事实为依据。不以事实为依据的处罚是不被法律接受的。以事实为依据的关键是证据。企业没有证据，就不能判定员工违规。证据最好是书面的，如果是员工口头承认的，也可以作为证据使用，但必须有录音。对于口头证据，最好转为书面证据，并让员工签字确认。

3. 以教育和警示为主，以惩罚为辅

企业惩罚违规的员工只是一种手段，根本目的不在于惩罚本身，而在于警示。警示当事的员工，也警示其他员工，希望所有人不要犯同样的错误。所以，企业一定要分清楚主次，强化教育和警示的力量，能不处罚尽量不处罚。

8.4.3 赔偿责任

如果员工违规操作，给企业造成了损失，企业可以让员工承担全部的赔偿责任吗？

根据《中华人民共和国民法典》（2021年1月1日施行）。

第五百一十条　合同生效后，当事人就质量、价款或者报酬、履行地点等内容没有约定或者约定不明确的，可以协议补充；不能达成补充协议的，按照合同相关条款或者交易习惯确定。

第五百七十七条　当事人一方不履行合同义务或者履行合同义务不符合约定的，应当承担继续履行、采取补救措施或者赔偿损失等违约责任。

第五百八十二条　履行不符合约定的，应当按照当事人的约定承担违约责任。对违约责任没有约定或者约定不明确，依据本法第五百一十条的规定仍不能确定的，受损害方根据标的的性质以及损失的大小，可以合理选择请求对方承担修理、重作、更换、退货、减少价款或者报酬等违约责任。

第五百八十三条　当事人一方不履行合同义务或者履行合同义务不符合约定的，在履行义务或者采取补救措施后，对方还有其他损失的，应当赔偿损失。

第五百八十四条　当事人一方不履行合同义务或者履行合同义务不符合约定，造成对方损失的，损失赔偿额应当相当于因违约所造成的损失，包括合同履行后可以获得的利益；但是，不得超过违约一方订立合同时预见到或者应当预见到的因违约可能造成的损失。

也就是说，员工违规操作，如果是员工的责任，企业可以要求员工承担一定的赔偿责任。不过，前提是要满足以下3个条件。

（1）员工确实存在违反规章制度、操作流程或应当遵守的劳动纪律、职业规范等行为。

（2）企业确实由于员工的违规行为，受到了损失。

（3）员工有主观上的故意行为。

只有当以上3个条件都满足，而且有确凿证据的情况下，员工才应当承担赔偿责任。对于这3个条件，企业负有举证的责任。实务操作中，企业要凑齐这3条证据，实际上比较难。

如果员工违规操作之后造成企业损失，且满足以上3个条件，企业完成了举证，而且员工本人也表示愿意赔偿造成的损失，这时候，企业可以让员工承

担全部损失吗？

因为员工在企业工作，这种劳动关系本身存在着一定的依附性。企业既然享受员工的劳动成果，也要承担一定的经营风险。因此，由员工全部承担赔偿责任的情况比较少。

《工资支付暂行规定》（1995 年 1 月 1 日施行）的有关规定如下。

第十六条　因劳动者本人原因给用人单位造成经济损失的，用人单位可按照劳动合同的约定要求其赔偿经济损失。经济损失的赔偿，可从劳动者本人的工资中扣除。但每月扣除的部分不得超过劳动者当月工资的 20%。若扣除后的剩余工资部分低于当地月最低工资标准，则按最低工资标准支付。

一般来说，员工赔偿企业经济损失应以对生产、经营和工作造成的直接经济损失为限。企业的规章制度规定的赔偿办法，不能突破《工资支付暂行规定》的规定。具体的赔偿方法企业可以与员工协商。

如果员工在职，可以约定一次性赔偿或逐月按工资比例赔偿。对于已经离职的员工，企业也可以要求一次性赔偿或通过仲裁、诉讼等途径解决。

【疑难问题】规章制度不健全时员工违规怎么办

就算企业想得再周全，规章制度制定得再系统，在日常工作中，也总有一些员工有不好的行为，如果去查企业的规章制度，却发现没有相应的规定。企业常常会发现，当员工做出一些企业不想看到的行为之后，企业却缺少相应的规章制度，来约束员工的这种行为。

针对规章制度不健全的情况，企业应尽快完善规章制度，除此之外，对员工的处理方式可以参考以下 4 种方法。

1. 在已有规章制度上找突破

对于问题比较多的员工，他很多不好的行为可能规章制度上都没有规定，但可能也有一些不好的行为是规章制度上已经规定的。这时候，企业可以根据现在规章制度上有的规范来惩戒他。在惩戒的同时，传达他当前行为上的问题，尤其是那些规章制度中没有规定的行为。

2. 持续观察

企业可以把这些涉嫌违规违纪行为的员工以及他们的行为先记录下来，再持续观察他们下一步的行为。企业要先对这部分员工进行培训和教育，再在会议上强调，然后再出台正式的规章制度。在这个过程中，员工可能会意识到自己行为的问题，做出了改变，企业没必要总盯着他们。对于比较恶劣的行为，在正式规章制度出台后，严惩有这类行为的员工。

3. 参照现行法律法规

如果员工的行为涉嫌违反已有的法律法规，企业可以考虑直接把涉事员工移交司法部门处理。例如，企业规章制度中没有对员工打架斗殴做出任何规定，当员工发生打架斗殴的事情，企业可以走司法程序，把打架斗殴的员工移交给司法部门处理。

4. 协商一致解除劳动关系

如果企业不想采用前面 3 种方式，也可以简单直接一点，与员工协商一致解除劳动关系。无论是在《中华人民共和国劳动法》《中华人民共和国劳动合同法》，还是在《中华人民共和国劳动合同法实施条例》当中，都有关于协商一致解除劳动关系的相关规定。

【疑难问题】如何避免规章制度变成走形式

规章制度要起作用，需要"水""空气""土壤"和一段时间的"孕育"。企业不能期望从别处拔了一棵树，拿到沙漠种上以后，这棵树就能生长得很好。很多规章制度最后变成了写在纸上、留在嘴上、挂在墙上的摆设，就是因为在制定规章制度的环节没有考虑规章制度的"生存环境"。在有的企业可以"鲜活"的规章制度，到了别的企业，很可能变成一个"标本"，只能看，不能用。

没有用的规章制度和流程将会变成一种走形式。例如：每天早晚的例会制度走过场，没人在意；员工规章制度和行为规范变成了挂在墙上的标语，没人理会；各项工作流程变成了一纸空文，没人执行。要想让企业的规章制度得到有效的执行和落实，需要有一些前提。

1. 领导层要为规章制度的出台和运行有所付出

企业制定和推行规章制度，一定要先做好领导层的工作，想办法得到领导层的充分支持和参与。

规章制度出台之前，企业领导层对规章制度的出台和推行是什么态度、了解多少、做过什么，决定了规章制度最终会变成什么样。如果领导层不承担自己该有的责任，这样的规章制度最终只会成为废纸。

反过来，如果领导层从一开始就重视，从一开始就全程参与，了解规章制度中每个环节设计的用意，为了制度的推行在开大会和小会的时候都做强调，而且做定期的提醒和检查。这样的规章制度，就比较容易执行。

2. 要明确谁为这项规章制度的实施负责

企业制定规章制度，一定要明确谁为这项规章制度的实施负责，这项制度如果得不到实施应该怎么办。例如，有人说，他的部门协助企业出台了一项制度——物资采购管理制度，结果制度出台之后各部门都不按照这个制度执行，领导就责怪他们。

他们觉得自己很冤，他们只是帮企业制定制度的部门，制度的思路都是领导提供的，怎么现在制度没落实，倒怪起他们来了呢？其实原因很简单——他们在制定制度的时候，没有明确如果这个制度得不到落实该怎么办，该找谁，谁来负责。

3. 明确谁来牵头问责

企业规定了谁为规章制度的实施负责之后，还要规定，如果实施的过程出了问题，谁来牵头问责。这个前提很关键，因为很多人不愿意当坏人。

不同的规章制度，应该牵头问责的人不同，一般根据规章制度的类型和情况确定。部门级的可以由部门负责人牵头；企业级的可以由审计部门牵头；敏感的可以由领导指派的专人牵头；一般的可以由办公室牵头；特殊的可以由总经理助理牵头；更特殊的可以由总经理牵头。

4. 规章制度要做定期的评估和更新

企业在制定规章制度时，要想好规章制度的评估和更新流程，保证规章制度可以持续合理可行。很多规章制度因为本身不带评估和更新机制，当时可能合理，以后可能就不合理了。适用的规章制度，过一段时间之后，因为环境发生了变化，也许就不适用了。

当规章制度不适用时，可以规定规章制度的适用期限。当适用期限到期，必须按照原程序，重新走一遍规章制度的调研、修改、审批、推行的流程。

第 9 章

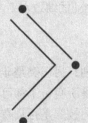

员工福利管理

员工福利是企业给员工提供的劳动报酬的间接组成部分，企业在工资和奖金之外，向员工本人或员工家属提供的货币、实物、机会、服务等形式的付出都可以算是员工福利。

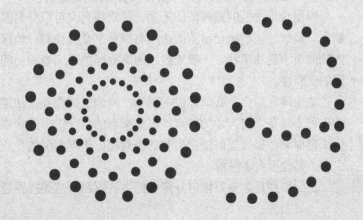

9.1 福利基本认识

福利的提供是为了激励员工，而不是简单地为员工发钱或者发物品。企业通过给员工提供各类福利，能够更好地吸纳和留住优秀的人才，增强员工的凝聚力、归属感、满足感、获得感，提高员工队伍的稳定性，从而提升整个企业的绩效水平。

9.1.1 福利的种类

企业提供给员工的福利通常可以分成两类：一类是法定福利；另一类是非法定福利，也叫作企业福利。企业福利又可以分成两类：一类是所有员工都可以享受的福利；另一类是部分员工可以享受的福利。非法定福利按照是否具有弹性又可以分成弹性福利和非弹性福利，或者叫可选福利和不可选福利。福利的种类如表 9-1 所示。

表 9-1　福利的种类

法定福利		非法定福利（企业福利）			
国家性福利	地方性福利	全体员工享受		部分员工享受	
社会保险 / 住房公积金 其他法律法规规定福利		弹性福利	非弹性福利	弹性福利	非弹性福利

法定福利是相关法律法规明文规定的福利。这类福利是强制性的，是所有政策覆盖范围内的企业都要遵守并且执行的，如社会保险、住房公积金、法定节假日、带薪年休假、关于各类假期的休假时间和工资支付、某类特殊时期的津贴、某些特殊环境的津贴、某种特殊岗位的津贴等。

根据政策法规的覆盖范围不同，法定福利又可以分为国家性福利和地方性福利。国家性福利指全国范围内所有成员享受的福利；地区性福利指一定地区内的成员享受的福利。一般来说，相同地区的不同企业之间的法定福利具有一定的一致性。

法定福利是企业必须提供的福利。同地区的企业，法定福利是相同的，这类福利不具备吸引人才的特点。可如果有的企业提供法定福利，有的企业不提供法定福利，那么提供法定福利的企业相比于不提供的企业具备更强的人才吸引力，有助于人才保留。

企业福利是企业根据自身情况提供的福利。这类福利通常具备激励员工的特点，可以作为企业吸引员工、留住员工和激励员工的方式。例如，为员工购买商业补充保险，给员工提供带薪培训、学习的机会，加强员工休闲娱乐的设施建设等，都属于企业福利。不同企业由于经营状况、运营特点和管理方式等实际情况不同，企业福利的差别比较大。

企业福利按照受众对象的不同，可以分成全员享受的福利和部分员工享受的福利。全员享受的福利是企业中不分职位和岗位差别，全员都享受的福利，如全员都有的班车、车补、房补、电话费补助等。部分员工享受的福利是企业只针对某类特殊群体提供的福利。例如，企业针对下列人员提供的福利就属于部分员工享受的福利：绩效比较高的人员，能力比较强的人员，做出了某些有利于企业的行为的人员，做出企业鼓励行为的人员，高管人员，技术人员等。

在设计企业福利的时候，企业需要考虑的因素比较复杂，除了要在国家法律法规允许的范围内之外，还需要考虑市场上竞争对手的情况以及企业的战略、财务状况、福利的导向、人员结构、人员需求等一系列因素。

9.1.2 福利的原理

人们常遇到这种情况：情人节不知道该给另一半送什么；父亲节或母亲节不知道该给父亲或母亲送什么。

这种"选择困难症"比较严重的人，一般比较难做好福利管理。因为这类人不善于站在别人的立场上想事情，所以他们不知道送什么接收人会满意。

相反，那些特别会给别人挑礼物、特别会在别人生日或节日送惊喜的人，通常福利管理做得比较好。主要原因是他们很会站在别人的角度去考虑问题，知道别人需要什么。

企业要让员工福利真正发挥作用，绝对不是"有没有"的问题，也不是"多不多"的问题，更不是"好不好"的问题，而是"用不用心"的问题。所谓"用不用心"，就是有没有把福利用到关键点上。

如果把福利用到了关键点上，比较少的成本也能发挥出比较好的效果；如果没有把福利用在关键点上，再多的成本也发挥不了效果。所以企业在做福利管理之前，首先要思考要用员工福利解决什么问题。

做好福利管理，需要用到激励保健理论。激励保健理论也叫双因素激励理论，最早是由美国的心理学家弗雷德里克·赫茨伯格在1959年提出的。激励保健理论的核心含义是组织为员工提供的各种回报不都具有激励性，而是分为两种：一种并不具有激励性，被称作保健因素；另一种具有激励性，被称作激励因素。

保健因素一般包括基本的薪酬、工作的环境等每个企业都有也都会这么做的因素。保健因素只能给员工带来基本的安全感。当这些因素没有得到满足的时候，员工会感到不满意；但当这些因素得到满足之后，员工的不满意感消失，但不会达到满意。

例如，空调能制冷，这是空调的基本功能。制冷功能就相当于空调的保健因素。人们买了空调，安装上之后，不会因为空调能制冷就感到满意；相反，人们会因为空调不能制冷而感到不满意。

激励因素一般包括员工感受到了被信任、获得职业发展、有学习的机会、获得成就感、获得满足感、获得掌控感、体会到团队良好的氛围等。当这些因素没有得到满足的时候，人们不会满意，可能也不会不满意。但当这些因素得到满足的时候，人们会满意。能有效激励到人、激发人活力的，是激励因素。

例如：人们买的空调除了能制冷，还有一个功能是能感知人当前的位置，在人们下班回家在距离家500米之内时，它将自动启动，等人到家时，家里已经达到适宜的温度；或者再智能一些，可以根据外界的温度、湿度以及根据用户每次操作的情况，通过大数据分析出每天从早到晚对用户来说最适宜的温度和湿度，帮用户自动调节温度和湿度。如果这类额外功能恰好满足了人们的需求，人们就会感到满意。

在企业中，保健因素提供的通常是人们对劳动相关外部条件的基本要求，而激励因素满足的通常是人们对劳动相关内在感受的要求。保健因素是由外向内的刺激，而激励因素则是由内向外的激励。

有效的福利不仅是"用脑"的福利，也是"用心"的福利。企业并不能通过一味地增加福利、增加薪酬，让员工得到激励，或者让员工对企业感恩。要想有效激励和激发员工，有效提高他们的工作热情，必须有效利用激励因素。

9.1.3 福利的应用

根据企业所处时期的特点，企业应当有针对性地设计福利。不同时期企业对福利的不同设计方式如表9-2所示。

表9-2 不同时期企业对福利的不同设计方式

企业	年人均福利费（参考）	企业福利设计目的	可选的企业福利项目（参考）
初创型或衰退型企业	5 000元以下	保障基本用人规避人才流失	班车、基础培训、岗位轮换、购书、学习补助、师徒奖励、补充商业保险、节日礼品、生日礼品、灵活假期、书报费、员工体检、灵活的工作时间和地点等
成长型企业	5 000~10 000元	吸引人才留住人才	除可选初创型企业福利项目外，还可选技能培训、拓展训练、补充医疗保险、团队建设费用、防暑降温福利、取暖福利、带薪旅游、婚丧嫁娶病慰问金、员工奖学金等

续表

企业	年人均福利费（参考）	企业福利设计目的	可选的企业福利项目（参考）
稳定型或盈利良好的企业	10 000 元以上	稳定人才传播企业文化打造雇主品牌	除可选初创型和成长型企业项目外，还可选在职教育、出国学习、考证奖励、补充养老保险、低息贷款、健身活动、特别奖励、子女托管或教育、家属附带医疗、疗养、家属慰问金、咨询服务（理财、心理、健康、婚姻等）、员工茶点、文化娱乐活动、其他现金补贴等

表 9-2 中的内容仅供参考，行业不同，企业不同，福利也不同。企业应当根据原理、需求和实际情况设计，不能盲目照搬。

对于初创型企业，一般管理上相对比较粗放。在这个时期，创业者和管理者的经营管理能力决定了企业的发展。在这个时期，企业的要务是持续地活下去，企业不一定会有充足的资金来设计和提供员工福利。

在这个时期，企业不需要追求过于系统化的、全面化的福利。这个时期福利设计的主要目的是保障企业基本的用工需求，避免企业的人才流失。同样，处在衰退期的企业，财务状况决定了企业可能无法给员工提供过高的福利。

需要注意的是，初创型或衰退型的企业虽然福利可以"简约"，但不代表就要"简单"。企业虽然可以节省成本，但不代表要凑合。越在这个时期，越能看出企业福利管理的用心程度。企业应当找准员工的需求，运用最低的费用创造出最大的福利效果。

企业的资金越有限，能够提供的福利越有限，那就越应该利用弹性福利和可选福利的工具，越应该体现出多劳多得，越应当强调绩效体系设计。

经过创业期的生死考验，企业会进入快速成长期。在成长期，企业的规模开始迅速扩张，企业的战略、经营目标和经营模式也会逐渐清晰。这个时候，需要企业全体员工为了实现统一的目标而共同努力。

在成长型的企业里面，会引入大量的新员工，这些新员工一般比较关注企业的福利。所以这个时期实施福利管理，不仅为了保留人才，还要能够吸引人才。

福利是企业建立雇主品牌的一种方式。这个时期的福利除了体现绩效的不同之外，为了更好地吸引和留住人才，企业也可以适当采取一些普惠的政策。在这个时期，福利可以既体现绩效性，又体现普惠性；既强调弹性、可选的福利，又强调全员都可以享受的福利。

当企业发展比较稳定时，企业进入成熟期，这时候业务已经比较成熟，而且一般可以建立可复制的业务模式，外部市场相对比较稳定，各个部门、各个岗位的工作也比较平稳。进入成熟期的企业，其市场规模和影响力已经形成，这个时期，企业的财务状况相对来说比较充裕，已经具备了给员工提供比较充足福利的能力。这个时期实施福利，目的是进一步稳定人才、传播企业文化和打造雇主品牌。

9.2 福利发放效应

福利发放的方式决定了福利应用的效果。企业发放员工福利，不能简单地看成"发没发"这么简单，不能抱有"只要给员工发了福利，就算完成了工作"的思想。如何发放福利，不仅涉及管理成本的问题，还蕴含着很多行为学和心理学层面的考量。

9.2.1 选择效应

当人们面临选择的时候，记忆保持的时间会更长，感受会更深刻。当企业给员工提供福利选择的时候，就意味着员工可以选择对他们来说最紧缺的，或最有价值的选项。有选择，同样就意味着有纠结，而这种纠结对于员工福利来说并不是坏事。因为纠结，员工想的就更多，员工想得越多，印象就越深刻，感受也越深刻。

例如，某企业发放福利的时候，让员工在豆浆机、面包机和蚕丝被中选一样。员工会怎么做呢？员工通常会先问问家里的意见。这时候，个体的选择，就变成了家庭的选择。选择的过程落到家庭层面，将会产生大量的话题和交流。

员工很可能会找自己的父母、丈夫或妻子、子女商量，什么是当前家里缺少的，什么对家庭来说有价值。如果家里不缺，可能想到某个亲戚、朋友家里正好缺什么，走亲访友的时候可以用得上。

有选择，同样意味着有遗憾。员工选择了这一个，就意味着要放弃另一个。例如，某企业发放福利供员工选择，其中一个选项正好是当前广告热播的新款破壁机，另一个选项是一款新型的面包机。

破壁机是新款，满足员工个人的需求；面包机可以用来做早饭，满足孩子早饭的需要。这两款商品员工正好都用得到，选择了其中一个，就代表放弃了另一个。有满足感的同时，也会有遗憾。

遗憾虽然大部分时间是一种负面情绪，但在员工福利管理中，遗憾能够给人们带来一种强烈而且持久的感受。这种遗憾的感受并不意味着一定是负面情绪，因为员工可以等明年再选另一个。而这也恰好是这种福利机制想要达到的效果——在未来的一年，给员工创造话题，让员工有盼头。人们在遗憾的同时，也会找到解决方案。

让员工选择自己的福利，会让员工感觉到被尊重和受重视。在选择福利时，员工会感觉企业是理解自己的，给了自己选择的机会。这种方式和被动发钱不一样，在选择福利的过程中，员工是积极主动参与的，员工会认为自己的决定能够换来感官上的直接反馈。

这就好像某人在母亲节之前，不知道该给母亲送什么。怎么办呢？他可以问母亲的意见，让她在几种商品中选择一个。虽然这样做大部分情况下得到的回答是"不用了"，但当这个人这么做的时候，不论母亲说什么，她心里都一定是高兴的。

9.2.2 传播效应

福利具备一定的传播效应。当把物品作为福利发放给员工以后，员工每次看到或使用这件物品时，这件物品都能提醒员工这是企业的福利，而且便于员工把这件物品作为话题在人际网络中传播。这不仅是一次成功的福利设计，也是一次成功的传播设计。

企业在选择员工福利物品时，最好选择耐用品，因为耐用品的使用期限较长。选择耐用品时也要注意，最好选择当下的新产品，可以选择那些具备新技术或新概念的产品。一个原因是这些产品员工家里很可能没有，但因为是新产品，员工有想买的冲动；另一个原因是这类产品往往具备比较强的话题性，也便于员工使用之后作为话题传播。

企业不要为了省成本，选择过时的、滞销的、没有市场价值的产品。这类产品虽然可能价格比较便宜，但一般要么是员工早已拥有，要么是员工平常不需要或者不会选择的产品。这类产品会让员工的体验感比较差。

将新的耐用品作为福利发放给员工，每当员工用到，都会想到这是企业曾经发的福利。就算是不用，员工无意中瞥见了，也会想起这是曾经经过一番思考和沟通之后选择的企业福利，进一步增强员工感受。

当有亲戚、朋友到员工家，看到作为福利发放的新产品，很可能会打开聊天的话题。这时候，员工可以自豪地与朋友聊关于这个产品的话题，也可以顺便告诉亲戚、朋友，这是企业的福利项目。当员工与亲戚、朋友聊天的时候，也可能会主动谈起关于这款新产品的话题。

总之，使用包含新技术的产品作为福利，更容易体现福利的传播效应。

9.3 弹性福利类别

弹性福利，也叫菜单式福利，是企业给所有员工提供的除衣、食、住、行等通用福利之外，比较个性化的、可选的福利形式。这种福利形式通常比通用福利更有效，更具备激励性，更能满足员工需求。

每个员工的情况不一样，每个员工对福利的期望也不一样。企业统一给员工提供的福利，员工不一定喜欢，所以可能不具有激励性。但员工自己的选择，能满足其个性化需求，比较有激励性，也比较有效果。常见的弹性福利包括补充商业保险、节日福利、集体活动、健康管理、绩效奖励，以及其他种类。

9.3.1 补充商业保险

补充商业保险，是企业给员工提供的社会保险之外的附加保险，常见的类别包括补充养老保险和补充医疗保险。

1. 补充养老保险

补充养老保险，指企业在国家统一规定的基本养老保险之外，根据自身经济实力，在履行了缴纳基本养老保险费义务之后，专门为本企业职工建立的附加保险。不同年龄的员工，对养老保险的意识是不同的。一般年龄越大、越接近退休的员工，对退休后的养老问题越关心。补充养老保险非常受这类人群的欢迎。

有的员工年轻时缴纳社会养老保险的年限比较少，或者缴纳的基数比较低。这时候，他们为了能在退休之后享受更好的生活，很可能想要更高的生活保障，这是很多员工的实际诉求。作为企业，如果想用福利有效激励员工，可以尝试帮助员工解决这个痛点。企业通过为员工提供补充养老保险，让员工在退休之后，能够获得"社会保险＋商业保险"双重保障。

如果企业的财务状况良好，可以考虑设立养老基金，让员工可以在社会保险和商业保险的基础上，再享受企业的养老基金，获得三重保障，提升企业的雇主品牌。

2. 补充医疗保险

补充医疗保险可以在员工发生大病之后用来帮助员工，在员工的医疗费用支出较多时，让员工没有后顾之忧。有的补充医疗保险还可以帮助员工更快、更好地获得医疗资源。例如：有一些保险公司知道具体某个医院的某个医师在治疗某种疾病方面比较擅长，有多年的经验，可能是全国的前几名；有一些保险公司对这类医疗资源的整合甚至达到了全球先进水平。

普通人平时并不会掌握医疗资源的信息，就算掌握了信息，当真的发生疾病时，慕名去找这类医师也比较困难。因为这类医师的患者比较多，等找到地址、挂号排队、会诊治疗、床位安排等这一系列步骤完成之后，可能已经过去比较长时间了。

有一些补充医疗保险，不仅能够解决没有钱看病的问题，还可以帮助员工解决医疗资源类问题。其实有没有钱看病已经不是员工关心的主要问题了，如今的社会保险已经能解决患病住院后的大部分医药费了。补充医疗保险能帮助员工解决生病后，如何在最短时间内获得比较好的医疗资源的问题。医疗方面的"社会保险＋商业保险"让人们不仅能看得起病，而且能看得好病。

不论企业采取补充养老保险，还是补充医疗保险，面向的对象除了员工本人之外，还可以包括员工的父母、配偶或子女等亲属。在面向员工亲属时，补充商业保险的范围也可以更加广泛，如在面向职工子女方面，企业也可以把补充商业保险拓展到教育领域。关于员工子女的教育问题，如果企业财务状况允许，可以帮员工子女设立专项教育基金。

9.3.2 节日福利

节日福利，也叫特殊日期福利，指与某种特殊日期相关的福利，包括国家法定节日的可选福利、企业特殊日期的福利、员工生日的福利，甚至可以包括员工的父母、配偶、子女生日的福利。

节日福利有助于强化日期的重要性，给某个日期赋予更深层次的意义。做好节日福利的关键不仅在于节日当天企业给员工发放了什么，而在于在这个特殊的日子员工获得了何种感受。

例如，员工过生日时，企业给员工送生日蛋糕这件事已经不稀奇了。但有的企业会把生日蛋糕送到员工的家里，让员工的家庭也能感受到这份温暖；有的企业在员工家人过生日时，会帮员工准备好生日蛋糕。

有的企业不仅给员工买生日蛋糕，还会在生日蛋糕上用心地写有意义的祝福语，一般都是和这个员工相关的；有的企业在员工生日时，会私下准备一个祝福小视频，部门每个人都出镜，做好了之后发给该员工；有的企业对新员工在企业的第一个生日非常重视，上班时只字不提，到了快下班时，整个部门把精心准备好的生日蛋糕拿到新员工面前，一起唱生日快乐歌，给他惊喜。

企业在节日福利上做得越多，越用心，员工的感受就越深，印象就越深刻。

9.3.3 集体活动

福利中的集体活动一般指户外活动、体育赛事、健身运动、亲子活动、相亲活动等，只要能把员工聚在一起的活动，都算作集体活动。

福利中的集体活动和培训中的拓展训练不同。拓展训练通常具备一定的强制性，要求一部分人必须参加。拓展训练是企业中相对比较正式的活动，目的可能是做团队建设，也可能是解决团队中的某种问题。

但是福利中的集体活动应是相对比较轻松、比较有弹性的。企业在举办这类活动时，应该呼吁员工参加，或者靠着企业活动本身的吸引力，吸引员工参加，而不应该强制员工参加。

随着传媒技术的发展，信息越来越多，人们的注意力越来越分散，人们也越来越趋向于自己感兴趣的领域。不同领域之间的壁垒越来越深。同样是运动，企业组织体育比赛时，有的人擅长篮球，有的人擅长足球，有的人擅长羽毛球，有的人擅长赛跑，有的人不喜欢运动。想通过一次运动会让全体员工满意，是不现实的。

有的创业型企业习惯在每周五下午 3:00 到下班的这段时间做啤酒餐会，大家喝着啤酒，吃着零食或餐点，以一种非正式的方式讨论一周的工作进展、目标和绩效的完成情况。大家一起查找问题，一起想解决方案。这其实就是把一周的工作总结会变了一个形式，让员工能感受到一种轻松的氛围。

为什么要安排在上班时间呢？因为很多人周五晚上有安排。例如：一些离家有些距离的人，周五晚上可能会返回老家陪父母；一些谈恋爱的员工，周五晚上可能有重要的约会；一些玩网络游戏的员工，周五晚上可能有线上活动。

企业在周五下班以后到周一上班之前，以及正常的法定节假日期间，要谨慎组织集体活动。企业不能想当然地以为员工会喜欢，在这些时间安排集体活动占用了员工的个人时间，员工就算参加了也可能只是"迫不得已"。员工可能因为怕影响自己未来的职业发展，迫于无奈才参加活动。

很多企业的年轻人因为拼事业，普遍没有时间谈恋爱。如果企业中大龄的、没有男女朋友的青年比较多，企业可以定期和当地的工会组织、其他企业或专业机构合作举办相亲活动。

如果企业中已婚未育或已婚已育但孩子年龄比较小的员工比较多，企业可以定期举办一些育儿知识讲座。

如果企业中有很多员工已经结婚生子，而且孩子年龄都不大，企业可以组织一些亲子活动，帮助增进家庭之间、同事之间的感情。

企业举办集体活动时要注意，不要围绕少数领导层的意见举办活动，应当举办能够满足大多数员工需要的活动，举办能解决大多数员工问题的活动，举办能针对大多数员工痛点的活动。

9.3.4　健康管理

越来越多的员工关注自身的健康状况，企业可以对存在职业病风险的岗位的员工或健康状况较差的群体提供体检、健身、健康状况分析、疾病预防讲座、提供健康咨询和指导等各类与健康相关的福利，或者给员工提供有针对性的、科学的健康信息，并且在企业范围内创造条件或采取行动来改善员工的健康状况。

例如,在互联网企业,程序员和产品经理比较多。这两个岗位以脑力劳动为主,经常坐在电脑面前,加班时间比较长,身体可能处在亚健康状况。有的员工可能年纪轻轻就已经有了颈椎病;有的员工可能因为长期坐着工作,已经逐渐肥胖。

这类人群有着相似的诉求。他们可能希望健身、希望运动,但他们又很难坚持,而且很多人不懂得如何有效地健身运动。他们中很多人可能很想减肥,但不知道该采取什么方式正确减肥。这类企业可以针对员工的痛点,请兼职私人教练,教员工健身、减肥的正确方法。

有的企业为了促进员工运动,举办每天健康行走的小活动,鼓励员工每天走5 000步。出于健康考虑,该企业并不鼓励走的步数越多越好,超过5 000步就算达标。如果坚持一个月,企业会给员工发一个小纪念品。这个纪念品每个月的主题图案都不一样,有能让员工集齐一套的冲动。

在医疗保健方面,企业可以和一些专家合作,给员工提供健康咨询,或者提供健康方面、营养方面或养生方面的培训。如果企业觉得请医学专家做咨询或讲课的成本太大,也可以咨询当地政府或工会,查看是否有类似的公益活动。

9.3.5 绩效奖励

很多企业设计的绩效奖励只是单纯发奖金,但是绩效奖励可以在福利管理上得到更灵活的体现。企业可以给员工提供更加自主、多样的选择。例如,员工可以选择奖金,可以选择企业提供的大额商业保险,也可以选择企业提供的理财计划。前提是这些商业保险或理财计划是员工以个人名义买不到的,或者它们的零售购买价值高于奖金金额。

绩效结果在员工福利中的应用主要体现在企业福利方面,而不是法定福利方面。绩效结果在员工福利中的应用通常是以企业对绩效达到一定程度的优秀员工发放额外福利的形式出现的。

案例

某企业规定:连续2年绩效评定结果为A的员工,可以享受企业集体组织的出国旅游一次;连续5年绩效评定结果为A的员工,可以享受一部分子女教育的学费补贴;连续8年绩效评定结果为A的员工,可以享受一份大额的终身医疗和意外保险。

如果企业设计了"自助餐式"的福利计划,可以为各种额外福利分配福利分数值,然后由员工用获得的绩效分数兑换需要的福利项目。

案例

某企业规定员工每年的绩效结果可以兑换成员工个人的福利积分,具体兑换规则如表 9-3 所示。

表 9-3　某企业员工年度绩效结果兑换个人福利积分规则

年度绩效结果	A	B	C	D
员工福利积分（分）	100	80	50	0

员工个人福利积分可以兑换物品的示意如表 9-4 所示。

表 9-4　某企业个人福利积分可兑换物品示意

福利类别	购物卡	补充商业保险	体检卡	出国旅游	……
需要积分（分）	50	100	150	300	……

9.3.6　其他种类

　　福利是一个非常灵活的工具，可以涵盖人们生活、健康、学习等各方面。对于弹性福利，可以更加丰富多样，除了补充商业保险、节日福利、集体活动、健康管理、绩效奖励之外，还可以包括弹性的工作时间、养老服务计划、定制化年金、除法律规定的额外带薪休假、冬季取暖费、劳动安全卫生保护福利、外出培训学习深造的机会等。

　　例如，关于工作时间，企业可以灵活掌握，奖励那些长期加班或短时间内为了完成某任务而付出较多劳动的员工。有的企业对于经常加班做项目的员工，采取在项目结束后集中带薪休假的方式给员工补偿，而且企业还提供旅游基金供员工带薪休假期间使用。

　　福利的种类可以非常多样和灵活，不仅限于本书中列出的内容，只要能起到激励作用的，都可以算在福利范畴内。

【疑难问题】缺少预算，如何办好年会

　　曾经有朋友问了这样一个问题："要开始忙年会了。往年公司的年会一直都比较隆重，人均能够达到上千元的预算，然而今年由于公司效益不好，领导只批了极少的年会费用，平均下来人均预算三四百元，而且还要求不能太寒酸，需要体现特色，不能让员工感到太大落差。想法很好，预算却很少，我真的很为难。面对年会预算大幅缩水，我该如何做好今年年会项目的筹备？"

　　办年会活动的目的是什么？很多人没有仔细思考过这个问题。这个问题也许对每家企业来说答案都不太一样，但大方向上，一般都是为了提高员工的凝聚力，活跃公司的氛围，为明年的经营管理做好准备。

年会一定要花很多钱才能办好吗？不一定。有很多企业的年会虽然朴实，却能给人留下非常深刻的印象。人们对美好事物的印象不完全来自这件事花了多少钱，而在于在这件事发生的过程中，有没有什么比较特别的回忆。

年会缺少预算，可以在如下环节做出努力。

1. 发动员工出节目

年会的真谛在于大家共同参与。参与感是增强员工感受的有效方法。如果缺少预算，可以不必请专业人员，发动员工，请员工演出节目。员工出演的节目虽然可能专业度不足，但却很纯真，有时候也可以很搞笑。参与的员工越多，年会的氛围就越好，这正是举办年会的目的之一。

但企业要注意对节目的安排与筛选，可以多准备语言类节目、搞笑类节目、技能类节目、参与人数多的节目上台。

2. 运用内外部资源

有时候年会不一定只能企业自己出钱，可以适当动用一些内外部资源。例如，有的供应商想和企业保持长期良好的关系，愿意为企业年会提供经费。除了外部资源之外，也可以挖掘内部资源。有的企业内部员工的亲属是做生意的，他愿意利用年会宣传自己的产品，这时候他可以赞助一些产品作为年会的纪念品。

3. 节省非关键性开支

凡是和达到年会的目标或目的没关系的开支都属于非关键性开支。例如，定什么样的场地开展活动对有的企业来说并不关键，准备什么样的餐饮对有的企业来说也并不关键。除了年会费用中的关键事项外，其他细节的费用应当本着能省则省的原则。

4. 扩大惊喜的环节

为了增强年会给人带来的感官冲击，"雨露均沾"的方式通常是效果不佳的。如果年会每人只有 400 元的预算，抛去吃饭等环节，到了抽奖的环节，每人只剩下 100 元。这时候，不如让抽奖的获奖人数少一点，获奖的金额大一些。让参与者产生强烈的希望感和失望感，很容易给人留下深刻印象。

年会预算少，也不必担心。把握年会的本质，围绕年会的目标充分整合多方资源，充分降低非关键性成本，企业一样可以举办一场成功的年会。

【实战案例】普华永道在家办公：前提是员工具备高素质

2019 年年初，普华永道会计师事务所宣布，将于 2019 年 2 月开始，全面落实"灵活用工"制度，主要体现在以下 3 个方面：灵活工时、灵活工作地点、灵活着装。这相当于普华永道开始允许员工在家办公。消息一经发出，各方讨论利弊。弹性工作制究竟能否在中国企业得到有效实施？对于这个问题，各方的观点不一。

弹性工作时间是目前企业能给员工提供的比较有吸引力的福利。只要是福利，多少都需要付出成本。有的福利需要付出大量财务成本，有的福利需要付出大量时间成本。而弹性工作时间，只需要付出一些管理成本就能实现；相较于其他福利，弹性工作时间这项福利成本更低，获得的员工满意度更高。

尤其是对于在一二线城市工作的上班族来说，每天上下班通勤 2 ～ 3 个小时是很普遍的现象。这些时间虽然不属于员工上班的时间，但却是员工为了上班必须付出的时间。对于员工来说，同样认为这部分时间是自己不可以自由支配的时间，是和上班时间绑定在一起的时间。如果上下班通勤时间过长，在一定程度上也会影响员工的工作热情。

所以，很多企业开始尝试对部分员工采取弹性化工作时间，允许他们在家中工作的制度。有的企业不希望员工每天都在家里工作，就采取每周中有 1 ～ 2 名员工可以选择在家工作的方式。

按理说，弹性工作时间是一件好事，然而事实却并非如此。

1. 绝大多数人其实都不具备弹性工作的能力

不是所有人都适合弹性工作时间。首先，弹性工作需要员工有比较强的自律性，员工要学会管理自己的时间和成果；其次，需要企业有比较强的目标设置体系和管理能力；最后，需要企业有比较强的监督机制。

2. 绝大多数岗位不具备弹性工作的可能

能够实施弹性工作的岗位大多是设计类岗位、编程类岗位、产品类岗位。除此之外，对于劳动力占大头的制造业、服务业来说，绝大多数岗位短期内不具备弹性工作的可能性。

3. 在一起工作是一种仪式感

团队为了一个共同的目标聚到一起，一起努力。这种一群人在一起，为了完成一个目标而奋斗的场景，本身也是一种仪式感。这种仪式感，能够促进团队做事的激情和信心。很多人在没有这种场景时，工作热情反而比较低。

有人说弹性工作制是人性化管理，然而在人性面前，很多制度是无效的，比如以下这几种情况。

（1）企业规定"加班 2 个小时，第 2 天可以迟到 1 个小时"。这时，可能有人在下班后故意留在办公室玩 2 个小时之后再打卡，就为了换第 2 天可以迟到 1 小时的"福利"。

（2）企业规定"加班的同事可以免费享用加班晚餐"。这时，可能有人为了吃晚餐，明明没有工作，到下班时间也故意留下。

（3）企业规定"北京和上海的同事可以上午 10:00 上班，其他城市的同事上午9:00上班"。这时，其他城市的员工就会觉得不公平。

企业可以实施人性化管理，但绝大多数的人性化管理不适合变成公开的制度，也就是所谓"有情的管理，无情的制度"。不论是严格管理，还是人性化管理，其实都只是一种管理的手段，最终总是要为效益和效率服务的。

所谓人性化管理，其实是用自律代替他律，用员工的自我约束代替企业的外部约束，而并非盲目地给员工所谓的"自由"。所有的自由，都必须在某一个框架之下；所有的自由，都是有条件的。这个条件，可以是员工素质达标，可以是员工交出合格的结果。

【实战案例】阿里巴巴的员工福利

阿里巴巴在保障员工法定福利的同时，最大限度地给员工提供各类专属福利。阿里巴巴为员工提供了丰富多样的福利，包含生活、财富和健康三大方面，涵盖企业安全和健康福利、企业设施性福利、企业文娱性福利、企业培训性福利、企业服务性福利等类别，目的是增强员工的归属感和企业的凝聚力。

1. 生活保障

阿里巴巴关于员工的生活保障，旨在打造让员工衣食不愁、婚育无忧的环境，这体现了阿里巴巴以人为本的价值观。

（1）员工餐饮。对于中国人来说，吃饭是一件重要的事。俗语说"吃饱了不想家"，吃饱喝好，美美饱餐一顿，干起工作来更加带劲儿。

阿里巴巴的食堂面积很大，装修更是简单大方，就餐环境舒适，膳食营养搭配。为了方便员工用餐，办公区基本上都有餐厅。阿里巴巴提供午餐补贴、免费晚餐。每天晚上10点，还会为加班的员工提供夜宵。

（2）幸福班车。阿里巴巴为家在上海但人在杭州工作的员工提供"幸福班车"，分别在每周一和每周五往返于杭州和上海之间，准时带员工踏上幸福之路。

（3）健身场所。强健的体魄有助于员工更好地工作和生活。阿里巴巴为员工提供专门的健身场所，场所内有专业的健身器具，员工可以有多种健身方式，促进自己的身体健康。

（4）集体婚礼。一年一度的集体婚礼，是阿里巴巴的传统，也是阿里巴巴汇聚爱、传递爱、感受爱的特殊方式。所有结婚登记日期在上一年的4月10日至本年4月10日期间的员工都可以举行集体婚礼。

（5）孕妇福利。阿里巴巴的女员工有超过法律规定的带薪孕假，男员工有陪产假。对于怀孕的女员工，阿里巴巴专门准备了孕妇防辐射服，每人可以领到两件。阿里巴巴还设立了专门的孕妇/妈妈休息室，在舒适隐秘的空间里，有舒服的沙发和其他用心的布置。

（6）子女教育。中国人重视子女的成长与教育，阿里巴巴为员工提供子女入学道路上的政策咨询，及时有效地传播教育资讯；解决家庭困难员工子女的学前和小学教育问题；与民办幼儿园合作，解决大部分员工子女来杭州很难读到幼儿园的问题；定期开展育儿培训、组织亲子活动、制作亲子杂志等丰富的亲子类员工活动。

（7）带薪假期。阿里巴巴为了保障员工工作和生活的平衡，除了劳动法律规定的年休假、病假、产假、陪产假、婚假、流产假等假期之外，还给员工提供个性化的孕期检查假等。为了方便员工探望异地的父母、配偶，阿里巴巴每年提供一次最长3天的路途假，让员工与家人享受更多的家庭时光。

（8）团队建设。阿里巴巴丰富多彩的团队活动，能够提升团队凝聚力，促进团队成员更好地配合，更有效地推动企业发展。

（9）节日礼包。每年的各大节日，阿里巴巴都会为员工提供各类精美的礼包。

2. 财富保障

阿里巴巴的财富保障，旨在为员工提供住房支持和看病资助。阿里巴巴致力成为员工幸福感最高的企业，不仅为员工创造良好的工作环境，提供广阔的职业发展空间，让员工与企业共同成长，还通过财富保障类的福利，为员工解除后顾之忧，提高员工的工作积极性。

（1）置业计划。中国人看重房子，阿里巴巴通过无息贷款和自建公寓帮助员工置业。阿里巴巴员工最高可以向公司申请30万元的无息贷款，用于购房的首付。除此之外，阿里巴巴杭州总部附近建设有超过380套的员工专享公寓，售价只有市场价格的6成。

（2）小额贷款。除了购房之外，当员工有装修、结婚、买车、旅行、培训等方面的综合性消费需要贷款时，阿里巴巴帮助员工与商业银行之间协议提供优惠的小额消费贷款，解决员工临时的资金困难。贷款利率优惠（原利率的80%～85%），贷款无抵押，贷款手续简单，放款时间短。

（3）蒲公英计划。阿里巴巴设立了企业的公益基金，本着互助精神，在员工及其家人（配偶、子女）面临重疾、残疾或身故时给予员工最高20万元的经济援助。

（4）彩虹计划。对于遭遇重大自然灾害、突发事件或重大疾病等不幸事件，而产生比较大生活困难的员工，阿里巴巴将给予其最高5万元的无偿援助金，与员工及其家人共渡难关。

3. 健康保障

阿里巴巴的健康保障，旨在为员工提供健康关怀和就医协助。阿里巴巴关注员工的身心健康，在健康保障方面，阿里巴巴同样设置了多项福利，帮助员工形成疾病的提前预防、随时发现、过程保健、及时治疗、费用减免等的一条龙服务。

（1）年度体检。阿里巴巴为员工提供一年一度的身体健康检查，全面检测员工的身体状况，帮助员工尽早预防各类健康风险。阿里巴巴每位员工有 2 名公费体检的名额，可以随意支配，可以留给自己的配偶和孩子，可以留给自己的父母，也可以留给配偶的父母。

同时，对于有更多体检需求的员工，阿里巴巴还为员工家属体检提供了内部折扣价。在员工体检后，阿里巴巴会邀请专家上门解读，让体检不再只是一种形式。

后来，阿里巴巴推出了"康乃馨"关爱父母计划。每年都为全体员工的父母安排一次免费体检。看似简单的决策背后，却隐藏着一笔巨大的费用。这是阿里巴巴用资金回报员工的一种表现，可以让员工对企业产生归属感。

（2）健康讲堂。阿里巴巴会定期邀请行业内的资深专家或知名人士，定期为员工及其家属提供疾病防治、职场压力、亲子教育、婚恋家庭等一系列有关身心健康的精品课程、讲座或沙龙活动，给员工提供健康知识。

（3）健康服务。除了传授健康知识之外，阿里巴巴还为员工提供了常见疾病咨询、药品管理等其他员工健康服务，个性化地保障员工及时发现疾病、预防疾病。

（4）补充医疗保险。阿里巴巴为员工购买了综合医疗保险，门诊、急诊及住院费用可以根据药品种类按相应的比例进行报销，减轻员工医疗负担。

（5）重疾就医协助。如果有员工被确诊患有重大疾病，阿里巴巴将最大限度地帮助他解决就医通道、疾病解读、预后评估等各类问题；并安排资深的心理专家，为员工及其家人做心理疏导。

【实战案例】阿里巴巴的节日活动

阿里巴巴有很多带有仪式感的活动，这些活动有的和日期有关，有的和事件有关。这类有仪式感的活动可以帮助员工重温阿里巴巴的经典时刻，提醒员工不要忘记自己的坚持与梦想。

1. 阿里日

每年的 5 月 10 日是阿里巴巴值得纪念的日子。2003 年，中国爆发"非典"疫情。有一位阿里巴巴员工去广州出差，回来后因被怀疑为"非典"患者而被隔离，之后整个阿里巴巴在一天时间内全部被隔离。每个阿里巴巴员工把办公设备搬到家里，工作照常进行，当时竟然没有一个客户察觉到阿里巴巴员工已经被隔离。

在经历过这个磨难之后，阿里巴巴为铭记这次带有阿里巴巴员工集体拼搏精神印记的事件，把每年的 5 月 10 日定为阿里精神日，简称"阿里日"。

这一天也是阿里巴巴开放日。阿里巴巴员工会感恩家人，将所有的园区办公区域向家人开放，阿里巴巴员工可以和家属一起上班，也可以带自己的宠物上班。阿里巴巴员工可以和家属一起在阿里巴巴狂欢、游园、甚至玩角色扮演。

这一天，同时也是阿里巴巴举办集体婚礼的日子。阿里巴巴员工、阿里巴巴员工的家属、步入婚姻殿堂的一对对新人、新人们的家属，在这盛大的阿里节日中与亲朋好友齐聚一堂，聊着过去，谈着未来。对每一位阿里巴巴员工而言，这个日子是一种情怀的象征，象征着与抱有同样信念的人一起挥洒热血、追逐梦想的难忘的纪念日。

2. 年会日

阿里巴巴每年的年会。

在 2009 年的员工大会上，阿里巴巴的高管集体演出了一场话剧——《白雪公主》。在这场话剧中，有的管理者反串饰演白雪公主，穿起了白色长裙，戴上了金色卷发，不仅给阿里巴巴员工，也给互联网上的广大网民留下了深刻的印象。

3. 年陈日

每一个进入阿里巴巴的员工都有两个生日，一个生日是自己出生的日子，另一个生日是进入阿里巴巴的日子。员工进入阿里巴巴的日子，在阿里巴巴同样是一个重要的纪念日。

阿里巴巴把工作 1 年的员工叫"1 年香"，把工作 3 年的员工叫"3 年醇"，把工作 5 年的员工叫"5 年陈"。阿里巴巴的员工在入职满 1 年、3 年和 5 年的时候，都会有对应的仪式。

阿里巴巴的"1 年香""3 年醇"和"5 年陈"可以按照工龄领取相应的纪念品。入职满 1 年的员工，会得到上级或团队颁发的"1 年香"小徽章。

入职满 3 年的员工，会被正式认可为"阿里人"，阿里巴巴内部会举办一个小仪式，为其颁发"3 年醇"定制版"阿里真棒"玉坠。

在阿里巴巴工作满 5 年的员工将在自己工作满 5 年的第 1 个季度过集体庆贺的"生日"，阿里巴巴会为他们举行集团大会，并为他们授予印有工号和姓名缩写的"5 年陈"戒指。

不论是"1 年香""3 年醇"还是"5 年陈"，他们都在这些仪式的过程中感受到了更大的责任与担当，并让自己感受阿里巴巴的拥抱，融入阿里巴巴的文化，在精神层面和企业文化达成一致。

第 10 章

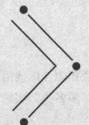

员工关怀管理

员工希望得到企业的关注，希望获得存在感。员工存在感一方面来自做出成绩之后得到企业的肯定，另一方面来自企业日常的关怀。企业关怀员工的方式有很多，常见的方式包括员工访谈、员工满意度调查和员工援助计划等。

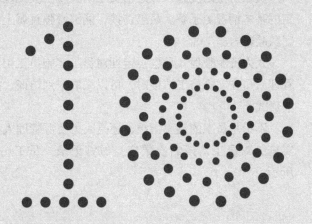

10.1　员工访谈

　　员工访谈是企业了解和收集员工相关信息的有效途径。有人认为员工访谈很简单，只是和员工聊天；有人认为员工访谈很难，不知道从何谈起。企业要做好员工访谈，有方法和工具可以借鉴。

10.1.1　员工访谈方法

　　按照被访谈员工的人数，员工访谈的形式可以分成单独访谈和团体访谈两种。单独访谈，指对单个员工实施的访谈；团体访谈，指同时对多名员工实施的访谈。

　　按照员工访谈过程中的计划程度和官方程度，员工访谈可以分成正式访谈和非正式访谈。正式访谈，指比较有计划、比较官方的访谈；非正式访谈，指计划性比较弱、比较随意的访谈。

　　一般来说，企业每过一段时间，就应该和员工访谈一次，时间间隔可以根据企业的实际情况确认。对于比较小的团队，时间间隔可以相对较短，如每周和员工访谈一次；对于比较大的团队，时间间隔可以相对较长，如每月和员工访谈一次。

　　每次员工访谈的时间不需要太长，对单个员工访谈来说，一次访谈的时长一般不超过 30 分钟。这里要注意，企业要对所有员工实施平均访谈，不要总和某个员工访谈，也不要忽略了某些员工。

　　员工访谈的实施人最好由员工的直属上级担任，因为员工的直属上级对员工的基本情况更了解。员工访谈，能够增强直属上级和员工之间的情感，增强团队凝聚力。

　　人力资源管理人员也要定期对员工实施员工访谈，但限于人数，人力资源管理人员在实施员工访谈时，可以采取个别访谈、抽查访谈或者针对问题访谈的形式。

　　不论是员工的直属上级，还是人力资源管理人员，为保证员工访谈的平稳实施，对员工访谈的次数应当做好记录。员工访谈次数记录样表如表 10-1 所示。

表 10-1　员工访谈次数记录样表

姓名	第 1 周 谈话次数	第 2 周 谈话次数	第 3 周 谈话次数	第 4 周 谈话次数	本月合计 谈话次数
小张					
小王					
小李					
小刘					

如果管理成本允许，也可以详细记录员工访谈的内容。

10.1.2　员工访谈流程

企业实施员工访谈有一套规范的操作流程，具体如下。

1. 访谈前的准备

对于正式访谈，在访谈开始之前，要明确员工访谈的目标，事先准备和目标有关的资料和访谈问题。同时，企业需要和员工约定好时间和地点，让员工也做好准备。对访谈的提前安排能够有效防止访谈过程中可能产生的各项干扰。

对于非正式访谈，实施访谈之前，要充分了解员工当前的工作情况，选择员工工作相对不忙的时间实施访谈，或者选择员工中午或工作间歇的休息时间实施访谈。总之，实施访谈不能影响员工的正常工作。

2. 访谈的开场白

对于正式访谈，在访谈开始时，要解释访谈的目的，说明这次访谈想要完成的目标，争取员工的充分理解。如果过程中需要做一些笔记，可以提前向员工说明。整个访谈的开场要注意采用较友好的方式，营造一个较为宽松的环境，消除彼此间的偏见。

对于非正式访谈，可以用让彼此轻松愉悦的谈话方式开场。

3. 获得员工的应答

在访谈过程中，要引导整个访谈的过程。如果员工偏离主题，要及时把员工带回当下的主题。要给员工充分的思考时间，充分考虑后再作答。访谈的目的是挖掘"事实"，所以在访谈的时候要注意区分"观点"和"偏见"。

4. 消除员工的疑虑

有时候，不论如何提前造势，员工对访谈的理解始终和企业想要表达的意思存在差异。这时候，要充分使用提问和倾听的技巧。如果发现员工对这次访谈有不清楚的地方，要及时澄清，防止造成误会。

5. 结束访谈

访谈结束时，要核查一下员工是否已获得了所有的信息。询问员工是否还有其他话要说。要总结关键信息，并告知员工企业下一步可能会采取的行动。

同时感谢员工为访谈投入的时间和努力。

6. 必要的反馈

访谈过程中，对员工提出的疑问或想法，企业可能需要在一定时间内给员工反馈。访谈结束后，企业要及时了解情况，争取在最短的时间内给员工反馈。

10.1.3　员工访谈话术

进行员工访谈，根据获取信息的方式不同，可以将员工访谈的方式分为两种。

（1）提问式：提出问题要求回答。例如，请问……

（2）陈述式：直接要求被访者就某一方面问题进行陈述。例如，请告诉我……

根据所提问题的性质和方式不同，提问可以分为两种。

（1）开放式提问：对回答内容完全不限制，给被访者自由发挥的空间。例如，对这个问题，你是怎么想的？

（2）封闭式提问：回答通常是"是"或"否"，或者其他给定的选项。例如，你觉得企业这样做对不对？

根据所提问题的内容和时机的不同，提问可以分为4种。

（1）探究式：对同一个问题进行追问，以获得全面、透彻的了解。例如，你觉得这件事好不好，为什么？

（2）连接式：对一个问题上下游的、或有关联的其他问题进行追问。例如，你觉得这件事是怎么样的，那么另一件事你觉得应该怎么样呢？

（3）澄清式：对有疑问的问题进行复述以确认自己准确地理解了被访谈者想表达的意思。例如，你刚才说的意思是这样的，我理解的对吗？

（4）总结式：在被访谈者基本完成陈述后，总结其陈述的内容，予以确认并追问是否有遗漏。例如，你刚才说的东西一共有……，你还有什么需要补充的吗？

在做员工访谈的时候，企业要注意避免以下4种不好的提问方式。

（1）诱导性提问。例如，我觉得企业这样做挺好的，是为了员工着想，你觉得是吧？

（2）连珠炮式提问。例如，你觉得这件事好吗？你确定吗？为什么不好？你真的想好了吗？有什么理由？

（3）多选式提问。例如，你觉得这件事应该是按天、按周、按月、按季度还是按年？

（4）偏见式提问。例如，我觉得这件事就非常不好，那件事就挺好的，你觉得呢？

10.1.4　员工访谈总结

对于员工访谈过程中暴露出的问题，企业要详细记录，记录问题提出人、提出时间等；对问题的真实性，要做必要的核查，并根据问题的重要和紧急程度，排出待解决问题的优先级。员工访谈问题记录如表 10-2 所示。

表 10-2　员工访谈问题记录

发现问题	问题提出人	问题提出时间	问题查证结果	问题改正优先级

对于排出优先级的待解决问题，应尽快形成解决方案，每个问题和方案都要对应相关的责任人、参与人和完成时间。员工访谈问题改正记录如表 10-3 所示。

表 10-3　员工访谈问题改正记录

待解决的问题	解决方案	责任人	参与人	完成时间

对员工访谈之后的汇报工作，应该注意如下要点。

1. 客观统计

员工访谈的目的是了解员工的意见，而不是员工的意见应该是什么。所以统计汇报的内容应当客观反映员工意见，不要加入访谈人的主观因素。

2. 结论为先

汇报的时候先说结论，然后再说得出这个结果的过程。如果有时间，可以详细说明员工在访谈过程中比较有代表性的意见或建议。

3. 带着方案

员工访谈的最后，通常多多少少会发现一些问题。这些问题有的能够被改善，有的很难被改善，这时候要分清楚主次，定好先后，并提出解决方案。

10.2　员工满意度调查

员工满意度调查是广泛听取员工意见，并激发员工参与管理的一种方式，是企业预防和监控的手段，也是企业管理过程在员工心态和行为上的体现。通过员工满意度调查可以捕捉员工的思想动态和心理需求，从而采取有针对性的应对措施。

10.2.1　员工满意度调查流程

员工满意度调查不仅能够收集员工对改善企业经营管理的意见和要求，同时又能激发员工参与组织变革，提升员工对组织的认同感和忠诚度，也为企业人力资源管理的决策和改善提供有效的依据。

员工满意度调查的通用流程包括以下内容。

1. 确定调查团队

实施员工满意度调查应当有专属的团队。对一般企业来说，员工满意度的专项调查由人力资源部门负责组织实施并统计结果，由各部门配合完成。员工满意度的日常了解和异常发现，由部门内部的直属上级在工作中通过访谈的形式实施。

2. 确定调查对象

员工满意度调查的对象可以是全体员工，也可以是部分员工。当选择部分员工作为调查对象时，可以随机选择，可以针对当前暴露出的问题对员工区分调查，可以根据员工层级区分调查，也可以根据员工所属地区、年龄、性别、部门等区分调查。

3. 确定满意度调查内容

常见员工满意度调查的内容包括工作时间、工作环境、劳动强度、工作感受、薪酬福利、晋升空间、学习机会、领导方式、生活保障等。

4. 确定满意度调查方法

员工满意度调查从大类上区分，可以包括定性调查和定量调查；员工满意度调查从调查方式上分，可以包括问卷调查法、员工访谈法等。

5. 制订并实施满意度调查计划

根据满意度调查的对象、内容和调查方法，设计满意度调查的实施方案，形成行动计划，由调查团队组成实施小组，开展实施。

6. 调查结果总结、分析与反馈

对满意度调查所有数据结果进行综合统计、数据分析，发现其中问题；对问题做深入挖掘和分析，形成包括改进措施、解决方案和调查结果的分析报告，报给相关人员。

10.2.2　员工满意度调查内容

常见的员工满意度调查包括如下内容。

1. 工作时间

调查工作时间通常是要了解员工对上下班时间安排是否满意；员工是否能够经常按时下班；员工对休假的安排是否满意；在能够按照法律法规支付加班

费或安排调休的前提下，员工是否能够或愿意接受加班；等等。

2. 工作环境

调查工作环境通常是要了解员工对于工作的环境温度、湿度、光线情况、通风状况是否满意；员工的工作场所是否存在较大的噪声；工作场所的清洁状况如何；工作是否需要经常出差；工作用到的工具和设施是否对身体无害；员工对企业提供的劳动保护用品是否满意；等等。

3. 劳动强度

调查劳动强度通常是要了解员工对自己目前的工作量是否满意（如果不满意，可能是工作量太大，也可能是工作量不足）；员工对工作需要耗费自己的体力或精力是否满意；等等。

4. 工作感受

调查工作感受通常是要了解员工有没有感受到自己工作的意义和价值；员工在工作中的感觉是否是愉悦的；员工是否能感受到与部门同事或领导之间的关系是和谐的；工作的整体氛围给员工的感觉怎么样的；员工有没有感受到同事之间的温暖；员工有没有感受到工作的压力；员工有没有感受到工作的挑战；等等。

5. 薪酬福利

调查薪酬福利通常是要了解员工对工资是否满意；员工对企业告知工资明细的方式（工资单）是否满意；员工对节假日福利发放金额是否满意；员工对福利发放的种类和形式是否满意；员工对工资、节假日福利发放的及时性是否满意；等等。

6. 晋升空间

调查晋升空间通常是要了解员工是否明确知道自己所在岗位的晋升通道；员工是否对企业的晋升方式满意；员工是否对晋升需要的时间满意；员工是否能够通过企业的晋升通道设置自己的职业生涯规划；对于员工晋升，所在部门的领导是否予以支持；等等。

7. 学习机会

调查学习机会通常是要了解员工是否能得到内部岗位业务或管理技能的相关培训；员工是否能得到外出学习和培训的机会；员工是否有进修的机会；员工认为企业的培训制度是否合理；员工对企业提供的培训和学习机会是否满意；等等。

8. 领导方式

调查领导方式通常是要了解员工是否认可自己的上级；员工认为上级日常的监督是否合理；员工认为领导的期望和要求是否合理；员工认为上级领导与员工的关系是否和谐；员工有工作中的疑问向部门领导提出时，是否能够得到有效回答；部门领导处理问题或争议时，是否能做到公平公正、及时有效；部门领导对人员的工作安排是否合理；等等。

另外，还包括员工参与和影响决策的程度如何；领导是否重视员工的意见；部门领导是否能将企业的新政策、新制度及时传达给每一位员工；部门领导在日常工作中是否能够以身作则；部门领导是否能够给予员工应有的尊重和足够的沟通；部门领导是否能公平公正地进行员工考评；等等。

9. 生活保障

调查生活保障通常是要了解员工对早、中、晚餐是否满意；员工对宿舍环境是否满意；员工对餐厅或宿舍提供的服务是否满意；员工对企业提供的休闲娱乐设施是否满意；员工对企业组织的各类文体活动是否满意；等等。

10.2.3 员工满意度调查形式

根据不同的需要，员工满意度调查可以采取定量调查和定性调查两种方式。

定量调查一般是在较大范围内采取收发和填写调查问卷的形式；定性调查一般是选取具备代表性的一类人，采取群体或个别访谈的形式。这两种方式在调研开始之前，都需要提前选取待调研的问题、选取调查的对象。

相对于定性调查，定量调查的优点是可以更加客观、公正、数据化地反映结果；难点在问卷的设计环节和数据统计环节。例如，问题设计不是越多越好，而是根据想要获取的信息设计。如果样本数量巨大，数据统计可以借助系统。

相对于定量调查，定性调查的优点是可以更加直观地发现定量调查中那些数据背后的问题，以及那些容易被忽略的、没有提前预想到的或难于获取的信息；难点在实施的过程中往往需要一些特殊的技巧，如操作者需要具备较强的沟通技巧，对员工反映问题有较强的理解能力，对员工的心理有较深刻的把握能力。

1. 评分项

对于定量调查，调查问卷中的测量评价可以分成 5 个档次，分别是很满意、满意、比较满意、不满意、很不满意，它们对应的分值为 100 分、80 分～99 分、60 分～79 分、40 分～59 分、20 分～39 分。调查统计结果的满意度与结论之间的关系如表 10-4 所示。

表 10-4 调查统计结果的满意度与结论之间的关系

统计结果	结论
100 分	很满意
80～99 分	满意
60～79 分	比较满意
40～59 分	不满意
20～39 分	很不满意

为了简化员工满意度调查的评价和统计，调查问卷中的测量评价也可以分成 2 档，满意和不满意。就某项调查内容，如果被调查人数总体满意的数量达到 80%（含）以上，则视为满意；如果总体不满意的数量达到 20% 以上，则视为不满意。

2. 调查频率

对于定量调查，调查的频率可以每年一次、每半年一次或者每季度一次，但不建议实施得过于频繁。

对于定性调查，调查的频率可以参考员工访谈的频率实施。

10.2.4 员工满意度调查注意事项

企业在实施员工满意度调查之前，需要考虑如下事项。

（1）高层领导是否理解或支持该员工满意度调查？

（2）企业所处的阶段是否适合或者有必要做员工满意度调查？

（3）企业是否有能够完整计划并实施员工满意度调查的人才？

（4）企业是否具备实施该员工满意度调查的条件，如必要的人力、物力、财力、系统等的支持？

（5）企业当前最需要调查的项目是什么？（调查项目并不是越细越好）

（6）适合企业的调查方式是什么？

（7）员工满意度调查多久做一次？

企业在实施员工满意度调查之后，需要采取如下措施。

（1）形成员工满意度调查的统计分析报告，报相关领导批示。

（2）对员工不满意比较严重的环节，应当形成整改计划。

（3）对整改后的情况要做进一步验证和评估，并将验证结果报相关领导。

（4）对员工满意度调查的全套文件，人力资源部门要做好存档工作，以备检查。

通过有效的员工满意度调查，企业可以准确、全面地了解员工的满意状况及潜在需求，并据此设计和实施有针对性的激励措施。这样做不仅能有效留住人才，更能使人才满意。提升员工满意度就是提升顾客满意度，从而提升企业的整体经营绩效。

10.3 员工援助计划

员工援助计划（Employee Assistance Program，EAP），是由组织为员工或其家庭成员提供长期的、系统的援助和福利类项目，解决员工包括身体、心理和行为上的问题，达到提高员工绩效、改善企业氛围和管理的目的。国外有研究表明，企业每在员工援助计划项目中投入1美元，可节省运营成本5～16美元。

10.3.1 员工援助计划的作用

员工援助计划可以包含两部分，一是物质援助计划，二是精神援助计划。物质援助计划包括员工福利计划和员工关怀计划；精神援助计划包括对员工实施的心理援助计划和工作压力缓解计划。

企业实施员工援助计划的作用主要体现在两个方面，一是在员工个体方面，二是在组织管理方面。

1. 员工个体方面

实施员工援助计划，能够减轻员工个体的生活和工作压力，改善员工的工作情绪，提高员工的积极性；能够改善员工的沟通能力和人际交往能力，增强员工的自信心，让员工获得更强的适应能力；能够协调员工家庭和工作之间的关系，促进家庭和睦，提高员工的心理素质；能够解决员工的困难，改正员工的不良习惯，防止员工出现过激行为。

2. 组织管理方面

实施员工援助计划，能够让企业有效建立员工关怀管理机制，通过提升员工的满意度，增强员工对企业的认同，降低员工的缺勤率和离职率，降低企业的运营成本；能够增强员工的敬业度，提高员工对企业的认同感，提高员工的工作效率；能够促进部门之间、员工之间形成良好的工作氛围；能够提升企业的公众形象。

10.3.2 员工援助计划的内容

目前，全球至少有88个国家的企业开展了员工援助计划。在世界500强企业中，有90%以上的企业拥有自己的员工援助计划服务。随着微软、IBM等跨国企业进入中国，员工援助计划也开始在中国企业中得到应用。

比较完整的员工援助计划可以涉及3个层面。

1. 个人生活层面

这个层面包括员工的身心健康问题、人际交往问题、家庭关系问题、经济改善问题、情感困扰问题、法律咨询问题，以及焦虑、酗酒、药物成瘾及其他与个人生活息息相关的各类问题。

例如，企业提供的婚恋关系经营、亲子教育与沟通、家庭代际沟通、营养保健、体重和睡眠管理、慢性病管理的培训和咨询服务、外派员工的家庭关系维护、综合健康评估、心理咨询、健康审查和教练服务等，都属于个人生活层面的员工援助计划。

2. 工作层面

这个层面包括员工对工作的要求、工作的公平感、工作的满足感、工作的幸福感、工作中的关系、家庭与工作之间的平衡、工作产生的心理压力及其他与工作相关的各类问题。

例如，企业提供的人际沟通、职业发展、压力管理等方面的培训和咨询服务，对外派员工外派前的跨文化适应评估，外派期间的心理健康风险筛查，工作压力疏导，以及回国后的心理调整适应等，都属于工作层面的员工援助计划。

3. 组织发展层面

前两个层面通常是针对不同问题的个体案例，而组织发展层面通常是指因为组织活动造成的以群体为单位的案例，这往往需要一些组织层面的举措、系统的人力资源管理手段，使组织能够从员工援助计划中获得益处。

例如，解决由于业务调整、组织变化、某一群体员工面对的岗位变动或裁员而产生的适应性问题，解决由于企业兼并、重组、收购等引起的与新企业、新同事、新文化之间的适应性问题等，都属于组织发展层面的员工援助计划。

不同的企业，可以根据自身的情况和要求，个性化地选择、设计和定制自己需要的员工援助计划项目。同时，对于不同的员工群体，如女性员工、孕期或哺乳期员工、新员工、基层管理者、压力较大岗位的员工等，员工援助计划应该为其设计具有针对性的解决方案。

10.3.3 员工援助计划的实施

员工援助计划在美国诞生、成熟，美国的企业有许多宝贵的实践检验，但是中国企业在导入和实施员工援助计划时，决不能简单地照搬美国模式，而是要根据中国社会的文化背景，针对中国企业的特点，将员工援助计划本土化。

员工援助计划的实施可以分为以下 6 个环节。

1. 进行心理调查

中国本土企业开始导入员工援助计划往往是以解决问题为导向，然后才有精神福利的功能。这里的心理调查，就需要运用心理学、管理学的研究方法和工具，对组织进行调查评估，系统地把握员工整体的状况，把脉组织的心理，准确聚焦在组织需要改进的问题上。

2. 做好完整的规划

员工援助计划是一套系统的、长期的解决方案，需要整体规划，这样才能让项目更加具备实施性、科学性和系统性。实施者经过反复地研讨和论证之后，构建出员工援助计划模型和系统的解决方案，其中最好包括短期的规划和中长期的规划。

3. 宣传与促进

员工援助计划的宣传与促进是一个在传播学思想指导下进行资源整合的过程。一方面，把员工援助计划是什么、怎么用等信息介绍给员工，增进他们对员工援助计划的了解和接纳；另一方面，职业心理健康知识的传授，能让员工学会自愈和自我管理，同时体验到组织的人文关怀，形成霍桑效应（指那些意识到自己正在被别人观察的个人具有改变自己行为的倾向），达到积极干预的效果。

4. 实施心理培训

员工援助计划的培训包括家庭、职业、生活等多个领域，旨在帮助员工做好生活和工作的平衡，让员工对自我社会角色更加认可。实施员工援助计划有助于组织培养和开发员工的潜能，在提升员工价值的同时实现企业管理的提升和效益的提高。

5. 实施心理咨询

专业的心理咨询是员工援助计划项目中为员工提供针对性帮助的服务之一，它可以帮助那些受心理问题困扰的员工走出困境，帮助他们梳理职业问题、人际问题、夫妻情感问题等，使他们在心理层面更加的自立、自强、积极，更加从容地面对生活和工作。

6. 效果评估与改进

员工援助计划项目运行要实施阶段性的总结和评估，这是对员工援助计划项目工作阶段性的总结分析，也是对成果和问题的检验。可以运用访谈法、问卷调查法等分析方法，形成量化的分析结果，提出评估和改进过程中的问题与不足，并为下一阶段的员工援助计划做准备。

【实战案例】无话不谈的阿里"政委"

2004年之后，阿里巴巴的B2B业务高速成长。在高速成长的企业里面，人才往往会呈现出低位高用的情况。各部门的管理者拼劲足，业务能力强，但是管理能力相对薄弱。企业提供的工作机会多，工作挑战性大，但是企业现有的人才却不足。

这时候，企业就需要一些有文化、懂管理，有一定经验的人来辅助各部门的业务经理，帮助他们建好队伍、管好队伍、稳定队伍。

高速发展的阿里巴巴如何保证在企业人数不断增加、层级不断增多、跨区域发展的情况下，在一线员工中保证价值观的传承，同时在业务和人力资源培养方面提供更快捷的支持呢？引入"政委"体系就是一个比较好的解决方案。

阿里巴巴想要持续发展102年，"政委"体系恰好能帮助阿里巴巴实现企业的长远发展，避免部门负责人基于短期业绩压力或者个人利益采取短期有利但是长期有害的做法。业务部门的负责人可以更多关注短期目标，但"政委"肩负着传承企业文化和培养人才的职责，需要站在企业角度，关注更长远的目标。

阿里巴巴的"政委"是业务的合作伙伴，他们的使命是保证企业的大方向、传承价值观、帮助管理者建设好队伍。阿里巴巴大部分"政委"是由一线实战经验丰富、懂得业务运作的人担任的。按照阿里巴巴的说法，"政委"就是各个业务部门的"2号人物"，在文化建设和组织保证方面具有比较大的话语权和决策权。各业务部门的个性化运作方式，由"1号人物"（部门负责人）和"2号人物"（"政委"）共同商讨决定。

阿里巴巴的"政委"在管理侧重点、主要抓手、对员工的激励方法和工作特点等方面和传统的人力资源管理人员存在明显的不同，主要差异如表10-5所示。

表 10-5　阿里巴巴"政委"和传统人力资源管理人员之间的差异

差异点	阿里巴巴"政委"	传统人力资源管理人员
管理侧重点	管人心、管思想	管人身、管行为
主要抓手	干部管理、团队建设、氛围营造	制度建设、员工绩效、员工技能
激励方法	精神激励	物质激励
工作特点	闻味道、照镜子、揪头发	调研、组织诊断、人力资源管理

阿里巴巴的"政委"需要对员工"无孔不入"、无所不聊、无微不至。

1. "无孔不入"

阿里巴巴的"政委"要善于利用一切可能的机会，随时随地和员工进行交谈。在很多企业当中，人力资源管理人员除非是有一定的工作目的或者要求，才会找员工谈话。而阿里巴巴的"政委"几乎每天都在找时间通过各种方式和员工谈话。有一位阿里巴巴的资深"政委"说，他每天有超过50%的时间在和员工谈话。

2. 无所不聊

阿里巴巴的"政委"很像电视剧中的政委，和员工之间无话不聊，全方位了解员工的需求。例如，员工的老家在哪里；家里有几口人；父母的职业是什么；父母的身体什么样；员工有没有结婚；有没有买房；在哪里买的房；员工的子女多大；每天谁接送子女上下学；工作中有没有遇到什么困难等，都是"政委"关心的问题。

3. 无微不至

阿里巴巴的"政委"对员工的关怀常常是无微不至的。只有给员工提供无微不至的关怀，才能真正获得员工的信任，才能真正提高员工的满意度。在阿里巴巴，"政委"记住每个员工的生日还算不上无微不至。有的"政委"记得住每个员工家属的生日、孩子的生日；有的"政委"甚至记得住本部门所有女员工的例假期，在女员工例假期前后，为女员工提供帮助；有的"政委"会观察每个员工的工作情况，主动给没有吃饭的加班员工带饭。

第 11 章

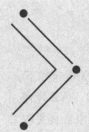

员工参与管理

员工期望参与到企业管理中。参与管理，能够提升员工的主人翁意识，提高员工的集体责任感。员工参与管理的内容主要包括集体合同、工资集体协商、员工合理化建议等。

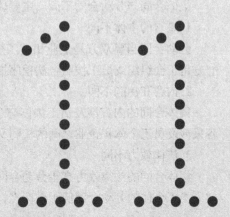

11.1 集体合同

集体合同,指企业和员工根据相关法律法规的规定,就工作时间、劳动安全、薪酬福利、学习培训等事项,通过集体协商后,签订的书面合同。特定企业中的集体合同,只在特定企业内部适用。

11.1.1 集体合同的特征

《中华人民共和国劳动法》(2018 年 12 月 29 日修正)的有关规定如下。

第三十三条 企业职工一方与企业可以就劳动报酬、工作时间、休息休假、劳动安全卫生、保险福利等事项,签订集体合同。集体合同草案应当提交职工代表大会或者全体职工讨论通过。集体合同由工会代表职工与企业签订;没有建立工会的企业,由职工推举的代表与企业签订。

第三十四条 集体合同签订后应当报送劳动行政部门;劳动行政部门自收到集体合同文本之日起十五日内未提出异议的,集体合同即行生效。

第三十五条 依法签订的集体合同对企业和企业全体职工具有约束力。职工个人与企业订立的劳动合同中劳动条件和劳动报酬等标准不得低于集体合同的规定。

第八十四条 因签订集体合同发生争议,当事人协商解决不成的,当地人民政府劳动行政部门可以组织有关各方协调处理。因履行集体合同发生争议,当事人协商解决不成的,可以向劳动争议仲裁委员会申请仲裁;对仲裁裁决不服的,可以自收到仲裁裁决书之日起十五日内向人民法院提起诉讼。

集体合同与劳动合同不同,主要体现在以下方面。

1. 签署的主体不同

劳动合同当事双方是企业和员工个体;集体合同当事双方一方是企业,另一方是工会组织或员工按照合法程序推举的代表。

2. 内容和功能不同

集体合同的内容涉及员工集体与企业之间的权利义务关系;劳动合同的内容只涉及员工个体和企业之间的权利义务关系。

3. 法律效力不同

集体合同的法律效力高于劳动合同。当集体合同已经约定了最低劳动标准,如果员工个体的劳动合同低于该标准,则劳动合同无效。

11.1.2 集体合同的形式

根据《集体合同规定》（2004年5月1日施行）的规定，集体合同应当以书面形式订立，口头形式的集体合同不具备法律效力。

集体合同可以分成一般集体合同和专项集体合同。一般集体合同是主体，专项集体合同是附件。一般集体合同约定的内容可以包括劳动关系的各方面，专项集体合同约定的内容为某项特定内容。

集体合同是定期的合同，有时间限制。一般集体合同和专项集体合同的期限一般为1～3年，期满或双方约定的终止条件出现，即行终止。一般集体合同或专项集体合同期满前3个月内，任何一方均可向对方提出重新签订或续订的要求。

进行集体协商，签订集体合同或专项集体合同，应当遵循如下原则。

（1）遵守法律、法规、规章及国家有关规定。

（2）相互尊重，平等协商。

（3）诚实守信，公平合作。

（4）兼顾双方合法权益。

（5）不得采取过激行为。

11.1.3 集体合同的内容

《集体合同规定》（2004年5月1日施行）规定，集体协商双方可以就下列多项或某项内容进行集体协商，签订集体合同或专项集体合同：劳动报酬，工作时间，休息休假，劳动安全与卫生，补充保险和福利，女职工和未成年工特殊保护，职业技能培训，劳动合同管理，奖惩，裁员，集体合同期限，变更、解除集体合同的程序，履行集体合同发生争议时的协商处理办法，违反集体合同的责任，双方认为应当协商的其他内容。

企业可以根据自己的实际情况，从上述内容中选择项目进行集体协商并在达成一致后，将项目加入集体合同的约定中。对于不同的分项，可以包含如下内容。

1. **劳动报酬**

（1）用人单位工资水平、工资分配制度、工资标准和工资分配形式。

（2）工资支付办法。

（3）加班加点工资及津贴、补贴标准和奖金分配办法。

（4）工资调整办法。

（5）试用期及病假、事假等期间的工资待遇。

（6）特殊情况下职工工资（生活费）支付办法。

（7）其他劳动报酬分配办法。

2. 工作时间

（1）工时制度。

（2）加班加点办法。

（3）特殊工种的工作时间。

（4）劳动定额标准。

3. 休息休假

（1）日休息时间、周休息日安排、年休假办法。

（2）不能实行标准工时职工的休息休假。

（3）其他假期。

4. 劳动安全卫生

（1）劳动安全卫生责任制。

（2）劳动条件和安全技术措施。

（3）安全操作规程。

（4）劳保用品发放标准。

（5）定期健康检查和职业健康体检。

5. 补充保险和福利

（1）补充保险的种类、范围。

（2）基本福利制度和福利设施。

（3）医疗期延长及其待遇。

（4）职工亲属福利制度。

6. 女职工和未成年工的特殊保护

（1）女职工和未成年工禁忌从事的劳动。

（2）女职工的经期、孕期、产期和哺乳期的劳动保护。

（3）女职工、未成年工定期健康检查。

（4）未成年工的使用和登记制度。

7. 职业技能培训

（1）职业技能培训项目规划及年度计划。

（2）职业技能培训费用的提取和使用。

（3）保障和改善职业技能培训的措施。

8. 劳动合同管理

（1）劳动合同签订时间。

（2）确定劳动合同期限的条件。

（3）劳动合同变更、解除、续订的一般原则及无固定期限劳动合同的终止条件。

（4）试用期的条件和期限。

9. **奖惩**

（1）劳动纪律。

（2）考核奖惩制度。

（3）奖惩程序。

10. **裁员**

（1）裁员的方案。

（2）裁员的程序。

（3）裁员的实施办法和补偿标准。

11.1.4 集体合同的签订

签订集体合同的程序可以包括如下内容。

1. 确立主体

签订集体合同的一方主体一般是基层工会委员会。对于没有成立基层工会的企业，由企业职工民主推荐，得到过半数职工同意的代表，可以作为集体合同的一方主体。

签订集体合同的另一方主体是企业法定代表人。法定代表人要具备法人资格，大型集团公司的法定代表人可以委托下级企业或子公司负责人作为签订集体合同的一方主体。

2. 进行协商

集体合同签订之前，需要进行集体协商。签订集体合同的一方主体可以就签订集体合同以及相关事宜，以书面形式向对方提出进行集体协商的要求。另一方在接收到对方的要求之后，要在20日内以书面形式做出回应。如果没有正当理由，不得拒绝进行集体协商。

集体协商的形式一般为召开集体协商会议。双方主体参加集体协商会议的人是集体协商代表（以下统称协商代表），指按照法定程序产生的，有权代表本方利益进行集体协商的人员。集体协商双方的代表人数应当对等，每方至少3人，并各确定1名首席代表。

职工一方的协商代表由本企业工会选派。未建立工会的，由本企业职工民主推荐，并经本企业半数以上员工同意。职工方的首席代表由本企业工会主席担任。工会主席可以书面委托其他协商代表代理首席代表。工会主席空缺的，首席代表由工会主要负责人担任。未建立工会的，职工一方的首席代表从协商代表中民主推举产生。

企业一方的协商代表，由企业的法定代表人指派，首席代表由单位法定代表人担任或由其书面委托的其他管理人员担任。

集体协商双方首席代表可以书面委托本企业外的专业人员作为本方协商代

表。委托人数不得超过本方代表的 1/3。但首席代表不得由非本企业人员代理。

协商代表的职责包括如下内容。

（1）参加集体协商。

（2）接受本方人员质询，及时向本方人员公布协商情况并征求意见。

（3）提供与集体协商有关的情况和资料。

（4）代表本方参加集体协商争议的处理。

（5）监督集体合同或专项集体合同的履行。

（6）法律、法规和规章规定的其他职责。

协商代表在协商前应做如下准备工作。

（1）熟悉与集体协商内容有关的法律、法规、规章和制度。

（2）了解与集体协商内容有关的情况和资料，收集企业和员工对协商意向所持的意见。

（3）拟定集体协商议题。集体协商议题可由提出协商一方起草，也可由双方指派代表共同起草。

（4）确定集体协商的时间、地点等事项。

（5）共同确定一名非协商代表担任集体协商记录员。记录员应保持中立、公正，并为集体协商双方保密。

在集体协商会议过程中，由双方首席代表轮流主持，并按如下程序进行。

（1）宣布议程和会议纪律。

（2）一方首席代表提出协商的具体内容和要求，另一方首席代表就对方的要求做出回应。

（3）协商双方就商谈事项发表各自意见，开展充分讨论。

（4）双方首席代表归纳意见。达成一致的，应当形成集体合同草案或专项集体合同草案，由双方首席代表签字。

集体协商未达成一致意见或出现事先未预料的问题时，经双方协商，可以中止协商。中止期限及下次协商时间、地点、内容由双方商定。

经双方协商代表协商一致的集体合同草案或专项集体合同草案应当提交职工代表大会或全体职工讨论。职工代表大会或全体职工讨论集体合同草案或专项集体合同草案，应当有 2/3 以上职工代表或职工出席，且须经全体职工代表半数以上或全体职工半数以上同意，集体合同草案或专项集体合同草案方获通过。

集体合同草案或专项集体合同草案经职工代表大会或者职工大会通过后，由集体协商双方首席代表签字。

3. 行政部门审核

集体合同或专项集体合同签订或变更后，应当自双方首席代表签字之日起 10 日内，由企业一方将文本一式 3 份报送劳动保障行政部门审查。劳动保障行政部门对报送的集体合同或专项集体合同应当办理登记手续。

劳动保障行政部门应当对报送的集体合同或专项集体合同的如下事项进行合法性审查。

（1）集体协商双方的主体资格是否符合法律、法规和规章规定。

（2）集体协商程序是否违反法律、法规、规章规定。

（3）集体合同或专项集体合同内容是否与国家规定相抵触。

劳动保障行政部门对集体合同或专项集体合同有异议的，应当自收到文本之日起15日内将"审查意见书"送达双方协商代表。"审查意见书"应当载明以下内容。

（1）集体合同或专项集体合同当事人双方的名称、地址。

（2）劳动保障行政部门收到集体合同或专项集体合同的时间。

（3）审查意见。

（4）做出审查意见的时间。

"审查意见书"应当加盖劳动保障行政部门印章。

4. 生效公布

劳动保障行政部门自收到文本之日起15日内未提出异议的，集体合同或专项集体合同即行生效。生效的集体合同或专项集体合同，应当自其生效之日起由协商代表及时以适当的形式向本方全体人员公布。

11.2　工资集体协商

工资集体协商，是企业和员工双方立足于促进企业长远发展，保障职工合法权益，维护劳动关系和谐稳定的指导思想，依据国家法律法规和政府相关政策，依法落实职工劳动报酬分配要求，而举行的就职工劳动报酬相关问题的协商。

11.2.1　工资集体协商操作程序

工资集体协商是一种专项集体合同协商，其实施程序与集体合同的签订程序有类似之处。因为协商内容比较敏感，与员工利益和企业成本息息相关，在不违反相关法律法规的情况下，实施程序可以与集体合同签订程序略有不同。

一般企业工资集体协商的程序可以参考如下内容。

1. 产生协商代表

职工方协商代表由工会组织推荐，并且经职工代表大会或者职工大会通过。职工方首席代表由工会主席或书面委托的其他职工方协商代表担任；企业方首席代表由法定代表人或者由其书面委托的其他管理人员担任。

协商双方每方协商代表为 3 ~ 7 人，职工方协商代表人数与企业方协商代表人数一般应对等，并且不得相互兼任。

协商前，职工方应做好职工意愿收集、企业经营状况分析、与企业方充分沟通等准备工作。

2. 提出协商要约

工资集体协商的提出要提交要约书。要约书一般包括协商的主要内容、时间、地点等项内容。接受要约书的一方，应当在 5 个工作日内予以书面答复，商定工资集体协商会议的时间。在工资集体协商会议召开的 5 个工作日前，双方各自向对方提供协商方案以及与协商方案相关的信息和资料。

3. 召开协商会议

双方就协议草案发表各自意见，开展讨论。协商达成一致后，由企业方制作工资集体协议草案文本。

4. 职工代表大会审议工资集体协议草案

职工代表大会讨论并审议工资集体协议草案。由专门委员会小组对履约情况进行监督检查，其结果向职代会报告。企业方报告执行情况，接受职工代表大会监督。

5. 报劳动行政部门备案

工资集体协议签订后 10 日内，将工资集体协议文本和协商会议记录及相关材料报送劳动保障行政部门备案。

11.2.2 工资集体协商要约内容

职工方提出要约时，可以采取"职工方工资集体协商要约书"，内容模板如下。

职工方工资集体协商要约书

_____总经理（董事长）：

为建立和谐稳定的劳动关系，维护职工合法权益，促进企业健康发展，根据《中华人民共和国劳动法》《中华人民共和国劳动合同法》和《工资集体协商试行办法》等有关规定和职工要求，结合本企业实际，建议劳动关系双方代表就____年度职工工资问题进行协商，具体事宜如下。

一、协商的时间、地点

1. 时间：建议定于___年___月___日；

2. 地点：建议在_____会议室。

二、协商的内容（可视具体情况选择）

1. 工资分配制度、工资标准和工资分配形式；

2. 职工年度平均工资水平及其调整幅度；

3. 加班工资计发基数；

4. 企业劳动定额和计件单价；

5. 企业最低工资标准；

6. 奖金、津贴、补贴等分配方法；

7. 其他与工资有关需要协商的事项。

三、协商代表的确定

按规定，建议双方各派_____名协商代表。

职工方协商首席代表：_____，职务：_____。

其他代表为：_____。

请企业方尽快提供协商代表名单，以便工作沟通，做好协商前的准备工作。

四、协商资料

为便于协商的顺利开展，请企业方及时提供上一年度企业经营方面的有关资料：

1. 销售收入情况；

2. 利润实现情况；

3. 资产负债表；

4. 职工工资总额和职工平均工资；

……

以上资料请公司在协商开始前5日内，提供给职工方首席代表，所涉及的商业秘密，本方代表将严格遵守保密规定。

五、答复

请收到本要约书起20日内予以书面答复。

（企业）工会委员会（章）

____年__月__日

企业方答复职工要约时，可以采用"企业方工资集体协商答复书"，内容模板如下。

企业方工资集体协商答复书

_____工会：

你会发出的职工方工资集体协商要约书已收悉，现就有关事项答复如下。

1. 同意要约书中提出的协商时间和地点。

2. 同意要约书中提出的协商内容。

3. 企业方协商代表确定为：首席代表_____，其他代表是_____。

4. 企业方已将有关材料准备好，届时按规定提交。

以上答复如有异议，请及时沟通。

_____公司（章）

企业法人代表（签字）：

____年__月__日

如果企业方首席代表不是法人，应另附首席代表委托书；如有外聘代表，应另附外聘协商代表委托书。企业法定代表人不能担任首席代表，需委托其他管理人员担任首席代表时，需要形成书面的"企业方首席代表委托书"，以此委托书确认首席代表资格。"企业方首席代表委托书"内容模板如下。

企业方首席代表委托书

委托单位：_____

法定代表人：_____

职　　务：_____

受委托人：_____

职　　务：_____

现委托_____为企业方工资集体协商首席代表，全权行使首席代表职权，代表企业与职工方进行协商。

委托单位（公司章）：　　　　　　　　法定代表人（签字）：

____年__月__日

11.2.3　工资集体协商会议资料

工资集体协商的会议记录模板如下。

工资集体协商会议记录

协商时间：

协商地点：

协商议题：

企业方协商代表：

职工方协商代表：

协商情况如下：

记录员签字（非协商代表担任）：

企业方首席代表（签字）：　　　　　　职工方首席代表（签字）：

年　月　日　　　　　　　　　年　月　日

职工（代表）大会通过工资专项集体合同草案的决议模板如下。

职工（代表）大会通过工资专项集体合同草案的决议

本公司于____年__月__日召开_____职工（代表）大会。会议应到代表____人，实到代表____人，超过全体代表的三分之二。全体与会人员认真听取了《工资专项集体合同（草案）》，以及工资集体协商过程的说明。一致认为：《工资专项集体合同（草案）》符合公司实际，维护了职工的合法权益。经大会无记名投票表决，____票同意，____票不同意，____票弃权，同意人数超过应到代表的半数以上，本《工资专项集体合同（草案）》获得通过。

年　月　日

11.2.4　工资集体协商合同文本

企业工资集体协商合同文本模板内容如下。

企业工资集体协商合同文本

第一条　根据《中华人民共和国劳动法》《中华人民共和国劳动合同法》《中华人民共和国工会法》《××省企业工资集体协商条例》等有关法律、法规、规章的规定，结合本企业实际，经企业方与职工方协商一致，签订本合同。

第二条　协商双方经对企业生产经营和经济效益状况分析与预测，结合其他经济因素，对照政府发布的工资指导线，达成以下意向：

1. 在上年度企业人均月工资_____元的基础上，本年度职工月平均工资水平调整到_____元，比上年增长_____%。

2. 加班加点工资的计算基数和计发标准：_____。

3. 企业最低工资标准：_____。

4. 企业以法定货币（人民币）形式，于每月____日支付全体职工工资，如遇节假日、休息日可提前或推后至最近的工作日支付。

5. 职工在法定节假日、休息日，以及依法享受婚假、丧假、探亲假、年休假、计划生育假、产假期间，视为提供正常劳动，企业对其支付工资。

6. 职工在病假、事假及工伤医疗期间的工资待遇，企业根据国家有关规定，结合企业实际情况确定，具体支付办法为：_____。

7. 奖金的分配形式：_____。

8. 生产性津贴的分配形式：_____。

9. 生活性补贴的分配形式：_____。

10. 各项福利待遇为：_____。

第三条 凡遇到下列情况之一的，经双方协商一致，可以对合同进行修改或变更。

1. 企业生产经营发生重大变化，工资集体合同中的部分条款难以履行。

2. 本地区或同行业职工平均工资水平发生较大变化。

3. 城镇居民生活费用价格指数发生重大变化，影响职工实际工资收入。

第四条 凡遇到下列情况之一的，经双方协商一致，可以提前终止合同。

1. 企业破产或濒临破产。

2. 合同双方发生重大分歧，企业生产经营不能正常运行。

3. 发生人力不可抗拒的自然灾害。

4. 法律法规规定的其他情形。

第五条 违约责任。

1. 由于协商双方中任何一方的过错造成合同不能履行或部分条款不能履行，由有过错的一方承担法律责任。

2. 因不可抗拒因素造成合同不能履行，双方均不承担法律责任。

3. 协商双方中任何一方违反合同时，应按有关规定承担违约责任。

第六条 本合同由集体合同监督小组负责监督，监督小组每年不少于两次向企业和工会联席会议汇报。每年向职工（代表）大会至少报告一次工资集体合同履行情况。

第七条 本合同有效期一年，从＿＿＿年＿月＿日至＿＿＿年＿月＿日。合同期满前60日内，双方应当重新签订或续订。

第八条 本合同未尽事宜，按照现行有关规定执行。

第九条 本合同一式三份，一份报劳动保障行政部门审查，由劳动保障行政部门办理登记手续，企业方和企业工会各执一份。

企业方首席协商代表签字：　　　　职工方首席协商代表签字：

　（盖章）　　　　　　　　　　　　（盖章）

　年　月　日　　　　　　　　　　年　月　日

以上模板中所列条款仅供企业在进行工资集体协商时参考，各企业可根据经济效益和职工工资水平等具体情况增加或减少协商条款。

对于有下属企业的集团公司，可以在签署一份工资专项集体合同之后，把覆盖适用的下属企业名单列出，盖集团公司章，如表11-1所示。

表 11-1　××集团公司工资专项集体协商合同覆盖企业名单

集团公司名称（盖章）：

序号	企业名称	联系电话	法人代表	企业地址	职工人数

11.2.5　工资集体协商结果报审

企业将工资集体协商情况报送劳动保障行政部门备案时，除了协商后的专项集体合同之外，还会用到集体合同基本情况送审登记表，如表11-2所示。

表 11-2　集体合同基本情况送审登记表

单位：　　　　　联系电话：

通信地址					
职工总人数			经济类型		
法定代表人姓名			身份证号码		
工会主席姓名			身份证号码		
集体协商代表情况					
	姓名	协商身份	性别	年龄	职务	身份证号码
职工方						
	姓名	协商身份	性别	年龄	职务	身份证号码
企业方						

（送审单位盖章）

年　月　日

11.3　员工合理化建议

　　一个小小的改变，可能会引起意想不到的结果。一个新的创见，可能会让企业改进业绩。优秀创意和智慧的产生对一小簇人来说它的作用可能非常有限，对一帮人来说可能会使工作有所进展，而对一大群人来说则意味着无限的可能。纵观古今中外，历史的浪花淘尽了王侯将相的各类体制，而"合理化建议"制度却在历史的长河中得以延续。

11.3.1　员工合理化建议征集方式

　　人力资源部门是员工合理化建议的归口管理部门，负责建议的收集、筛选、呈报、组织评议、跟踪、反馈，并对已采纳的合理化建议的实施情况进行记录及奖励等。但并不代表人力资源部门应该为员工的合理化建议负全责。

　　为确保工作质量及有效性，对合理化建议的有效性评估及合理授奖，需要成立合理化建议的评审小组，最好由总经理兼任评审小组组长。合理化建议评审小组的工作职责包括如下内容。

　　（1）研究与制定合理化建议的管理政策与制度建设机制。

　　（2）对重大建议事项进行评议，决定是否采纳。

　　（3）对已采纳实施的建议进行过程跟踪，以防范决策失误，并及时调整，避免风险。

　　（4）对实施后产生效益的合理化建议进行效益评估。

　　（5）评选各季度优秀建议，并确定奖励政策。

　　员工的直属上级或各部门负责人对员工合理化建议的收集整理同样有要求，应动员本部门员工积极参与企业合理化建议活动，并做好各项建议的审核、传递、申报工作。

　　1. 合理化建议的范围

　　合理化建议是相对于企业目前技术水平、经营管理水平、精神文明建设等能有所提高和改进而言的，是有关改进和完善企业施工生产技术和经营管理方面的办法、措施以及精神文明建设方面的新举措。合理化建议中对应的技术改进内容是对机器设备、工具、工艺技术等方面所进行的改进和革新。

　　2. 合理化建议的征集

　　员工可以直接利用邮件、内网系统等方式填写合理化建议的申报表，并提交至直属上级，由直属上级审核后，再报人力资源部门。合理化建议征集和申报表如表 11-3 所示。

表 11-3　合理化建议征集和申报表

建议人		职位		所在部门		提案日期	
建议名称							
建议类别请打（√）	销售提高		技术改进		风险管控		建议实施部门	
	成本降低		制度改进		其他			
现状分析							
改进措施及预期结果							
关联部门意见							
评审小组意见							
总经理意见							

填写合理化建议征集和申报表时要注意如下事项。

（1）写清楚建议事由、原因及其作用、目的、意义。

（2）写清楚原有缺失，即在建议案未提出前，原有的缺陷及程度。

（3）详细说明改进意见及具体办法，包括措施、程序及实施步骤等。

（4）阐述预期效果，详细说明建议案采用后可能获得的成就。包括提高效率、简化作业、消除危害、节省开支、增加销售、保证质量、创造利润等方面的内容。

（5）如果建议需要企业在人力、物力、财力及时间上有较大的投入，则必须要有投入产出分析报告及经济、技术可行性论证的详细资料。

3. 注意事项

（1）要注意建议的客观性及具体性。要求建议人把现状真实地反映出来，以事实和数据说话。

（2）要注意把握表述问题原因的准确性。要求建议人把出现该问题的主要原因准确表述出来。

（3）要注意解决问题的办法的可行性。要求建议人针对问题发生的主要原因，提出具体的改善对策，也就是提出解决问题的具体方法。只提问题不提解决办法的建议被视为无效建议。

（4）要注意改善的绩效性。一切建议都以绩效为导向，这种绩效不一定是以金钱去衡量的，它是一个综合性指标，它的判定标准是促使企业向越来越好的方向发展。

11.3.2　员工合理化建议实施流程

员工合理化建议实施流程如图 11-1 所示。

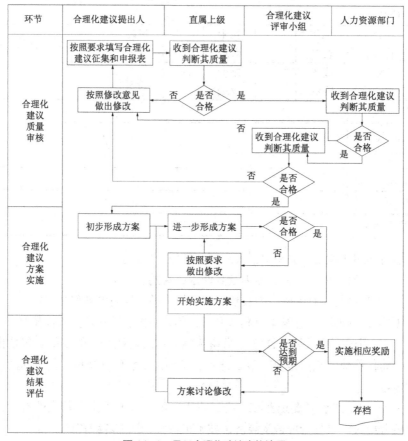

图 11-1　员工合理化建议实施流程

企业在实施合理化建议的时候，要注意如下事项。

（1）员工合理化建议征集和申报表审议的顺序应当分别是员工直属上级、人力资源部门和合理化建议评审小组。员工的直属上级、人力资源部、合理化建议评审小组在接到员工的合理化建议征集和申报表后，应审查把关。

（2）合理化建议征集和申报表的内容如果只偏重于批评，没有具体的改进内容，或不签真实姓名和部门的，人力资源部门可将其作为内容不符合要求处理，不予交付审议。

（3）合理化建议评审小组收到建议征集和申报表后，经过评议，可以按评议结果进行如下处理。

①如果评审小组认为该建议的设计不科学，采纳价值不大，或不具备实施

条件，投入风险太大，则应给予否决，并通知建议人。建议人可以视情况做出修改，或者保留意见。

②如果经评审小组确认该建议是合理、科学、有价值、理由充分、严谨的，经评审小组签字同意后实施，在方案收到良好效果时，对建议人进行公开表扬。

（4）人力资源部门可以定期将所有已经被采纳的合理化建议交由评审小组评选，选出一段时期内最佳的合理化建议提案，并予以奖励。

11.4 员工敬业度分析

很多企业都会做员工满意度的调查和分析，然而员工敬业度调查却被许多企业忽略。员工敬业度与员工满意度的含义不同，它的目的是了解员工对企业的归属感、对工作的积极性和对岗位的责任感。

员工的满意度能够增加员工的敬业度，但却不是增加员工敬业度的唯一方式。员工的敬业度高低与员工的目标和价值观有很大关系，有的员工期望在职业上获得比较好的发展，有的员工期望薪酬有所增加，有的员工期望生活和工作获得平衡。当员工的期望得到满足时，员工的满意度和敬业度都将会提高。

企业期望发展，期望核心竞争力获得提高，期望实现组织目标，期望获得财务上的价值，需要根据市场状况调整自身的组织方式。当企业的期望获得满足时，企业获得成功，这时候，员工对企业的贡献度就高。

11.4.1 员工敬业度调查问卷

实施员工敬业度调查时可以参考盖洛普（Gallup）员工敬业度调查的方法论，将员工敬业度的调查问卷分成 12 个问题，每个问题的最高分为 5 分，最低分为 1 分。员工敬业度调查问卷如表 11-4 所示。

表 11-4 员工敬业度调查问卷

序号	问题	完全同意	比较同意	一般	不太同意	完全不同意
1	我很清楚企业对我工作的具体要求	5	4	3	2	1
2	我身边有做好我工作所需的全部资源	5	4	3	2	1
3	我每天都有机会做我擅长做的工作	5	4	3	2	1

续表

序号	问题	完全同意	比较同意	一般	不太同意	完全不同意
4	在过去的7天之内，我曾经因为工作出色而受到了表扬	5	4	3	2	1
5	我的上级领导和周围的同事关心我的个人情况	5	4	3	2	1
6	我的上级领导和周围的同事鼓励我的个人发展	5	4	3	2	1
7	我的意见在工作中能够受到重视	5	4	3	2	1
8	我因为企业的目标或使命而感觉到自己工作的重要性	5	4	3	2	1
9	我的同事们都在努力做出高质量的工作	5	4	3	2	1
10	企业中有一位同事是我最要好的朋友	5	4	3	2	1
11	在过去的6个月里，企业有人曾经和我谈起过我的进步	5	4	3	2	1
12	在过去的1年里，我有机会在工作中获得学习成长	5	4	3	2	1
其他方面意见和建议：						
非常感谢您参与调查，祝你工作顺利，万事如意！						

上表问卷中的12个问题分别对应着企业4种不同的关注领域，分别是员工的基本需求、管理层对员工的支持、员工的团队协作和员工的发展问题，对应情况如表11-5所示。

表11-5 员工敬业度调查问卷与关注领域对应情况

序号	问题	关注领域
1	我很清楚企业对我工作的具体要求	员工的基本需求
2	我身边有做好我工作所需要的全部资源	
3	我每天都有机会做我擅长做的工作	管理层对员工的支持
4	在过去的7天之内，我曾经因为工作出色而受到了表扬	

续表

序号	问题	关注领域
5	我的上级领导和周围的同事关心我的个人情况	
6	我的上级领导和周围的同事鼓励我的个人发展	
7	我的意见在工作中能够受到重视	员工的团队协作
8	我因为企业的目标或使命而感觉到自己工作的重要性	
9	我的同事们都在努力做出高质量的工作	
10	企业中有一位同事是我最要好的朋友	
11	在过去的 6 个月里，企业有人曾经和我谈起过我的进步	员工的发展问题
12	在过去的 1 年里，我有机会在工作中获得学习成长	

根据员工敬业度的调查结果，企业可以把员工的敬业度类型分成 3 类，分别是敬业员工、从业员工和怠工员工。

员工敬业度比较高的员工是敬业员工，他们工作效率比较高，对企业比较忠诚，愿意在企业长期工作，有责任意识和主人意识，工作环境提供的大部分条件都能满足其工作需求。

员工敬业度处在中等水平的是从业员工，他们虽然有一定的工作效率，但是对企业不够忠诚，缺乏认同感，缺乏责任意识，容易缺勤，工作环境提供的条件只能满足其部分的工作需求。

员工敬业度比较低的是怠工员工，他们员工工作效率比较低，对企业不忠诚，对企业不满意，同时还可能会散布这种不满，工作环境提供的条件基本不能满足其工作需求。

11.4.2 员工敬业度调研步骤

实施员工敬业度调查项目的步骤可以分成 3 步，分别是项目的准备阶段、实施阶段和评估阶段。

1. 准备阶段

在项目的准备阶段，比较关键的工作项目内容如下。

（1）确定接受调查的人员范围。为了获得同比数据，接受员工敬业度调查的人员范围一旦确定，不应随意变更。

（2）进行敬业度调查的问卷设计。问卷调查的 12 个问题比较经典，一般不会变更，但可以根据企业需要，增加一些新的调查题目。为保证问卷调查效果，在设计调查问卷时，调查题目的数量不宜过多，加上原来的 12 个问题后，一般最多不超过 24 个问题。

（3）制定问卷调查的行动方案。企业在实施问卷调查的时候，应采取最简便的发放和收集问卷的方法，既要保证员工清楚填写调查问卷的正确方法，又不能因为填写问卷影响员工的正常工作。

（4）参与调查项目的工作人员。实施问卷调查项目离不开工作人员的付出，企业在选择实施项目的工作人员时，应尽量寻找工作能力强、有责任心的工作人员。

2. 实施阶段

在项目的实施阶段，比较关键的工作内容如下。

（1）开始实施敬业度调查。敬业度调查项目的工作人员根据事先制定的行动方案实施员工敬业度调查，推进项目的实施进度。

（2）解答来自员工的疑问。在实施敬业度调查的过程中，员工可能会存在一些疑问，工作人员应当及时解答员工的疑问。

（3）数据的分类统计。员工敬业度调查的 12 个问题，每个问题都具有一定的代表性，企业应分别统计其分值大小，而不是直接计算总分。

3. 评估阶段

在项目的评估阶段，比较关键的工作项目内容如下。

（1）按时间维度对敬业度进行对比分析。对于员工敬业度的调查结果，企业可以对比历年同期的变化情况，根据变化情况，找出员工敬业度的变化趋势，进一步分析变化趋势产生的原因，聚焦问题所在，根据问题采取相应的行动方案。

（2）按部门维度对敬业度进行对比分析。不同部门/团队的员工敬业度结果通常是不同的，员工敬业度比较低的部门/团队应当对比敬业度比较高的兄弟部门/团队，查找本部门/团队员工敬业度低的主要原因，制定并实施相应的行动方案。

（3）行动方案的跟踪落实。根据针对员工敬业度结果分析而制定的行动方案，方案中的责任人应做好落实工作，敬业度调查项目的工作人员应阶段性地跟踪责任人的行动，做好对行动落实情况的评估工作。

11.4.3 员工敬业度分类模型

高敬业度的员工不一定能够为企业带来更高的贡献度，敬业度是员工个体的主观努力，贡献度是从企业层面进行的客观评价。如果单纯研究员工的敬业度，有可能不能直接看出其对企业的价值。要看出员工对企业的价值，还要考察员工对企业的贡献度。

绩效评价结果就是员工对企业贡献度的一种体现，除此之外，企业可以按部门为单位，通过强制排序法或强制分步法，直接评价不同员工对企业的贡献度大小。

根据员工敬业度和贡献度的不同，企业可以把所有员工分成 5 类，如图 11-2 所示。

图 11-2 员工敬业度和贡献度分类模型

1.高敬业度，高贡献度

这类员工是企业的明星员工，企业应当给他们重点关注。对于这类员工，企业可以给他们提供更多的薪酬奖励、更多样的福利选择和更广阔的职业发展，进一步提高他们的敬业度和贡献度，让他们为企业承担更大的责任，创造更大的价值。

2.中敬业度，中贡献度

这类员工是企业的骨干力量，他们可能勤勤恳恳，但业绩平平。对于这类员工，企业可以了解他们的需求，首先尝试提高他们的敬业度，当他们的敬业度提高之后，看他们的贡献度是否得到提高。如果贡献度没有提高，可以进一步对他们培训。

3.高敬业度，低贡献度

这类员工拥有比较高的敬业度，却没有产生高的贡献度，产生这种情况的原因可能是员工的能力水平较差，这时候企业可以对他们进行能力培训；可能是员工所在的岗位不利于其发挥能力，这时候企业可以对他们实施调岗；可能是员工所处的环境让其难以发挥能力，这时候，企业可以帮员工塑造更好的环境；可能是员工没有足够的资源，这时候，企业可以为员工提供资源。

4.低敬业度，高贡献度

这类员工的高贡献度并没有受低敬业度的干扰，这可能是因为这类员工的能力比较强，如果他们的敬业度提高，将会获得更高的贡献度；也可能是因为贡献度评价本身有问题，这类员工所在的岗位不需要付出努力，自然就能获得高贡献度；还可能是因为贡献度评估的标准存在问题，员工的实际贡献度并不高，评价结果却是高的。

5. 低敬业度，低贡献度

对于这类员工，企业可以审视员工的低贡献度与低敬业度之间是否存在联系。如果低贡献度是由低敬业度引起的，可以设法提高员工的敬业度；如果低贡献度与低敬业度没有联系，企业可以在必要的培训后，调换岗位或实施汰换。

11.4.4 提高员工敬业度的方法

提高员工敬业度既是一项系统的工程，又是一项持续的工作，还是一项全员参与的活动。提高员工敬业度不是通过一两个部门或者一两个管理者的努力就能够实现的，要想提高员工的敬业度，需要企业各层级管理者和员工本人的共同努力。

1. 高层管理者

对高层管理者来说，要做好"CASE"，这是4个英文关键词的首字母组成的词。这4个英文关键词分别代表如下含义。

Community，表示高层管理者要在企业中创造团体意识，强调团队精神。

Authentic，表示高层管理者的个人行为和管理行为传达的信息要保持真实有效。

Significance，表示高层管理者要能够帮助员工建立和寻找工作的意义。

Excitement，表示高层管理者要能够让员工为工作感到兴奋。

在英文中，"CASE"这个单词本身的含义可以是"事件/事情"，在提高员工敬业度方面，这个词恰好体现了高层管理者对待这件事的基本态度，也就是高层管理者要重视员工敬业度，要把提高员工敬业度提上日程，要把提高员工敬业度当成一件专门的事情来做，而不是无视它的存在。

2. 中层管理者

对中层管理者来说，要做好"CARE"，这也是由4个英文关键词的首字母组成。这4个英文关键词分别代表如下含义。

Coach，表示中层管理者要担任好员工的教练角色，成为员工的绩效教练和职业发展教练，帮助员工提升绩效水平的同时，帮助员工实现个人发展。

Align，表示中层管理者要像指南针一样校准员工的行为，当发现员工做出不利于企业和岗位的行为时，中层管理者要及时帮助员工做出调整。

Recognize，表示中层管理者要有能力识别出团队中的优秀员工，要不吝惜对优秀员工的表扬，及时表达出对员工贡献的认可。

Engage，表示中层管理者不仅要能够评估自己的敬业度，更要评估团队的敬业度。通过评估自己和团队当前的敬业度，找到在员工敬业度方面存在的问题，并及时改正。

在英文中，"CARE"这个单词本身的含义可以是"关心 / 关怀"，在提高员工敬业度方面，这个词恰好体现了中层管理者对待这件事的基本态度，也就是中层管理者要关心员工的发展，关心员工的绩效，关心员工的敬业度。中层管理者在日常工作中真诚的关心对员工敬业度有最直接的影响，能够有效提高员工敬业度。

3. 基层员工

对基层员工来说，要做好"ACT"，这同样是由3个英文关键词的首字母组成。这3个英文关键词分别代表如下含义。

Assess，表示员工要明确自己的价值观，找到个人的职业发展期望，确定自己的目标，并能够定义和评估个人的成功。

Communicate，表示员工在工作中要与上级保持充分的沟通，当员工在工作中遇到问题时，对绩效有异议时，或者对个人发展有想法时，都要及时与上级沟通，保持上下级之间信息的透明化，避免出现信息不对称的情况。

Take action，表示员工要为了个人的发展和岗位的绩效而不断采取行动。

在英文中，"ACT"这个单词本身的含义可以是"行动 / 行为"，在提高员工敬业度方面，这个词恰好体现了员工对待这件事的基本态度，也就是员工要积极主动采取行动，而不是坐等来自管理者的指令。主动沟通也是一种积极的行动，当员工发现问题时，要及时主动与管理者沟通，也可以申请资源或主动寻求来自管理者的支持和帮助。

第 12 章

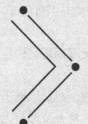

员工民主管理

　　员工民主管理是员工审议企业重大决策、监督企业行政领导、维护企业和员工合法权益、体现员工当家作主的企业管理模式。企业实施员工民主管理的主要形式包括工会制度、职工代表大会制度、厂务公开制度、职工董事和职工监事制度、沟通协商机制。

12.1 工会制度

工会是员工自愿结合的工人阶级群众组织。中华全国总工会及其各工会组织代表职工的利益,依法维护职工合法权益。中国境内的企业、事业单位、机关中以工资收入为主要生活来源的体力劳动者和脑力劳动者,不分民族、种族、性别、职业、宗教信仰、教育程度等,都有依法参加和组织工会的权利。

12.1.1 工会成立

根据《中华人民共和国工会法》(2022 年 1 月 1 日起施行)、中华全国总工会《工会基层组织选举工作条例》(总工发〔2016〕27 号)、《中国工会章程》(2018 年 10 月 26 日修正)、《企业工会工作条例》(2006 年 12 月 11 日通过)等法律法规的规定,基层工会委员会由会员大会或会员代表大会选举产生。工会委员会的主席、副主席,可以由会员大会或会员代表大会直接选举产生,也可以由基层工会委员会选举产生。工会选举工作在同级党组织和上一级工会领导下进行。未建立党组织的,在上一级工会领导下进行。

基层工会委员会换届选举的筹备工作由上届工会委员会负责。

基层工会委员的人数按会员人数确定,具体规则如表 12-1 所示。

表 12-1 基层工会委员人数与会员人数关系

会员人数	委员人数
不足 25 人	3 ~ 5 人,也可以设主席或组织员 1 人
25 ~ 200 人	3 ~ 7 人
201 ~ 1 000 人	7 ~ 15 人
1 001 ~ 5 000 人	15 ~ 21 人
5 001 ~ 10 000 人	21 ~ 29 人
10 001 ~ 50 000 人	29 ~ 37 人
50 001 人及以上	37 ~ 45 人

大型企事业单位基层工会委员会,经上一级工会批准,可以设常务委员会,常务委员会由 9 ~ 11 人组成。

会员人数 25 人以上的企业建立工会委员会;不足 25 人的可以单独建立工会委员会,也可以由两个以上企业的会员按地域或行业联合建立基层工会委员会；同时按有关规定建立工会经费审查委员会、工会女职工委员会。

企业工会具备法人条件的，依法取得社会团体法人资格，工会主席是法定代表人。企业工会受法律保护，任何组织和个人不得随意撤销或将工会工作机构合并、归属到其他部门。企业改制须同时建立健全工会组织。

工会基层委员会的基本任务包括如下内容。

（1）执行会员大会或者会员代表大会的决议和上级工会的决定，主持基层工会的日常工作。

（2）代表和组织职工依照法律规定，通过职工代表大会、厂务公开和其他形式，参加本单位民主管理和民主监督，在公司制企业落实职工董事、职工监事制度。企业、事业单位工会委员会是职工代表大会工作机构，负责职工代表大会的日常工作，检查、督促职工代表大会决议的执行。

（3）参与协调劳动关系和调解劳动争议，与企业、事业单位行政方面建立协商制度，协商解决涉及职工切身利益的问题。帮助和指导职工与企业、事业单位行政方面签订劳动合同，代表职工与企业、事业单位行政方面签订集体合同或者其他专项协议，并监督执行。

（4）组织职工开展劳动和技能竞赛、合理化建议征集、技能培训、技术革新和技术协作等活动，培育工匠人才，总结推广先进经验。做好先进生产（工作）者和劳动模范的评选、表彰、培养和管理服务工作。

（5）加强对职工的政治引领和思想教育，开展法治宣传教育，重视人文关怀和心理疏导，鼓励支持职工学习文化、科学、技术和管理知识，开展健康的文化、体育活动。推进企业文化、职工文化建设，办好工会文化、教育、体育事业。

（6）监督有关法律、法规的贯彻执行。协助和督促行政方面做好工资、安全生产、职业病防治和社会保险等方面的工作，推动落实职工福利待遇。办好职工集体福利事业，改善职工生活，对困难职工开展帮扶。依法参与劳动生产安全事故和职业病危害事故的调查处理。

（7）维护女职工的特殊利益，同歧视、虐待、摧残、迫害女职工的现象作斗争。

（8）搞好工会组织建设，健全民主制度和民主生活。建立和发展工会积极分子队伍。做好会员的发展、接收、教育和会籍管理工作。加强职工之家建设。

（9）收好、管好、用好工会经费，管理好工会资产和工会的企业、事业。

企业工会委员（常委）会一般每季度召开一次会议，讨论或决定如下问题。

（1）贯彻执行会员大会或会员代表大会决议和党组织、上级工会有关决定、工作部署的措施。

（2）提交会员大会或会员代表大会的工作报告和向党组织、上级工会的重要请示、报告。

（3）工会工作计划和总结。

（4）向企业提出涉及企业发展和职工权益重大问题的建议。

（5）工会经费预算执行情况及重大财务支出。

（6）由工会委员会讨论和决定的其他问题。

12.1.2　工会选举

基层工会委员会的委员候选人，应经会员充分讨论，一般以工会分会或工会小组为单位推荐。由上届工会委员会或工会筹备组根据多数工会分会或工会小组的意见，提出候选人建议名单，报经同级党组织和上一级工会审查同意后，提交会员大会或会员代表大会表决通过。

1. 提名

基层工会委员会的常务委员会委员、主席、副主席候选人，可以由上届工会委员会或工会筹备组根据多数工会分会或工会小组的意见提出建议名单，报经同级党组织和上一级工会审查同意后提出；也可以由同级党组织与上一级工会协商提出建议名单，经工会分会或工会小组讨论后，由上届工会委员会或工会筹备组根据多数工会分会或工会小组的意见，报经同级党组织和上一级工会审查同意后提出。

根据工作需要，经上一级工会与基层工会和同级党组织协商同意，上一级工会可以向基层工会推荐本单位以外人员作为工会主席、副主席候选人。

基层工会委员会的主席、副主席，在任职一年内应按规定参加岗位任职资格培训。凡无正当理由未按规定参加岗位任职资格培训的，一般不再提名为下届主席、副主席候选人。

基层工会委员会委员候选人中应有适当比例的劳模（先进工作者）、一线职工和女职工代表。单位行政主要负责人、法定代表人、合伙人以及他们的近亲属不得作为本单位工会委员会委员、常务委员会委员和主席、副主席候选人。

2. 选举

基层工会组织实施选举前应向同级党组织和上一级工会报告，制定选举工作方案和选举办法。基层工会委员会委员候选人建议名单应进行公示，公示期不少于5个工作日。

会员不足100人的基层工会组织，应召开会员大会进行选举；会员100人以上的基层工会组织，应召开会员大会或会员代表大会进行选举。召开会员代表大会进行选举的，按照有关规定由会员民主选举产生会员代表。参加选举的人数为应到会人数的2/3以上时，方可进行选举。

基层工会委员会委员和常务委员会委员应差额选举产生，可以直接采用候选人数多于应选人数的差额选举办法进行正式选举，也可以先采用差额选举办法进行预选产生候选人名单，然后进行正式选举。委员会委员和常务委员会委员的差额率分别不低于 5% 和 10%。常务委员会委员应从新当选的工会委员会委员中产生。

基层工会主席、副主席可以等额选举产生，也可以差额选举产生。主席、副主席应从新当选的工会委员会委员中产生，设立常务委员会的应从新当选的常务委员会委员中产生。基层工会主席、副主席由会员大会或会员代表大会直接选举产生的，一般在经营管理正常、劳动关系和谐、职工队伍稳定的中小企事业单位进行。

召开会员大会进行选举时，由上届工会委员会或工会筹备组主持；不设委员会的基层工会组织进行选举时，由上届工会主席或组织员主持。

召开会员代表大会进行选举时，可以由大会主席团主持，也可以由上届工会委员会或工会筹备组主持。大会主席团成员由上届工会委员会或工会筹备组根据各代表团（组）的意见，提出建议名单，提交代表大会预备会议表决通过。

召开基层工会委员会第一次全体会议选举常务委员会委员、主席、副主席时，由上届工会委员会或工会筹备组或大会主席团推荐一名新当选的工会委员会委员主持。

选举前，上届工会委员会或工会筹备组或大会主席团应将候选人的名单、简历及有关情况向选举人介绍。选举设监票人，负责对选举全过程进行监督。召开会员大会或会员代表大会选举时，监票人由全体会员或会员代表、各代表团（组）从不是候选人的会员或会员代表中推选，经会员大会或会员代表大会表决通过。

召开工会委员会第一次全体会议选举时，监票人从不是常务委员会委员、主席、副主席候选人的委员中推选，经全体委员会议表决通过。

选举采用无记名投票方式。不能出席会议的选举人，不得委托他人代为投票。选票上候选人的名单按姓氏笔画为序排列。选举人可以投赞成票或不赞成票，也可以投弃权票。投不赞成票者可以另选他人。

会员或会员代表在选举期间，如不能离开生产、工作岗位，在监票人的监督下，可以在选举单位设立的流动票箱投票。投票结束后，在监票人的监督下，当场清点选票，进行计票。选举收回的选票，等于或少于发出选票的，选举有效；多于发出选票的，选举无效，应重新选举。每张选票所选人数等于或少于规定应选人数的为有效票，多于规定应选人数的为无效票。

被选举人获得应到会人数的过半数赞成票时，始得当选。获得过半数赞成票的被选举人人数超过应选名额时，得赞成票多的当选。如遇赞成票数相等不能确定当选人时，应就票数相等的被选举人再次投票，得赞成票多的当选。

当选人数少于应选名额时，对不足的名额可以另行选举。如果接近应选名额，也可以由大会征得多数会员或会员代表的同意减少名额，不再进行选举。

大会主持人应当场宣布选举结果及选举是否有效。基层工会委员会、常务委员会和主席、副主席的选举结果，报上一级工会批准。上一级工会自接到报告 15 日内应予批复。违反规定程序选举的，上一级工会不得批准，应重新选举。基层工会委员会的任期自选举之日起计算。

3. 任期

基层工会委员会每届任期 3 年或 5 年，具体任期由会员大会或会员代表大会决定。经选举产生的工会委员会委员、常务委员会委员和主席、副主席可连选连任。基层工会委员会任期届满，应按期换届选举。遇有特殊情况，经上一级工会批准，可以提前或延期换届，延期时间一般不超过半年。

4. 调动、撤换与罢免

基层工会主席、副主席任期未满时，不得随意调动其工作。因工作需要调动时，应征得本级工会委员会和上一级工会的同意。

经会员大会或会员代表大会民主测评和上级工会与同级党组织考察，需撤换或罢免工会委员会委员、常务委员会委员和主席、副主席时，须依法召开会员大会或会员代表大会讨论，非经会员大会全体会员或会员代表大会全体代表无记名投票过半数通过，不得撤换或罢免。

5. 补选

基层工会主席因工作调动或其他原因空缺时，应及时按照相应民主程序进行补选。补选主席，如候选人是委员的，可以由工会委员会选举产生，也可以由会员大会或会员代表大会选举产生；如候选人不是委员的，可以经会员大会或会员代表大会补选为委员后，由工会委员会选举产生，也可以由会员大会或会员代表大会选举产生。

补选主席的任期为本届工会委员会尚未履行的期限。补选主席前征得同级党组织和上一级工会的同意，可暂由一名副主席或委员主持工作，期限一般不超过半年。

12.1.3　工会权责

工会会员享有的权利包括如下内容。

（1）选举权、被选举权和表决权。

（2）对工会工作进行监督，提出意见和建议，要求撤换或者罢免不称职的工会工作人员。

（3）对国家和社会生活问题及本单位工作提出批评与建议，要求工会组织向有关方面如实反映。

（4）在合法权益受到侵犯时，要求工会给予保护。

（5）享受工会举办的文化、教育、体育、旅游、疗休养事业、生活救助、法律服务、就业服务等优惠待遇；享受工会给予的各种奖励。

（6）在工会会议和工会报刊上，参加关于工会工作和职工关心问题的讨论。

工会会员需要履行的义务包括如下内容。

（1）学习政治、经济、文化、法律、科学、技术和工会基本知识。

（2）积极参加民主管理，努力完成生产和工作任务。

（3）遵守宪法和法律，维护社会公德和职业道德，遵守劳动纪律。

（4）正确处理国家、集体、个人三者利益关系，向危害国家、社会利益的行为作斗争。

（5）维护中国工人阶级和工会组织的团结统一，发扬阶级友爱，搞好互助互济。

（6）遵守工会章程，执行工会决议，参加工会活动，按月交纳会费。

会员大会或会员代表大会是企业工会的权力机关，每年召开 1～2 次会议。经企业工会委员会或 1/3 以上会员提议，可临时召开会议。会员代表大会的代表由会员民主选举产生，会员代表实行常任制，任期与企业本届工会委员会相同，可连选连任。

会员大会或会员代表大会的职权包括如下内容。

（1）审议和批准工会委员会的工作报告。

（2）审议和批准工会委员会的经费收支情况报告和经费审查委员会的工作报告。

（3）选举工会委员会和经费审查委员会。

（4）听取工会主席、副主席的述职报告，并进行民主评议。

（5）撤换或者罢免其所选举的代表或者工会委员会组成人员。

（6）讨论决定工会工作其他重大问题。

企业工会主席的职权包括如下内容。

（1）负责召集工会委员会会议，主持工会日常工作。

（2）参加企业涉及职工切身利益和有关生产经营重大问题的会议，反映职工的意愿和要求，提出工会的意见。

（3）以职工方首席代表的身份，代表和组织职工与企业进行平等协商、签订集体合同。

（4）代表和组织职工参与企业民主管理。

（5）代表和组织职工依法监督企业执行劳动安全卫生等法律法规，要求纠正侵犯职工和工会合法权益的行为。

（6）担任劳动争议调解委员会主任，主持企业劳动争议调解委员会的工作。

（7）向上级工会报告重要信息。

（8）负责管理工会资产和经费。

12.1.4　女职工委员会

基层工会组织有女会员 10 人以上的，应建立女职工委员会，不足 10 人的，设女职工委员。女职工委员会与基层工会委员会同时建立。

基层工会女职工委员会委员由同级工会委员会提名，在充分协商的基础上产生，也可召开女职工大会或女职工代表大会选举产生。

基层工会女职工委员会主任由同级工会女主席或女副主席担任，也可经民主协商，按照相应条件配备女职工委员会主任。女职工委员会主任应提名为同级工会委员会或常务委员会委员候选人。基层工会女职工委员会主任、副主任名单，与工会委员会选举结果同时报上一级工会批准。

女职工委员会依法维护女职工的合法权益，重点是女职工经期、孕期、产期、哺乳期保护，禁忌劳动、卫生保健、生育保险等特殊利益。女职工委员会定期研究涉及女职工特殊权益问题，向企业工会委员会和上级女职工委员会报告工作，重要问题应提交企业职工代表大会或职工大会审议。

12.2　职工代表大会制度

职工代表大会是为企业职工行使民主管理权力的机构，是企业民主管理的基本形式。企业应当按照合法、有序、公开、公正的原则，建立以职工代表大会为基本形式的民主管理制度。工会的会员大会或会员代表大会与职工代表大会或职工大会须分别行使职权，不得相互替代。

12.2.1　职工代表大会召开

职工代表大会每年至少召开 1 次。职工代表大会全体会议必须有 2/3 以上的职工代表出席。职工代表大会议题和议案应当由企业工会听取职工意见后与企业协商确定，并在会议召开 7 日前以书面形式送达职工代表。企业工会委员会是职工代表大会的工作机构，负责职工代表大会的日常工作。

企业可以根据员工人数确定召开职工代表大会或职工大会。企业召开职工代表大会的，职工代表人数按照不少于全体职工人数的 5%，最少不少于 30 人。职工代表人数超过 100 人的，超出的代表人数可以由企业与工会协商确定。

职工代表大会的代表由企业各岗位员工组成，但企业中层以上管理人员一般不得超过职工代表总人数的 20%。有女员工和劳务派遣员工的企业，职工代表中应当有适当比例的女员工和劳务派遣员工代表。

职工代表每届任期为 3 ～ 5 年。具体任期由职工代表大会根据本单位的实际情况确定。职工代表因故需要提前或延期换届的，应当由职工代表大会或其授权机构决定。

职工代表大会根据需要，可以设立多个专门委员会（小组），负责办理职工代表大会交办的事项。专门委员会（小组）的成员人选必须经职工代表大会审议通过。

职工代表按照基层选举单位组成代表团（组），并推选团（组）长。可以设立职工代表大会团（组）长和专门委员会（小组）负责人联席会议，根据职工代表大会授权，在职工代表大会闭会期间，负责处理临时需要解决的重要问题，并提请下一次职工代表大会确认。联席会议由企业工会负责召集，联席会议可以根据会议内容，邀请企业领导人员或其他有关人员参加。

职工代表大会可以设主席团主持会议。主席团成员由企业工会与职工代表大会各团（组）协商提出候选人名单，经职工代表大会预备会议表决通过。其中，工人、技术人员、管理人员不少于50%。

职工代表大会选举和表决相关事项，必须按照少数服从多数的原则，经全体职工代表的过半数通过。对重要事项的表决，应当采用无记名投票的方式分项表决。

12.2.2　职工代表大会职权

职工代表大会行使的职权包括以下内容。

（1）听取企业主要负责人关于企业发展规划、年度生产经营管理情况，企业改革和制定重要规章制度情况，企业用工、劳动合同和集体合同签订履行情况，企业安全生产情况，企业缴纳社会保险费和住房公积金情况等报告，提出意见和建议。

（2）审议企业制定、修改或者决定的有关劳动报酬、工作时间、休息休假、劳动安全卫生、保险福利、职工培训、劳动纪律以及劳动定额管理等直接涉及劳动者切身利益的规章制度或者重大事项方案，提出意见和建议。

（3）审议通过集体合同草案，按照国家有关规定提取的职工福利基金使用方案、住房公积金和社会保险费缴纳比例和时间的调整方案，劳动模范的推荐人选等重大事项。

（4）选举或者罢免职工董事、职工监事，选举依法进入破产程序企业的债权人会议和债权人委员会中的职工代表，根据授权推荐或者选举企业经营管理人员。

（5）审查监督企业执行劳动法律法规和劳动规章制度情况，民主评议企业领导人员，并提出奖惩建议。

（6）法律法规规定的其他职权。

国有企业和国有控股企业职工代表大会除了可以行使以上职权外，还可以行使如下职权。

（1）听取和审议企业经营管理主要负责人关于企业投资和重大技术改造、财务预决算、企业业务招待费使用等情况的报告，专业技术职称的评聘、企业公积金的使用、企业的改制等方案，并提出意见和建议。

（2）审议通过企业合并、分立、改制、解散、破产实施方案中职工的裁减、分流和安置方案。

（3）依照法律、行政法规、行政规章规定的其他职权。

12.2.3　职工代表权利义务

与企业签订劳动合同，建立劳动关系以及与企业存在事实劳动关系的员工，有选举和被选举为职工代表大会职工代表的权利。依法终止或者解除劳动关系的职工代表，其职工代表资格也自行终止。

选举、罢免职工代表，应当召开选举单位全体职工会议，会议应有 2/3 以上的员工参加。选举、罢免职工代表的决定，应经全体员工过半数通过，方为有效。

职工代表实行常任制，职工代表任期与职工代表大会届期一致，可以连选连任。职工代表出现缺额时，原选举单位应按规定的条件和程序及时补选。

职工代表享有如下权利。

（1）选举权、被选举权和表决权。

（2）参加职工代表大会及其工作机构组织的民主管理活动。

（3）对企业领导人员进行评议和质询。

（4）在职工代表大会闭会期间对企业执行职工代表大会决议情况进行监督、检查。

同时，职工代表应当履行如下义务。

（1）遵守法律法规、企业规章制度，提高自身素质，积极参与企业民主管理。

（2）依法履行职工代表职责，听取职工对企业生产经营管理等方面的意见和建议，以及涉及职工切身利益问题的意见和要求，并客观真实地向企业反映。

（3）参加企业职工代表大会组织的各项活动，执行职工代表大会通过的决议，完成职工代表大会交办的工作。

（4）向选举单位的职工报告参加职工代表大会活动和履行职责情况，接受职工的评议和监督。

（5）保守企业的商业秘密和与知识产权相关的保密事项。

职工代表在法定工作时间内依法参加职工代表大会及其组织的各项活动，

企业应当正常支付劳动报酬，不得降低其工资和其他福利待遇。职工代表履行职责受法律保护，任何组织和个人不得阻挠和打击报复。

12.3 其他民主制度

企业民主管理制度除了以职工代表大会为基本形式之外，还包括厂务公开制度、职工董事和职工监事制度。通过这类制度，企业能够支持员工参与企业管理，维护员工合法权益，构建和谐劳动关系，促进企业持续健康发展。

12.3.1 厂务公开制度

企业应当实行厂务公开制度，尊重和保障职工依法享有的知情权、参与权、表达权和监督权等民主权利，支持员工参加企业管理活动。

企业的厂务公开制度是通过职工代表大会和其他形式，将企业生产经营管理的重大事项、涉及职工切身利益的规章制度和经营管理人员廉洁从业相关情况，按照一定程序向员工公开，听取员工意见，接受员工的监督。

企业的主要负责人是实行厂务公开的责任人。企业应当建立相应机构或确定专人负责厂务公开工作。

企业应当向职工公开的事项包括如下内容。

（1）经营管理的基本情况。

（2）招用职工及签订劳动合同的情况。

（3）集体合同文本和劳动规章制度的内容。

（4）奖励处罚职工、单方解除劳动合同的情况以及裁员的方案和结果，评选劳动模范和优秀职工的条件、名额和结果。

（5）劳动安全卫生标准、安全事故发生情况及处理结果。

（6）社会保险以及企业年金的缴费情况。

（7）职工教育经费提取、使用和职工培训计划及执行的情况。

（8）劳动争议及处理结果情况。

（9）法律法规规定的其他事项。

国有企业、集体企业及其控股企业除了需要公开以上事项外，还应当公开如下事项。

（1）投资和生产经营管理重大决策方案等重大事项，企业中长期发展规划。

（2）年度生产经营目标及完成情况，企业担保，大额资金使用、大额资产处置情况，工程建设项目的招投标，大宗物资采购供应，产品销售和盈亏情况，承包租赁合同履行情况，内部经济责任制落实情况，重要规章制度制定等重大事项。

（3）职工提薪晋级、工资奖金收入分配情况，专业技术职称的评聘情况。

（4）中层领导人员、重要岗位人员的选聘和任用情况，企业领导人员薪酬、职务消费和兼职情况，以及出国出境费用支出等廉洁自律规定执行情况，职工代表大会民主评议企业领导人员的结果。

（5）依照国家有关规定应当公开的其他事项。

实行厂务公开不代表企业需要对内公开一切信息，企业应当保守商业秘密以及与知识产权相关的保密事项。

12.3.2 职工董事和职工监事制度

公司制的企业应当依法建立职工董事、职工监事制度，支持职工代表大会选举产生的职工代表作为董事会、监事会成员参与公司决策、管理和监督，代表和维护员工合法权益，促进企业健康发展。

公司应当依法在公司章程中明确规定职工董事、职工监事的具体比例和人数。职工董事、职工监事候选人由公司工会根据自荐、推荐情况，在充分听取员工意见的基础上提名，经职工代表大会全体代表的过半数通过方可当选，并报上一级工会组织备案。

工会主席、副主席应当作为职工董事、职工监事候选人。公司高级管理人员和监事不得兼任职工董事；公司高级管理人员和董事不得兼任职工监事。职工董事、职工监事的任期与公司其他董事、监事的任期相同，可以连选连任。

职工董事、职工监事不履行职责或者有严重过错的，经1/3以上的职工代表联名提议，职工代表大会全体代表过半数通过可以罢免。职工董事、职工监事出现空缺时，由公司工会提出替补人选，提请职工代表大会民主选举产生。

职工董事能够依法行使的权利包括如下内容。

（1）参加董事会会议，行使董事的发言权和表决权。

（2）就涉及职工切身利益的规章制度或者重大事项，提请召开董事会会议，反映职工的合理要求，维护职工合法权益。

（3）列席与其职责相关的公司行政办公会议和有关生产经营工作的重要会议。

（4）要求公司工会、公司有关部门和机构通报有关情况并提供相关资料。

（5）法律法规和公司章程规定的其他权利。

职工监事能够依法行使的权利包括如下内容。

（1）参加监事会会议，行使监事的发言权和表决权。

（2）就涉及职工切身利益的规章制度或者重大事项，提议召开监事会会议。

（3）监督公司的财务情况和公司董事、高级管理人员执行公司职务的行为；监督检查公司对涉及职工切身利益的法律法规、公司规章制度贯彻执行情况；劳动合同和集体合同的履行情况。

（4）列席董事会会议，并对董事会决议事项提出质询或者建议；列席与其职责相关的公司行政办公会议和有关生产经营工作的重要会议。

（5）要求公司工会、公司有关部门和机构通报有关情况并提供相关资料。

（6）法律法规和公司章程规定的其他权利。

职工董事和职工监事应当履行的义务包括如下内容。

（1）遵守法律法规，遵守公司章程及各项规章制度，保守公司秘密，认真履行职责。

（2）定期听取职工的意见和建议，在董事会、监事会上真实、准确、全面地反映职工的意见和建议。

（3）定期向职工代表大会述职和报告工作，执行职工代表大会的有关决议，在董事会、监事会会议上，对职工代表大会做出决议的事项，应当按照职工代表大会的相关决议发表意见，行使表决权。

（4）法律法规和公司章程规定的其他义务。

职工董事、职工监事与公司的其他董事、监事享有同等的权利，承担相应的义务。职工董事、职工监事在任职期间，除法定情形外，公司不得与其解除劳动合同。公司应当保障职工董事、职工监事依照法律法规和公司章程开展工作，为职工董事、职工监事履行职责提供必要的工作条件。

12.4　沟通协商机制

为了有效维护员工的合法权益，及时解决员工的后顾之忧，促进企业和谐发展，解决职工代表大会闭会期间的员工诉求问题，进一步强化员工民主管理，企业可以建立工会与行政沟通协商机制。

12.4.1　领导小组

建立工会与行政沟通协商机制，首先要成立工会与行政沟通领导小组，负责落实员工最关心、最直接、最现实的合理诉求，维护员工合法权益，努力构建和谐劳动关系，促进企业健康发展。工会与行政沟通协商机制领导小组的职责如下。

（1）认真贯彻执行上级有关在企业中建立工会与行政沟通协商机制的要求，对企业的相关工作负有领导和指导责任。

（2）积极宣传沟通协商的意义，营造良好的舆论氛围，负责制定、实施有关制度。

（3）认真做好企业的厂务公开、民主管理工作，负责做好日常不同层次人员、重要议题的沟通，充分利用企业职工文化建设、合理化建议征集、社会评价、现场走访、QQ、微信等平台渠道，做好诉求征集工作。

（4）及时整理汇总员工诉求，特别是涉及企业发展、员工权益等重大事项的员工诉求，决定协商议题、协商过程、处理办法，做好正式协商的前期准备工作。

（5）工会与行政沟通协商机制领导小组会议每季度召开一次，如遇特殊情况可随时召开。

（6）加强企业沟通协商工作的监督考核，每月召开调度会议，分析总结经验和问题；加强承办部门和人员的检查督导力度，协商事项做到阳光、合理、公平，并及时公开。

（7）领导小组办公室负责企业沟通协商平台的运行和管理工作，对从平台收集的重大事项（诉求）负责专题研究，督导结果落实。

12.4.2 问题协商

员工的直属上级、部门负责人要组织做好员工诉求、意见及建议的征集工作。

1. 问题提出

（1）员工1人提出或员工10人以下多人联名提出一个或多个意见、建议、要求、诉求，应向工会提出。

（2）10人以上多名员工联名提出同一个意见、建议、要求、诉求，应先到工会报备，可以选择由工会协调联名向总经理直接沟通。

征集协商议题时，可以用到征集协商议题记录表。征集协商议题记录表可以用于分厂、车间、班组征集协商议题，由分厂、车间、班组统一整理后上交企业工会。征集协商议题记录表如表12-2所示。

表 12-2 征集协商议题记录表

___年__月__日

序号	姓名	内容	提出人签字
1			
2			
3			
4			
5			

（3）工会对员工提出的意见、建议、要求、诉求，进行核实、分类、归纳，理清沟通协商事项，与管理层沟通协商。

工会负责组织填写职工诉求记录表，经行政同意后，抄送职能部门，职能部门的办理意见，按照要求反馈工会。工会根据诉求内容，与企业行政协商后，确定是否召开沟通协商会议。职工诉求记录表如表12-3所示。

表 12-3　职工诉求记录表

受理方式：□谈话 □电话 □转达 □网络 □其他				编号：（　　）号	
受理时间			受理类别		
诉求人		部门		电话	
诉求内容					
诉求办理意见			工会主席签字： 行管领导签字：		
职能部门意见（解决措施）			职能部门负责人签字：		

工会负责对员工提出的协商议题进行梳理分类，上报企业行政，初步确定协商会议议题和人员，形成议题梳理汇总分类表。议题梳理汇总分类表如表12-4所示。

表 12-4　议题梳理汇总分类表

类别	内容	责任部门	责任人	备注
职工诉求类				
合理化建议类				

2.沟通协商

员工提出的问题由工会组织职工代表、问题提出人与企业管理层通过沟通会的办法，沟通协商解决。企业工会负责对协商事项的办理落实情况的督导，对落实不力的部门（单位）和责任人，经核实提报企业进行问责。

工会收到反映后 5 个工作日内召集相关人员判定问题是否合理，问题合理则组织相关人员协商沟通、进行处理，问题不合理则与反映人员沟通说明。对员工回访进行满意度调查，并将处理结果汇报总经理，向全体员工公布。

企业工会负责人、企业行政负责人、职工代表应参加工会与行政沟通协商会议。同时，根据协商议题，相关职能部门负责人参加会议。

协商会议由企业工会负责人主持，至少每季度召开一次，重大特殊事项应随时协商。企业工会代表职工提出协商事项，参会各方就协商事项进行协商讨论。会议要对各协商事项的解决措施、解决时限、承办部门（单位）及具体人员等予以明确。协商会议要形成会议纪要。

工会与行政沟通协商会议签到表如表 12-5 所示。

表 12-5　工会与行政沟通协商会议签到表

___年__月__日

会议参加人员	本人签字	联系方式	备注
企业行政			
企业工会			
行政部门			
职工代表			

3.奖励措施

员工提出的意见、建议对企业产生效益的，或对生产经营管理有持续改进的，企业可以按产生效益的一定百分比给予员工物质奖励。并且这些意见和建议可以作为企业评选优秀员工的重要依据。

4.协商原则

坚持公开公正的原则，提倡员工实名提出关系企业发展、文化建设、经营管理、改善生产的意见及建议，以及关系员工合法权益、员工在日常工作生活中遇到的问题；倡导直言直面问题，有话说在桌面上；坚持求同存异、体谅包容、树立风清气正的风尚。

12.4.3 实施评估

企业工会应对协商事项的办理情况及时加以督导。协商事项的具体承办部门（单位）应在事项办结后 3 日内将具体情况书面反馈给企业工会，企业工会应在收到反馈意见 3 日内，通过面谈、电话或网络等方式将事项办理的过程和结果告知诉求提出者。无法解决或短时期内难以解决的诉求，应向该诉求提出者做出合理解释说明。

大型企业集团可实行分级负责制。对职工提出的诉求和合理化建议，本级解决不了的，可向上一级工会和企业行政逐级报送，直至合理解决。

企业工会对员工诉求工作进展情况的跟踪，可以用到员工诉求工作进展情况跟踪表，如表 12-6 所示。

表 12-6 员工诉求工作进展情况跟踪表

_____年__月__日

诉求内容（与开会诉求内容对应）		
跟踪时间		□已完成　□正在进行中　□不具备条件无法执行
跟踪时间		□已完成　□正在进行中　□不具备条件无法执行
跟踪时间		□已完成　□正在进行中　□不具备条件无法执行
受理结果反馈		

事项办结后，企业工会应及时在诉求提出者、参加协商会议的职工代表和企业相关员工中开展满意度测评。满意度设"非常满意""满意""基本满意""不满意" 4 个档次，可采用网络反馈、电话回访、问卷调查等方式，让员工直接对处理结果进行评价。调查结果应由督办人签字备案，并及时向具体承办部门、人员和企业主要负责人反馈。

企业工会对参加会议的职工代表和相关员工采取的满意度调查可以用到满意度调查表，如表 12-7 所示。

表 12-7 满意度调查表

序号	调查内容	满意度			
		非常满意	满意	基本满意	不满意
1					
2					
3					

企业工会对某一项具体的员工诉求内容，在诉求被满足后，对提出诉求的相关人员可以采取更详细的满意度调查方式，采用更详细的员工诉求满意度调查表，如表 12-8 所示。

表 12-8　员工诉求满意度调查表（更详细的）

诉求内容			
调查方式	□电话回访　□网络或问卷调查　□现场答复		
诉求满意度	□非常满意　□满意　□基本满意　□不满意		
诉求督办人		满意度调查时间	年　月　日
工会审阅反馈			

企业工会进行满意度调查之后，可以形成员工诉求满意度整理台账，如表 12-9 所示。

表 12-9　员工诉求满意度整理台账

诉求内容	诉求满意度	承办部门	责任人	不满意原因	责任部门	解决措施及时限

12.4.4　台账管理

企业工会要将诉求事项协商办理的全过程建立工作台账，形成工会与行政沟通协商职工诉求、合理化建议工作台账，如表 12-10 所示。

表 12-10　工会与行政沟通协商职工诉求、合理化建议工作台账

（　年第　季度）

编号	受理时间	受理类别	诉求内容	责任部门（单位）	电话	办理情况	职工诉求满意度	诉求监督人	工会审阅反馈	备注
1										
2										
3										

对一个年度的员工诉求，企业工会可以形成年度员工诉求分类汇总表，如

表 12-11 所示。

表 12-11 年度员工诉求分类汇总表

时间	类别	诉求内容
一季度		
二季度		
三季度		
四季度		

对不同年度员工诉求的数量变化和诉求类别变化，企业工会可以做员工诉求数量和类别比较分析，如表 12-12 所示。

表 12-12 年度员工诉求数量和类别比较分析

年份	员工提出诉求数量	员工诉求类别第 1 名	员工诉求类别第 2 名	员工诉求类别第 3 名
20×1 年				
20×2 年				
20×3 年				
20×4 年				

年度员工诉求的变化情况，从侧面反映了员工民主管理的质量。

【实战案例】阿里巴巴的花名制度

阿里巴巴有一个独特的员工称谓制度，叫花名制度。凡是加入阿里巴巴的人，都要给自己取一个花名。

阿里巴巴采取花名制度有什么好处呢？

1.消除等级

上级与下级用花名互称，一方面意味着企业倡导上级和员工之间没有隔阂，减少上下级之间阶层的感觉；另一方面，用花名称呼上级，能够体现一定的趣味性，在一定程度上减少上下级之间因为等级而产生的压迫感。有阿里巴巴的员工说："叫自己上级花名的时间长了，都快忘了上级的真名叫什么了。"可见阿里巴巴花名制度的影响巨大。

2.拉近距离

同事之间使用花名相互称呼，能够增强同事之间的亲昵感。花名叫起来比较亲热，能够拉近同事之间的距离。即使原本不熟的两个同事，叫起同为武侠系统的花名来，也不会尴尬，可能还会觉得彼此似乎来自同一个江湖，甚至也许早已耳闻对方"大名"。花名制度也是一种增强团队凝聚力的机制，在花名制度下，企业就像是一个大家庭。在这个大家庭中，员工之间能够温暖和谐，减少仰视陌生。

3. 减少差异

因为文化不同，有的人觉得直接称呼别人姓名是对别人不尊重，所以他们习惯用姓氏（如张、小张、张经理）来称呼别人；有的人则觉得用姓氏称呼不妥，应该直呼对方全名。有了花名制度之后，不论大家原本对称呼的认知如何，都只需要遵从花名制度。

4. 彰显形象

古龙曾经说过："一个人的名字有可能起错，但是外号却是绝对错不了的。"古龙的意思是只看一个人的名字有可能看不出一个人的特质，但是看他的外号，却能够判断出他的特质。在阿里巴巴，这个外号就是花名。花名是自己取的，能够在一定程度上显示出一个人对自我形象的认知和判断，能够反映出员工的心理特征，能够为员工了解彼此节省时间。

5. 增加趣味

花名并不像真名一样刻板，花名能够增强沟通过程中的趣味性。有一次"苗人凤"遇到了自己的女儿"苗若兰"。这时候就有同事在旁边打趣。在一阵欢笑声中，团队成员之间的关系就变得更加轻松和融治。

阿里巴巴的花名制度影响着阿里巴巴相关的企业，很多从阿里巴巴离职的员工创业，也会模仿阿里巴巴的花名制度。目前，花名制度已经在中国很多互联网企业中生根发芽。

第 13 章

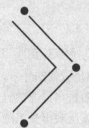

员工冲突管理

　　无论什么行业、什么组织，只要2个人以上进行沟通交流，就免不了会产生摩擦；有了摩擦就会产生冲突，产生投诉，甚至产生劳动争议。企业要正视员工冲突问题，妥善管理可能发生或已经发生的员工冲突。

13.1　员工冲突应对

员工冲突刚开始产生的时候，相对比较容易应对。员工的直属上级在管理员工冲突问题上具有至关重要的作用，因为能够第一时间应对员工冲突的人是员工的直属上级。如果直属上级能够稳定员工心态，或者在员工与团队产生冲突时第一时间管理好员工情绪，就可能避免冲突升级。

13.1.1　冲突产生原因

人际沟通中难免产生冲突，尤其是在上级与下级，或者平级之间比较直接的对话环境下。产生冲突的过程，可以总结成"人际冲突产生的 ABCD 原理"。因为 A 客观事实，产生了 B 主观感受，得出了 C 抽象总结，做出了 D 结论表达。

A 客观事实，指客观上发生了什么事。有时候人们看到的只是现象，而非事实。

B 主观感受，指主观上人们对这件事有什么感受。这种主观感受通常伴随着某种情绪。人际冲突中的这种情绪通常是负面的。

C 抽象总结，指针对这个客观事件和主观感受，人们做出了哪些抽象的总结。人际冲突中的总结，往往与人格或品质有关。

D 结论表达，指根据抽象总结，人们做出了什么样的结论表达。

案例

丈夫回家后，发现妻子已经到家。

丈夫问："做饭了吗？"

妻子说："没有，点外卖吧。"

丈夫有些不高兴，埋怨妻子说："你怎么那么懒！"

于是，一场夫妻之间的冲突开始了……

在这个案例中，"妻子没做饭"是 A 客观事实；"丈夫不高兴"是 B 主观感受；"妻子懒"是 C 抽象总结；"丈夫直接对妻子表达了 C"是 D 结论表达。

妻子没做饭，想点外卖，就代表妻子懒吗？不一定。可能妻子今天身体不舒服；可能妻子下班去了市场，发现家人爱吃的菜已经卖完了；还可能因为妻子领了一张大额的外卖优惠券，点外卖比较划算。

丈夫在没有弄清楚事实的情况下，直接做出抽象总结和结论表达，对妻子做出了人格上的评价，所以引发和妻子之间的冲突。这个原理总结的，正是工作和生活中很多冲突产生的原因。

要避免无效沟通和人际冲突，同样可以运用"人际冲突产生的ABCD原理"。

对于A客观事实，人们要把注意力聚焦在客观事实上，最好引用客观事实。沟通时可以只说事实。例如，"我注意到刚才这件事是……这样的，对吗？"。

对于B主观感受，人们有时难免会产生主观感受，这时候要止步于此，不要进行抽象总结。沟通时，可以在说完客观事实后，理智地表达感受。例如，"关于这件事，我的感受是……"。

最好只表达A，或者可以表达A+B，但不要再继续表达C和D。C抽象总结能够帮助人们更好地认识世界，可在人际沟通中不要使用抽象总结来评判他人。

13.1.2 冲突应对关键

管理员工冲突的首要关键人物是员工的直属上级。很多情况下，员工的直属上级也是冲突产生的原因。例如，当直属上级对员工存在主观上的总结和判断，员工认为并不准确的时候，直属上级和员工就很容易在团队内部引发矛盾，产生上下级之间的人际冲突。

要避免这种冲突，最好的方法首先是员工的直属上级要聚焦在客观事实，而不是聚焦在主观的人格判断上。直属上级给员工足够的尊重，对员工传达善意，员工才能回应善意。双方一起面对问题、解决问题才是最重要的。

员工的直属上级在员工冲突管理中的职责主要包括如下内容。

（1）全面观察员工日常工作中的言行，在充分沟通、多方了解信息的基础上，客观公正地对员工做出评价。对员工的评价切忌片面、主观。对员工的负面评价应采取委婉的方式表达，多发掘和鼓励员工的正面品质。

（2）与员工交谈过程中，如果发现自己的言行对员工产生冒犯，让员工产生消极情绪，应及时向员工道歉，消除员工的消极情绪。帮助员工做情绪调解，为员工创造良好的工作氛围，让员工在融洽的氛围中工作。

（3）针对员工对企业层面相关制度、流程、薪酬、福利等事项的不满，及时收集相关信息，报人力资源部门，同时稳定员工的情绪，兼顾企业管理和员工情绪之间的平衡，不要随着员工一起抱怨企业的问题。

企业要减少员工冲突，要对所有的管理干部实施培训，教会他们管理员工情绪，学会员工沟通，减少员工冲突。

13.1.3 员工对抗处理

在工作谈话中，员工的对抗性情绪通常来源于人们总偏向于对自己做出较高的评价，当现实与这种自我评价相悖时，人们有逃离现实的倾向，就可能出现对抗性情绪。对于一些具备一定挑战性和压力的岗位，员工的对抗性情绪可能格外明显，这时候作为员工的直属上级，应理性面对。

员工的业绩压力越大，谈话过程中产生的对抗性情绪可能越大，员工的直属上级越要锻炼自己应对各类员工对抗性情绪的心态。直属上级遇到员工出现对抗性情绪时，不仅要保持镇定、积极应对，缓解员工的消极情绪还要把焦点带回到工作上，和员工一起想方法。

1. 如何应对谈话中员工的对抗性情绪

应对谈话中员工的对抗性情绪，有 3 个关键点。

（1）保持理智。

面对员工的对抗，直属上级不能乱，不要慌张，也不要用对抗来回应对抗；要保持客观，了解状况，独立思考，不要被下属"带着走"。

（2）倾听心声。

倾听和考虑员工的观点，让员工充分表达，找到他们想表达的关键信息或核心思想，判断他们说的是客观事实还是主观判断，他们说的话是否有理有据。

（3）客观判断。

判断员工表达内容的合理性：如果是合理的，应当考虑，并且给出一定的空间；如果不合理，那么应当以事实为依据，给员工反馈，和员工一起思考和寻找解决方案。

2. 对抗类型及应对策略

员工谈话中常见的 4 种对抗类型及应对策略如下。

（1）转移型。常见的语言模式为："这个事情是这样子的……""我是有苦衷的……"。这时候，直属上级要领会员工的真正含义，但不要被"带着跑"，把落脚点放在工作成果上。

（2）家庭状况型。常见的语言模式为："因为我家里最近……""因为我亲人这段时间……"。这时候，直属上级要做出判断：如果员工确实有需要，可以尝试提供援助；如果需要，可以从更上层管理者处得到支持；对这些事件保持一定的关注；保持参与并持续监控状况的演变。

（3）找理由型。常见的语言模式为："都是因为其他人的某个问题""都因为……，所以才……"。这时候，直属上级要判断员工理由的合理性：如果原因合理，可以考虑；如果原因不合理，引导员工把关注点返回到工作成果或者工作行为上。

（4）情绪反应型。常见的情况包括：表现出愤怒、开始哭泣、长时间沉默。这时候，直属上级要给员工一点时间，放慢谈话节奏，让员工平静下来。不要与其对抗，也不要使情况恶化。通过开放式的问题提高员工的参与感。

员工的对抗性情绪有时候是一种情绪抒发，有时候是一种信息表达，并不一定是员工真的对直属上级不敬，或者对企业不满。很多直属上级用自己的对抗性情绪来应对员工的对抗性情绪，这样做反而会激发团队矛盾，造成不良后果。

13.2　员工投诉

当员工在工作中受到委屈或遇到问题时，或者直属上级对员工的情绪管理不到位、冲突升级时，员工可能会产生投诉的冲动。企业要建立员工投诉的渠道，及时受理、调查和处理员工的投诉，给员工一个满意的答复。

13.2.1　员工投诉受理

对于一般的企业，人力资源部门是投诉的接待方。人力资源管理人员要本着负责任的态度来应对员工投诉。人力资源部门在受理员工投诉时，需要做好如下工作。

（1）建立恰当的投诉沟通渠道，并提前对全体员工公布。如果没有正规的渠道，投诉员工可能会选择比较极端的手段，给企业造成不良的影响。

企业接待员工投诉的部门，就好像购物商场中设置的"客服中心"、医院里设置的"医患办公室"，要方便想投诉的员工快速找到。可以参考的员工投诉方式包括：专线电话、电子邮件、内容系统等，具体的投诉渠道应当以方便员工为原则。

（2）最好把员工投诉可以拨打的热线电话固定下来，而且把固定电话与手机绑定，保证员工打电话时有人能在第一时间接待员工。有条件的企业要保证投诉电话 24 小时有人接听。

接待员工投诉的人员虽然不一定需要全职，但最好相对固定，人选最好具备如下特质。

① 本身比较稳定，对企业具有一定的忠诚度。

② 在企业工作 5 年以上，对企业的文化、政策、内部关系比较了解。

③ 具备一定的社会阅历，家庭完整和睦。年龄最好在 40 岁以上。

④ 具备一定的亲和力，有接待员工投诉的基本能力。

（3）接到投诉后，要第一时间明确告知投诉者反馈的时间，尤其是当收到匿名投诉的群发邮件时，或者是看到论坛中公示的投诉帖时，要第一时间让对方知道相关部门已经获悉其投诉内容，会马上着手处理。

（4）如果条件允许，最好第一时间与投诉员工见面。当面接待员工投诉的效果比通过电话或者互联网等方式接待员工更能让员工满意。当面接待有助于安抚员工的情绪，推进投诉处理的进展，避免投诉的进一步升级。

（5）受理员工投诉时，要客观了解员工的投诉要点。这时候，要多听、少说，同时引导员工尽量表达意见、反映问题。过程中，不要说判断性的语言，不要妄加评论，可以适当说一些表示理解和安慰的语言。不问封闭式的问题，如"是不是""行不行""好不好"等；多问一些开放式的问题，如"是什么样的""是怎么回事""你怎么看"等。

（6）做好员工投诉的相关记录，包括投诉的详细情况，如投诉时间、投诉地点、投诉人、投诉对象、投诉的关键事件、投诉的目的等。员工投诉记录表如表 13-1 所示。

表 13-1　员工投诉记录表

投诉人	投诉人所在部门	投诉时间 / 地点	投诉方式	投诉对象
员工投诉事件				
员工投诉目的				

13.2.2　员工投诉调查

人力资源部门在受理员工投诉后，要查找员工投诉的原因，妥善解决员工投诉，避免以后再次发生类似的员工投诉。

1. 明确员工投诉的动机

每个投诉的员工都有动机，这个动机也许是某种不公平或不公正。针对投诉的动机，可以寻找到员工的诉求，找准员工投诉的症结，更准确地应对员工投诉。

对此，处理员工投诉的相关工作人员要了解如下内容。

（1）员工为什么要投诉？是什么引起了员工的投诉？

（2）员工投诉的具体对象到底是什么？员工到底对什么不满意？是对企业不满意，还是对企业中的个别人不满意？是对某件事不满意，还是对整个工作都不满意？是对过程不满意，还是对结果不满意？

（3）员工投诉想达到的目的是什么？想达成的目标是什么？想达到的结果是什么？

并不是每一个投诉的员工都说得清楚自己投诉的动机，也不是每个投诉的员工都知道自己到底想达到什么样的结果。有的员工也许只是一时情绪使然，让自己做出了投诉的行为；有的员工也许因为一些不想直说的原因；还有的员工自始至终就没有想过这些问题。

这时候，需要工作人员与投诉的员工深入沟通，挖掘员工投诉背后的关键信息。

2. 投诉调查

处理员工投诉的相关工作人员在进行投诉调查的时候要注意如下事项。

（1）应做到对事不对人，客观调查，不要有"理应"的想法，不要加入主观判断，不要掺杂个人的价值观。

（2）找出发生问题的核心原因，而不是仅浮在问题表面。例如，查找究竟是企业的流程制度出了问题，还是个别管理者的沟通或技能问题，还是只是员工的情绪问题。

（3）进行调查的过程中要严格保密，避免在公共场合或向第三方发表对投诉者、被调查者以及其他相关人员的评判性评价，或者带有个人情绪色彩的言辞。

不是每一个员工投诉背后都能挖掘出企业的问题或者管理者的问题，有一部分员工投诉也许只是员工站在个人的视角，不理解企业的制度或者管理者的管理方式。这就要求调查人员在做到中立、客观的同时，也要深入了解企业制度和管理方式背后的深层内涵，不要仅听取员工的片面之词。

13.2.3　员工投诉处理

在对员工投诉的事件进行调查、得出结论之后，如何处理员工投诉，决定了整个员工投诉处理过程的质量。如果处理得当，不仅单次的员工投诉问题能够得到化解，而且能减少未来因为同类问题引起员工投诉的数量；如果处理不得当，可能会让员工投诉问题升级，引发更严重的劳动争议。

1. 投诉处理

（1）员工投诉处理的工作人员应把投诉调查的结果向有关领导汇报，根据领导指示，召集相关部门人员，研讨出针对员工投诉的处理结果和行动计划。

（2）把员工投诉的调查结果告知员工，告知员工问题产生的原因，并把处理结果和行动计划告知员工。

（3）对员工投诉的处理结果，要争取投诉员工的理解和认同。尤其是当处理结果与投诉员工原本的诉求不同时，要充分沟通，获得投诉员工的理解。

2. 评估反馈

（1）处理员工投诉的关键不在于解决单次的员工投诉，而在于通过对单次员工投诉的处理，准确找到投诉背后的深层次原因，如企业文化、用人机制、规章制度、工作流程等企业层面的问题，以便及时改正这类问题，防止以后再发生类似的投诉。

（2）通过对单次员工投诉的处理结果，企业要评估类似投诉再次发生的可能性，及时做好预防措施，评估要从哪些管理方面做出改变。

（3）针对整个员工投诉的处理过程，形成一份包含可实施性或可行性方案的整改报告。

3. 整改检查

（1）将领导审批后的整改报告报送到相应部门，由相关部门执行相应的整改方案。

（2）定期对相关部门的方案进行检查，并评估整改情况。

（3）针对整改活动，形成整改报告，报送有关领导。

13.3 劳动争议

如果基础人事管理工作没有做好，如果员工的冲突管理和员工投诉管理没有做好，如果企业本身存在违背劳动法律法规的情况，如果企业管理中存在比较多不合情、不合理的地方，都可能引发劳动争议。当发生劳动争议时，企业要及时妥善处理，避免给企业造成不良影响。

13.3.1 劳动争议产生原因

根据《中华人民共和国劳动争议调解仲裁法》（2008年5月1日施行）的规定，劳动争议的主要类型有6类。

（1）因确认劳动关系发生的争议。

（2）因订立、履行、变更、解除和终止劳动合同发生的争议。

（3）因除名、辞退和辞职、离职发生的争议。

（4）因工作时间、休息休假、社会保险、福利、培训以及劳动保护发生的争议。

（5）因劳动报酬、工伤医疗费、经济补偿或者赔偿金等发生的争议。

（6）法律、法规规定的其他劳动争议。

目前，我国的劳动争议案件的数量呈现出高速增长的趋势，劳动者的申诉率越来越高，胜诉率也越来越高。其中，经济发达地区的劳动争议案件要远高于经济发展滞后的地区，民营企业的劳动争议案件数量明显超过国有企业。这其中，有社会层面的宏观原因，也有企业和劳动者层面的微观原因。

劳动争议如果管理或处理得当，80%是可以提前避免的。劳动争议极容易发生在如下情况中。

（1）企业不按照法律法规的基本要求操作。例如，不签订劳动合同，不执行正常的试用期，不按时足额发放工资等。

（2）用人部门因员工不能胜任工作或违反规章制度，需要给员工调岗或辞退员工。

（3）企业用人的时候比较随意，如不征求员工本人的意见，随意给员工调岗、调薪。

（4）因企业业务调整需要规模性地裁员，引起纠纷。

13.3.2 劳动争议处理流程

根据《中华人民共和国劳动法》（2018年12月29日施行）的规定，企业与员工发生劳动争议，当事人可以依法申请调解、仲裁、提起诉讼，也可以协商解决。劳动争议发生后，当事人可以向本单位劳动争议调解委员会申请调解；调解不成，当事人一方要求仲裁的，可以向劳动争议仲裁委员会申请仲裁。当事人一方也可以直接向劳动争议仲裁委员会申请仲裁。对仲裁裁决不服的，可以向人民法院提起诉讼。

我国劳动争议的处理程序可以概括为"一调、一裁、两审"。与"一调、一裁、两审"相对应的机构分别是企业设立的劳动争议调解委员会、劳动争议仲裁委员会和人民法院。

1．"一调"

"一调"包含两部分，第一部分是协商和解程序，第二部分是内部调解程序。

（1）协商和解程序。协商和解程序指企业与员工就存在劳动争议的问题直接进行协商，并寻找彼此共同认可的解决方案。劳动争议的当事双方一方是员工，一方是企业，通常双方之间已经有一定的了解，所以发生纠纷后建议通过直接协商的方式解决。

协商和解程序并不是处理劳动争议的必经程序，劳资双方出于平等自愿的原则，可以协商，也可以不协商，但如果能协商解决的，尽量协商解决，这样对员工、对企业都能节省时间和成本，提高效率。

根据《中华人民共和国劳动法》（2018年12月29日施行）的规定，在企业内，可以设立劳动争议调解委员会。劳动争议调解委员会由职工代表、企业代表和工会代表组成。劳动争议调解委员会主任由工会代表担任。劳动争议经调解达成协议的，当事人应当履行。

（2）内部调解程序。内部调解程序指发生劳动纠纷当事双方就存在劳动争议的问题向企业设立的劳动争议调解委员会申请调解的程序。

调解程序与协商和解程序一样，也不是发生劳动争议之后必经的程序，双方可以自愿选择。即使双方就劳动争议达成调解协议，也不代表这个协议就具有强制执行力。如果劳动关系双方任何一方反悔，同样可以向仲裁机构申请劳动仲裁。

和解和调解都是解决劳动争议过程中比较健康的形式，实际上在接下来的仲裁程序和法院审理程序的过程中，都会有内部调解的询问程序。所以，"一调"其实贯穿劳动争议处理的始终。

2. "一裁"

"一裁"指仲裁程序。仲裁程序是劳动争议中一方当事人将纠纷提交劳动争议仲裁委员会进行处理的程序。劳动争议仲裁委员会是国家授权、依法独立处理劳动争议案件的机构。劳动争议案件和其他民事案件的不同之处就在于，申请劳动仲裁程序是提起诉讼的前置程序。

也就是说，如果劳动关系双方的某一方当事人想提起劳动诉讼，必须先经过劳动仲裁程序，不能直接向人民法院提起诉讼。

3. "两审"

"两审"指诉讼程序。根据《中华人民共和国劳动法》（2018年12月29日施行）规定，劳动争议当事人对仲裁裁决不服的，可以自收到仲裁裁决书之日起15日内向人民法院提起诉讼。一方当事人在法定期限内不起诉又不履行仲裁裁决的，另一方当事人可以申请人民法院强制执行。

诉讼程序的启动是有条件的，就是如果某一方当事人不服劳动争议仲裁委员会的裁决，才可以向人民法院提起诉讼。诉讼程序具有较强的法律性、程序性，做出的判决也具有强制执行力。

这里的诉讼程序遵循两审终审制度，也就是某一案件经过两级人民法院审判后，就宣告终结的制度。如果存在劳动争议的当事双方的其中一方对人民法院执行一审判决的结果不服，可以在法定期限内，向上一级法院提起上诉。

上一级法院有权受理针对下一级法院第一审判决或裁定不服的上诉或抗诉，有权经过对第二审案件的审理，改变或维持第一审法院的判决或裁定。这时，上级法院的第二审判决、裁定，就是终审判决、裁定，当事人不得再上诉。

13.3.3　劳动争议防控方法

知道了如何处理劳动争议，不代表企业就不需要担心发生劳动争议。企业对待劳动争议，应当像对待火灾一样，最重要的不是发生火灾之后如何灭火，而是在还没有发生火灾的时候，知道如何防火。

企业要修炼内功，不仅要学会如何处理劳动争议，还要学会如何管理劳动争议，如何预防和减少劳动争议。

要减少劳动争议的发生，企业要做好如下工作。

（1）企业要以法律法规为准绳，严格按照法律法规的规定做事，坚决不做违反法律法规的事。加强劳动合同管理，保证全员签订劳动合同，注意劳动合同的变更管理。当发生劳动争议的时候，争取以协商为主要调解方式。

（2）企业在合法合规的同时，还要做到合情合理。合法合规是必要条件，合情合理是充分条件。有了这两个条件，劳动争议的数量将会大大减少。要充分尊重员工的人格，注意员工的感受。

（3）企业要建立健全各项规章制度。规章制度的内容要合法合规，要尽可能涵盖人力资源管理体系的各方面，要具备可操作性。规章制度中要提前界定清楚劳动关系双方的权利义务关系，界定清楚评价体系，体现公平公正。

（4）各级管理层是长期和员工直接接触的人，企业要增强他们的法律意识，增强他们预防劳动争议的能力。定期组织相关管理人员培训，定期开展劳动纠纷处理活动演练，定期开展劳动争议隐患自查活动。

（5）企业要为员工开设员工投诉和处理的快速通道，员工投诉要简单易行，接到投诉后要马上处理，处理的过程要客观公正，要随时与投诉人沟通进展，为员工开展宣传劳动争议正确处理方式的活动并教育员工正确处理劳动争议。

第 14 章

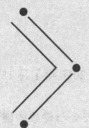

员工劳动保护管理

员工劳动保护管理，也叫劳动安全与卫生管理，是企业根据自身的生产经营业务情况，通过制定各类制度、实施各种措施，加强劳动保护、保证作业安全、避免有毒未知侵害，保护员工的身心健康，防止员工生命安全受到损失的过程。

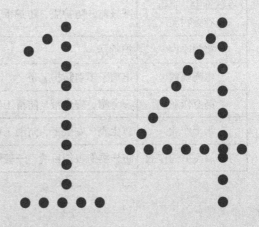

14.1 劳动保护

企业给员工提供的劳动保护是企业提供的劳动条件，是企业和员工双方劳动关系组成的要素之一。企业要通过限制、预防、消除、管控员工作业过程中的危险源，保护员工在劳动过程中的人身安全和健康。

14.1.1 劳动防护管理

国家安全监管总局《用人单位劳动防护用品管理规范》（2018 年 1 月 15 日施行）的相关规定如下。

第四条　劳动防护用品是由用人单位提供的，保障劳动者安全与健康的辅助性、预防性措施，不得以劳动防护用品替代工程防护设施和其他技术、管理措施。

第五条　用人单位应当健全管理制度，加强劳动防护用品配备、发放、使用等管理工作。

第六条　用人单位应当安排专项经费用于配备劳动防护用品，不得以货币或者其他物品替代。该项经费计入生产成本，据实列支。

几种常见特殊作业要求的岗位，企业对员工发放的劳动防护用品配备的标准可以参考表 14-1。

表 14-1　劳动防护用品参考

作业类型	配备主要劳动防护用品参考
接触粉尘、有毒、有害物质	呼吸器、防护服、防护手套和防护鞋
接触噪声	护听器
电离辐射	电离子辐射防护装备
高空作业	安全帽、安全带、防滑工作鞋
水上作业	救生衣、安全带、防滑工作鞋、水上作业服
有碎屑飞溅的作业	防异物伤害护目镜、一般性工作服

续表

作业类型	配备主要劳动防护用品参考
地下挖掘建筑作业	安全帽、防尘口罩、塞栓式耳塞、减震手套、防水工作服、防砸安全鞋（防水）
车辆驾驶	一般性的工作服，防强光、紫外线、红外线护目镜或面罩，防异物伤害护目镜，防冲击安全头盔
接触使用锋利器具	一般性的工作服、防割伤手套、防砸安全鞋、防刺穿鞋
操纵转动机械	护发帽、防异物伤害护目镜、一般性的工作服
铲、装、吊、推机械操纵	一般性的工作服、防尘口罩、防强光、紫外线、红外线护目镜或面罩、防异物伤害护目镜、防水工作服、防水鞋

其他岗位劳动防护用品选择，可参照如下标准。

《个体防护装备选用规范》（GB/T 11651）。

《头部防护　安全帽选用规范》（GB/T 30041）。

《坠落防护装备安全使用规范》（GB/T 23468）。

《个体防护装备配备基本要求》（GB/T 29510）。

《护听器的选择指南》（GB/T 23466）。

《呼吸防护用品　自吸过滤式防颗粒物呼吸器》（GB 2626）。

《呼吸防护用品的选择、使用与维护》（GB/T 18664）。

《防护服装　化学防护服的选择、使用和维护》（GB/T 24536）。

《手部防护　防护手套的选择、使用和维护指南》（GB/T 29512）。

《个体防护装备　足部防护鞋（靴）的选择、使用和维护指南》（GB/T 28409）。

劳动防护用品的选择程序如图 14-1 所示。

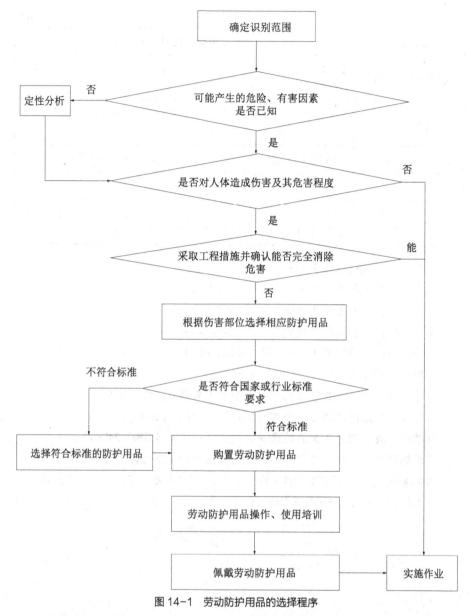

图 14-1　劳动防护用品的选择程序

14.1.2　安全防护措施

几类重点存在安全隐患作业岗位的安全防护措施如表 14-2 所示。

表 14-2　安全隐患作业岗位安全防护措施

重点存在安全隐患 作业岗位	安全防护措施
焊接作业	分散焊接点可设置移动式锰烟除尘器，集中焊接场所可采用机械抽风系统； 在容器内施焊时，容器应有进、出风口，设通风设备，焊接时必须有人在场监护； 流动频繁、每次作业时间较短的焊接作业，焊接应选择上风方向进行，以减少锰烟尘危害； 在密闭容器内施焊时，容器必须可靠接地，设置良好通风和有人监护，且严禁向容器内输入氧气； 焊接作业场所应通风良好，可视情况在焊接作业点装设局部排烟装置、采取局部通风或全面通风换气措施
油漆涂料作业	油漆涂料应有较好的自然通风条件并减少连续工作时间； 喷漆应采用密闭喷漆间。在较小的喷漆室内进行小件喷漆，应采取隔离防护措施； 以无毒、低毒防锈漆代替含铅的红丹防锈漆，必须使用红丹防锈漆时，宜采用刷涂方式，并加强通风和防护措施； 在地下室、池槽、管道和容器内进行有害或刺激性较大的涂料作业时，除应使用防护用品外，还应采取人员轮换间歇、通风换气等措施； 施工现场必须通风良好。在通风不良的车间、地下室、管道和容器内进行油漆、涂料作业时，应根据场地大小设置抽风机排除有害气体，防止急性中毒
粉尘作业	施工和作业现场应经常洒水，控制和减少灰尘飞扬； 混凝土搅拌站，木加工、金属切削加工、锅炉房等产生粉尘的场所，必须装置除尘器或吸尘罩，将尘粒捕捉后送到储仓内或经过净化后排放，以减少对大气的污染； 采取综合防尘措施或低尘的新技术、新工艺、新设备，使作业场所的粉尘浓度不超过国家的卫生标准
沥青作业	装卸、搬运、使用沥青和含有沥青的制品均应使用机械和工具，有散漏粉末时，应洒水，防止粉末飞扬； 熔化桶装沥青，应先将桶盖和气眼全部打开，用铁条串通后，方准烘烤，并经常疏通防沥孔和气眼，严禁火焰与油直接接触； 从事沥青或含沥青制品作业的工人应按规定使用防护用品，并根据季节、气候和作业条件安排适当的间歇时间； 熬制沥青时，操作工人应站在上风方向

续表

重点存在安全隐患 作业岗位	安全防护措施
施工作业	凡进入施工现场的所有人员，都必须按要求正确佩戴安全帽，作业中不得将安全帽脱下； 领取安全帽时应立即检查，发现有缺衬缺带或破损的安全帽应立即更换，不准使用有安全隐患的安全帽； 在攀登和悬空等作业中，必须佩戴安全带并有牢靠的挂钩设施；使用安全带时要高挂低用，防止摆动碰撞，绳子不能打结，钩子要挂在连接环上；当发现有异常时要立即更换，换新绳时要加绳套； 安全带不可接触高温、明火、强酸、强碱或尖锐物体，要经常检查；使用两年后抽检，及时更换新绳； 安全网内不得存留建筑垃圾，网下不能堆积物品，网身和支架不能出现严重变形和磨损，其连接部位不得有松脱现象； 安全网搬运不可使用铁钩或带尖刺工具；网体存放在仓库或专用场所，并分类、分批存放在架子上，仓库要具备通风、遮光、隔热、防潮、避免化学物品的侵蚀等条件； 存放过程定期检验，发现问题立即处理
噪声作业	采取消声措施，装设消声器； 施工现场的噪声应严格控制在90dB以内； 采取隔声措施，把发声的物体和场所封闭起来； 改革工艺和选用低噪声设备，控制和减弱噪声源音量； 做好个人防护，戴耳塞、耳罩、头盔等防噪声用品； 采取吸声措施；采用吸声材料和结构，吸收和降低噪声； 采用隔震措施，装设减震器或设置减震垫层、减轻震源声及其传播； 采用阻尼措施，用一些内耗损、内摩擦力大的材料涂在金属薄板上，减少噪声； 定期进行体检

14.1.3　女职工劳动保护

　　女职工劳动保护是根据妇女生理特点对其所采取的各项保护措施，也就是对女职工在劳动过程中的安全和卫生的特殊保护措施。由于妇女生理条件的特殊性，法律以明文的方式规定禁止妇女从事一些不利于身体健康的工作。

　　我国法律对女职工的保护分为两种，即一般保护和特殊保护。一般保护是指女职工劳动就业、劳动报酬、职业培训、劳动保险福利等方面享有与男子平等的权利。特殊保护主要是在劳动保护方面，由于女职工的特殊需要而给予的特殊权益的法律保障，主要涉及女职工在生产中的安全和健康。

根据《女职工劳动保护特别规定》（2012 年 4 月 28 日施行）的规定，对女职工劳动保护的规定主要包括 4 部分，分别是全体女职工禁忌从事的劳动、女职工经期禁忌从事的劳动、女职工孕期禁忌从事的劳动和女职工哺乳期禁忌从事的劳动。

1. 全体女职工禁忌从事的劳动范围

主要内容如下。

（1）矿山井下作业；

（2）体力劳动强度分级标准中规定的第四级体力劳动强度的作业；

（3）每小时负重 6 次以上、每次负重超过 20 公斤的作业，或者间断负重、每次负重超过 25 公斤的作业。

2. 女职工在经期禁忌从事的劳动范围

主要内容如下。

（1）冷水作业分级标准中规定的第二级、第三级、第四级冷水作业；

（2）低温作业分级标准中规定的第二级、第三级、第四级低温作业；

（3）体力劳动强度分级标准中规定的第三级、第四级体力劳动强度的作业；

（4）高处作业分级标准中规定的第三级、第四级高处作业。

3. 女职工在孕期禁忌从事的劳动范围

主要内容如下。

（1）作业场所空气中铅及其化合物、汞及其化合物、苯、镉、铍、砷、氰化物、氮氧化物、一氧化碳、二硫化碳、氯、己内酰胺、氯丁二烯、氯乙烯、环氧乙烷、苯胺、甲醛等有毒物质浓度超过国家职业卫生标准的作业；

（2）从事抗癌药物、己烯雌酚生产，接触麻醉剂气体等的作业；

（3）非密封源放射性物质的操作，核事故与放射事故的应急处置；

（4）高处作业分级标准中规定的高处作业；

（5）冷水作业分级标准中规定的冷水作业；

（6）低温作业分级标准中规定的低温作业；

（7）高温作业分级标准中规定的第三级、第四级的作业；

（8）噪声作业分级标准中规定的第三级、第四级的作业；

（9）体力劳动强度分级标准中规定的第三级、第四级体力劳动强度的作业；

（10）在密闭空间、高压室作业或者潜水作业，伴有强烈振动的作业，或者需要频繁弯腰、攀高、下蹲的作业。

4. 女职工在哺乳期禁忌从事的劳动范围

主要内容如下。

（1）孕期禁忌从事的劳动范围的第一项、第三项、第九项；

（2）作业场所空气中锰、氟、溴、甲醇、有机磷化合物、有机氯化合物等有毒物质浓度超过国家职业卫生标准的作业。

女职工的一生要经历怀孕期、产期和哺乳期等特殊时期，其身体状况、身体各系统的负荷在增长，抵抗力下降，免疫机能下降，身体虚弱无力，稍有不当，便会引起各种疾病，需要企业给予更多的特殊保护。

根据我国相关法律法规的规定，女职工在特殊时期受特殊保护，所有单位均应该根据本单位的生产工作特点，依法保护妇女在工作和劳动时的安全与健康，不得安排妇女从事不适合妇女从事的工作和劳动。

14.2　职业病防治

职业病，指企业、事业单位和个体经济组织等用人单位的劳动者在职业活动中，因接触粉尘、放射性物质和其他有毒、有害因素而引起的疾病。职业病的分类和目录由国务院卫生行政部门会同国务院劳动保障行政部门制定、调整并公布。职业病防治应以预防为主、防治结合为方针，企业要做好员工的职业病防治工作。

14.2.1　职业病健康检查

《中华人民共和国职业病防治法》（2018年12月29日修正）的有关规定如下。

对从事接触职业病危害的作业的劳动者，用人单位应当按照国务院卫生行政部门的规定组织上岗前、在岗期间和离岗时的职业健康检查，并将检查结果书面告知劳动者。职业健康检查费用由用人单位承担。

用人单位不得安排未经上岗前职业健康检查的劳动者从事接触职业病危害的作业；不得安排有职业禁忌的劳动者从事其所禁忌的作业；对在职业健康检查中发现有与所从事的职业相关的健康损害的劳动者，应当调离原工作岗位，并妥善安置；对未进行离岗前职业健康检查的劳动者不得解除或者终止与其订立的劳动合同。

职业健康检查应当由取得医疗机构执业许可证的医疗卫生机构承担。卫生行政部门应当加强对职业健康检查工作的规范管理，具体管理办法由国务院卫生行政部门制定。

企业对职业病存在潜在危害的岗位应依据《中华人民共和国职业病防治法》，以及权威第三方机构出具的《职业病危害现状评价报告》《工作场所职业病危害因素检测报告》，确定本企业涉及职业病危害岗位和职业危害因素。根据各岗位所涉及的危害因素，依据《职业健康监护技术规范》要求，确定员工职业病健康检查的周期。

新员工入职前，人力资源部门工作人员需向新员工了解原来从事的工作岗位，是否涉及职业病危害因素。如涉及，需向该员工索要原单位职业健康检查报告，职业健康检查报告为复印件的需要加盖原单位公章。未涉及职业危害的无须提供。

在新员工确定岗位还未入职前，组织全体面试合格后待入职的新员工做职业健康检查。如果不能提供上一份工作的体检报告，对企业集中组织的职业健康检查又拒不履行的新员工，建议企业不要接收。

每次职业健康检查结束后，由企业统一在体检机构领取报告，并告知员工结果后，统一存档。如果发现存在职业禁忌证、疑似职业病、职业病等事项，根据《职业病防治法》及相关规定执行复查、调岗。

企业根据第三方机构出具的《工作场所职业病危害因素检测报告》及《职业健康监护技术规范》（GBZ188-2014）的要求，定期组织存在职业病危害因素岗位的员工进行在岗期间职业健康检查。一般情况下，至少每年检查一次。

人力资源部门在接到员工的离职申请时，如离职员工涉及职业病危害的岗位，须要求该员工在办理离岗时做职业健康检查手续，对离职员工进行登记并发放离职员工职业健康检查通知单。由待离职员工携带离职员工职业健康检查通知单到指定的体检机构进行体检，并将体检报告交回人力资源部门存档。

如待离职员工的预计离职时间距离在岗期间检查时间未超过 3 个月，则无须再进行离职前的职业健康检查。如待离职员工拒不配合离职前的职业健康检查或员工为非正常离职（如旷工，不返回企业办理离职手续），人力资源部门应对其做发函处理。

14.2.2 职业病管理防控

2013 年 12 月 23 日，国家卫生计生委、人力资源社会保障部、安全监管总局、全国总工会 4 部门联合印发《职业病分类和目录》。将职业病分为职业性尘肺病及其他呼吸系统疾病、职业性皮肤病、职业性眼病、职业性耳鼻喉口腔疾病、职业性化学中毒、物理因素所致职业病、职业性放射性疾病、职业性传染病、职业性肿瘤、其他职业病共 10 类 132 种。

员工在工作中，享有职业卫生保护的权利。企业应当保障员工享有相关权利，不能因为员工依法行使正当权利而对其采取降低工资、福利等待遇或者解除、终止与其订立的劳动合同的行为。员工依法享有的职业卫生保护权利包括如下内容。

（1）获得职业卫生教育、培训。

（2）获得职业健康检查、职业病诊疗、康复等职业病防治服务。

（3）了解工作场所产生或者可能产生的职业病危害因素、危害后果和应当采取的职业病防护措施。

（4）要求企业提供符合防治职业病要求的职业病防护设施和个人使用的职业病防护用品，改善工作条件。

（5）对违反职业病防治法律、法规以及危及生命健康的行为提出批评、检举和控告。

（6）拒绝违章指挥和强令进行没有职业病防护措施的作业。

（7）参与企业职业卫生工作的民主管理，对职业病防治工作提出意见和建议。

有职业病潜在危害的企业要注意工作场所应当符合职业卫生要求。

（1）职业病危害因素的强度或浓度符合国家职业卫生标准。

（2）有与职业病危害防护相适应的设施。

（3）生产布局合理，符合有害与无害作业分开的原则。

（4）有配套的更衣间、洗浴间、孕妇休息间等卫生设施。

（5）设备、工具、用具等设施符合保护劳动者生理、心理健康的要求。

（6）法律、行政法规和国务院卫生行政部门关于保护劳动者健康的其他要求。

企业在做员工职业病预防方面，应当做好如下防止措施。

（1）设置或者指定职业卫生管理机构或者组织。

（2）配备专职或者兼职的职业卫生管理人员，负责本单位的职业病防治工作。

（3）拟定职业病防治计划和实施方案。

（4）建立、健全职业卫生管理制度和操作规程。

（5）建立、健全职业卫生档案和劳动者健康监护档案。

（6）建立、健全工作场所职业病危害因素监测及评价制度。

（7）建立、健全职业病危害事故应急救援预案。

14.3 工伤管理

工伤指员工因为职业原因所遭受的伤害。职业病也是工伤的一种。工伤是每个企业都不愿意见到的，当员工发生工伤之后，员工要遭受身体上的某种损伤，企业要付出财务上的成本。企业做好工伤管理，对企业和员工双方都有利。

14.3.1 工伤认定标准

根据《工伤保险条例》（2010年12月20日修订）的规定，常见的工伤情况有 7 种。

（1）在工作时间和工作场所内，因工作原因受到事故伤害的。

（2）工作时间前后在工作场所内，从事与工作有关的预备性或者收尾性工作受到事故伤害的。

（3）在工作时间和工作场所内，因履行工作职责受到暴力等意外伤害的。

（4）患职业病的。

（5）因工外出期间，由于工作原因受到伤害或者发生事故下落不明的。

（6）在上下班途中，受到非本人主要责任的交通事故或者城市轨道交通、客运轮渡、火车事故伤害的。

（7）法律、行政法规规定应当认定为工伤的其他情形。

除了以上 7 种情况之外，还有 3 种情况如果发生时，应当视同工伤。

（1）在工作时间和工作岗位，突发疾病死亡或者在 48 小时之内经抢救无效死亡的。

（2）在抢险救灾等维护国家利益、公共利益活动中受到伤害的。

（3）职工原在军队服役，因战、因公负伤致残，已取得革命伤残军人证，到用人单位后旧伤复发的。

有 3 种情况，就算满足以上 10 种情况，也不得认定为工伤或视同工伤，分别如下。

（1）员工故意犯罪的。

（2）员工醉酒或者吸毒的。

（3）员工自残或者自杀的。

14.3.2 工伤申报流程

当员工发生事故伤害或按照职业病防治法规定被诊断、鉴定为职业病时，企业应当自事故伤害发生之日或被诊断、鉴定为职业病之日起 30 日内，向统筹地区社会保险行政部门提出工伤认定申请。如果遇到特殊情况，经社会保险行政部门同意，申请时限可以适当延长。

如果企业没有按规定提出工伤认定申请，工伤员工或其近亲属、工会组织在事故伤害发生之日或被诊断、鉴定为职业病之日起的 1 年内，可以直接向企业所在地统筹地区社会保险行政部门提出工伤认定申请。

企业如果没有在规定时限内提交工伤认定申请，在此期间发生相关法律规定的工伤待遇相关费用时，将全部由企业负担。

企业提出工伤认定，需要提交工伤认定申请表。工伤认定申请表的格式模板如表 14-3 所示。

表 14-3　工伤认定申请表

填表日期：　　年　月　日

申请人			申请人与受伤职工关系		
职工姓名		性别		出生日期	年　月　日
身份证号码			联系电话		
家庭地址			邮政编码		
工作单位			组织机构代码		
单位地址			邮政编码		
单位经办人			联系电话		
职业、工种或工作岗位			参加工作时间		
事故时间、地点及主要原因			诊断时间		
受伤害部位			职业病名称		
接触职业病危害岗位			接触职业病危害时间		
受伤害经过简述（可附页）					
受伤害职工（近亲属、工会组织）意见： 　　填写内容属实，相关证据已全部提交，如有虚假本人承担相应的法律责任。申请认定工伤，并委托_____同志办理工伤认定相关手续 　　　　签字： 　　　　　年　月　日			用人单位意见： 　　填写内容属实，相关证据已全部提交，如有虚假本单位承担相应的法律责任。申请认定工伤，并委托_____同志办理工伤认定相关手续 法定代表人签字：　　　　（公章） 　　　　　年　月　日		

　　工伤认定申请表中应当描述员工受伤害过程，应写明事故发生的时间、地点，当时所从事的工作，受伤害的原因以及伤害部位和程度。职业病患者应写明在何单位从事何种有害作业，起止时间，确诊结果。

　　企业提交工伤认定申请表时，一般还应当一并提交如下材料。

　　（1）劳动、聘用合同文本复印件或者与企业存在劳动关系（包括事实劳动关系）、人事关系的证明材料。

　　（2）医疗机构出具的职工受伤害后诊断证明书（初诊病历及其封面、伤病情证明或出院小结、检查报告单等）或者职业病诊断证明书（或者职业病诊断鉴定书）。

（3）受伤害职工的居民身份证复印件。

（4）两名证人证词及证人居民身份证复印件。

（5）企业的营业执照或工商登记、组织机构代码复印件。

有下列情形之一的，还应当分别提交相应证据。

（1）职工死亡的，提交死亡证明。

（2）在工作时间和工作场所内，因履行工作职责受到暴力等意外伤害的，提交公安部门的证明或者其他相关证明。

（3）因工外出期间，由于工作原因受到伤害或者发生事故下落不明的，提交公安部门的证明或者相关部门的证明。

（4）上下班途中，受到非本人主要责任的交通事故伤害的，提交公安机关交通管理部门或者其他相关部门的交通事故认定书或其他有效证明，上下班的时间规定、单位至居住地正常路线图。

（5）在工作时间和工作岗位，突发疾病死亡或者在 48 小时之内经抢救无效死亡的，提交医疗机构的抢救证明。

（6）在抢险救灾等维护国家利益、公共利益活动中受到伤害的，提交民政部门或者其他相关部门的证明。

（7）属于因战、因公负伤致残的转业、复员军人，旧伤复发的，提交革命伤残军人证及劳动能力鉴定机构对旧伤复发的确认。

（8）属于重伤以上生产安全事故的，提交安全生产监督管理部门的事故备案证明。

（9）工伤职工近亲属提出工伤认定申请的，提交有效的近亲属关系证明。

14.3.3　劳动能力鉴定

劳动能力鉴定指员工劳动功能障碍程度和生活自理障碍程度的等级鉴定。员工发生工伤之后，经治疗伤情相对稳定后，如果存在残疾、影响劳动能力的情况，应当进行劳动能力鉴定。

劳动功能障碍分为 10 个伤残等级，1 级最重，10 级最轻。生活自理障碍分为 3 个等级：生活完全不能自理、生活大部分不能自理和生活部分不能自理。

劳动能力鉴定由企业、工伤员工或其近亲属向设区的市级劳动能力鉴定委员会提出申请，并提供工伤认定决定和职工工伤医疗的有关资料。申请劳动能力鉴定时，需要用到劳动能力鉴定申请表，如表 14-4 所示。

表 14-4　劳动能力鉴定申请表

<table>
<tr><td>被鉴定人
姓名</td><td></td><td>性别</td><td></td><td>身份证
号码</td><td></td><td colspan="2" rowspan="4">2寸
免冠
照片</td></tr>
<tr><td>单位名称</td><td colspan="3"></td><td>联系人</td><td></td></tr>
<tr><td rowspan="2">单位
通信地址</td><td colspan="3" rowspan="2"></td><td rowspan="2">联系电话</td><td>手机：</td></tr>
<tr><td>座机：</td></tr>
<tr><td rowspan="2">被鉴定人
通信地址</td><td colspan="3" rowspan="2"></td><td rowspan="2">被鉴定人
联系电话</td><td>手机：</td><td colspan="2" rowspan="2"></td></tr>
<tr><td>座机：</td></tr>
<tr><td>工伤发
生时间</td><td></td><td>工伤认
定时间</td><td></td><td>认定决定书
编号</td><td></td><td colspan="2">〔　　　〕第　　号</td></tr>
<tr><td rowspan="7">工伤鉴
定项目</td><td>□伤残等级
鉴定</td><td colspan="6">□配置辅助器具确认（辅助器具名称）：</td></tr>
<tr><td>□康复资格
确认</td><td colspan="3">□护理等级鉴定</td><td colspan="3">□用人单位申请延长停工留薪期确认
（原停工留薪期为____月）</td></tr>
<tr><td>□复查鉴定</td><td colspan="3">上次鉴定书
编号</td><td colspan="2">上次鉴
定时间</td><td>上次鉴
定级别</td></tr>
<tr><td colspan="7">□疾病与工伤因果关系确认
需确认与工伤存在因果关系的疾病名称和因果关系</td></tr>
<tr><td colspan="7">□旧伤复发确认
需确认旧伤复发伤病部位和复发原因</td></tr>
<tr><td colspan="3">诊断医师（签名）：</td><td colspan="4">诊断医院（公章）：</td></tr>
<tr><td colspan="3">

　　　　　年　月　日</td><td colspan="4">

　　　　　年　月　日</td></tr>
</table>

续表

工伤鉴定项目	1.内固定 □已 □未取出，伤情相对稳定 2.本人收到工伤认定决定书 □已 □未满6个月 被鉴定人 （签字并加盖手印）： 年 月 日	1.确认该职工工伤停工留薪期 □已 □未满 2.收到该职工工伤认定决定书 □已 □未满6个月 3.在行政诉讼期内 □未 □已向人民法院提出行政诉讼 法人代表签字： 单位公章： 年 月 日
因病非因工负伤鉴定项目	□因病非因工丧失劳动能力程度鉴定	□工亡职工直系亲属丧失劳动能力程度鉴定
	被鉴定人所患病种或负伤部位及伤、病史： 该职工非因工致残或患有：＿＿＿、＿＿＿、＿＿＿、＿＿＿、 ＿＿＿等伤（病），现申请劳动能力鉴定	
	本人自愿提出本次劳动能力鉴定申请	同意申请劳动能力鉴定
	被鉴定人： （签字并加盖手印） 年 月 日	法人代表签字： 单位公章： 年 月 日

　　劳动能力鉴定委员会应当自收到劳动能力鉴定申请之日起60日内做出劳动能力鉴定结论，必要时，做出劳动能力鉴定结论的期限可以延长30日。劳动能力鉴定结论应当及时送达申请鉴定的企业和个人。劳动能力鉴定委员会组成人员或参加鉴定的专家与当事人有利害关系的，应当回避。

　　如果申请劳动能力鉴定的企业或个人对劳动能力鉴定委员会做出的鉴定结论不服的，可以在收到该鉴定结论之日起15日内向省、自治区、直辖市劳动能力鉴定委员会提出再次鉴定申请。省、自治区、直辖市劳动能力鉴定委员会做出的劳动能力鉴定结论为最终结论。

　　自劳动能力鉴定结论做出之日起1年后，工伤员工或其近亲属、企业或经办机构认为伤残情况发生变化的，可以申请劳动能力复查鉴定。

14.3.4 工伤保险待遇

员工因工作遭受事故伤害或患职业病进行治疗，享受工伤医疗待遇。员工治疗工伤应当在签订服务协议的医疗机构就医，情况紧急时可以先到就近的医疗机构急救。治疗工伤所需费用符合工伤保险诊疗项目目录、工伤保险药品目录、工伤保险住院服务标准的，从工伤保险基金支付。

员工住院治疗工伤的伙食补助费，以及经医疗机构出具证明，报经办机构同意，工伤员工到统筹地区以外就医所需的交通、食宿费用从工伤保险基金支付，基金支付的具体标准由统筹地区人民政府规定。

员工因工作遭受事故伤害或患职业病需要暂停工作接受工伤医疗的，在停工留薪期内，原工资福利待遇不变，由企业按月支付。停工留薪期一般不超过12个月。伤情严重或者情况特殊，经社区的市级劳动能力鉴定委员会确认，可以适当延长，但延长不得超过12个月。

工伤员工评定伤残等级后，停发原待遇，按照有关法律规定享受伤残待遇。工伤员工在停工留薪期满后仍需治疗的，继续享受工伤医疗待遇。生活不能自理的工伤员工在停工留薪期需要护理的，由企业负责。

工伤员工已经评定伤残等级，并经劳动能力鉴定委员会确认需要生活护理的，从工伤保险基金按月支付生活护理费。生活护理费的支付标准与生活自理障碍等级和统筹地区上年度职工月平均工资有关，标准如表14-5所示。

表14-5 生活护理费支付标准

等级	统筹地区上年度职工月平均工资的百分比
生活完全不能自理	50%
生活大部分不能自理	40%
生活部分不能自理	30%

（1）当员工因工致残被鉴定为1级至4级伤残的，保留劳动关系，退出工作岗位，享受如下待遇。

①从工伤保险基金按伤残等级支付一次性伤残补助金，标准为：1级伤残为27个月的本人工资，2级伤残为25个月的本人工资，3级伤残为23个月的本人工资，4级伤残为21个月的本人工资。

②从工伤保险基金按月支付伤残津贴，标准为：1级伤残为本人工资的90%，2级伤残为本人工资的85%，3级伤残为本人工资的80%，4级伤残为本人工资的75%。伤残津贴实际金额低于当地最低工资标准的，由工伤保险基金补足差额。

③工伤员工达到退休年龄并办理退休手续后，停发伤残津贴，按照国家有

关规定享受基本养老保险待遇。基本养老保险待遇低于伤残津贴的，由工伤保险基金补足差额。员工因工致残被鉴定为 1～4 级伤残的，由企业和员工个人以伤残津贴为基数，缴纳基本医疗保险费。

（2）当员工因工致残被鉴定为 5 级、6 级伤残的，享受如下待遇。

①从工伤保险基金按伤残等级支付一次性伤残补助金，标准为：5 级伤残为 18 个月的本人工资，6 级伤残为 16 个月的本人工资。

②保留与企业的劳动关系，由企业安排适当工作。难以安排工作的，由企业按月发给伤残津贴，标准为：5 级伤残为本人工资的 70%，6 级伤残为本人工资的 60%，并由企业按照规定为其缴纳应缴纳的各项社会保险费。伤残津贴实际金额低于当地最低工资标准的，由企业补足差额。

③经工伤员工本人提出，该员工可以与企业解除或者终止劳动关系，由工伤保险基金支付一次性工伤医疗补助金，由企业支付一次性伤残就业补助金。

（3）当员工因工致残被鉴定为 7～10 级伤残的，享受如下待遇。

①从工伤保险基金按伤残等级支付一次性伤残补助金，标准为：7 级伤残为 13 个月的本人工资，8 级伤残为 11 个月的本人工资，9 级伤残为 9 个月的本人工资，10 级伤残为 7 个月的本人工资。

②劳动、聘用合同期满终止，或员工本人提出解除劳动、聘用合同的，由工伤保险基金支付一次性工伤医疗补助金，由企业支付一次性伤残就业补助金。

一次性工伤医疗补助金和一次性伤残就业补助金的具体标准由省、自治区、直辖市人民政府规定。

（4）如果员工因工死亡，其近亲属可以从工伤保险基金领取丧葬补助金、供养亲属抚恤金和一次性工亡补助金，具体标准如下。

①丧葬补助金为 6 个月的统筹地区上年度职工月平均工资。

②供养亲属抚恤金按照员工本人工资的一定比例发给由因工死亡职工生前提供主要生活来源、无劳动能力的亲属。标准为：配偶每月 40%，其他亲属每人每月 30%，孤寡老人或孤儿每人每月在上述标准基础上增加 10%。核定的各供养亲属的抚恤金之和不应高于因工死亡职工生前的工资。供养亲属的具体范围由国务院社会保险行政部门规定。

③一次性工亡补助金标准为上一年度全国城镇居民人均可支配收入的 20 倍。

④伤残员工在停工留薪期内因工伤原因死亡的，其近亲属享受丧葬补助金。

⑤1～4 级伤残员工在停工留薪期满后死亡的，其近亲属可以享受丧葬补助金、供养亲属抚恤金的待遇。

工伤员工如果有下列情形之一的，停止享受工伤保险待遇。

（1）丧失享受待遇条件的。

（2）拒不接受劳动能力鉴定的。

（3）拒绝治疗的。

14.4 劳动安全经费管理

劳动安全经费是企业进行员工劳动安全卫生保护的基础，没有经费支持，企业的劳动安全卫生保护工作将难以落实。所以，企业要做好劳动安全经费预算的编制工作，做好劳动安全用品的台账管理。

14.4.1 劳动安全经费预算编制

劳动安全保护经费可以分成如下类别。

（1）劳动安全保护设施的建设、改造、更新的费用。

（2）为员工个人提供的劳动安全卫生防护用品的费用。

（3）对员工进行劳动健康检查的费用。

（4）对员工进行职业病防治的费用。

（5）对员工实施劳动安全教育培训的费用。

（6）对工作场所的有毒有害环境进行定期检测、改善的费用。

（7）工伤保险费用，以及工伤的认定、评级、赔偿等相关费用。

劳动安全经费预算编制的一般流程如下。

（1）企业最高管理层决定整个企业的劳动安全管理总体战略目标，分解成具体任务后，将目标和任务传达到企业各级管理层。

（2）人力资源部门和财务部门根据企业总体目标，确定企业劳动安全管理的整体目标，编制费用预算，并上报至企业预算管理委员会。

（3）预算管理委员会审核劳动安全经费预算，根据实际情况做相应调整，确定总体预算数额，并将结果反馈至人力资源部门和财务部门。

（4）人力资源部门和财务部门根据总体预算金额，与其他各下属企业、子公司、各部门负责人一起，编制劳动安全保护经费的分项预算。

14.4.2 劳动安全防护用品台账管理

劳动安全防护用品包括一般防护用品和特殊防护用品。一般防护用品包括工作服、工作帽、工作鞋、防暑降温用品等；特殊防护用品包括防尘用品、防毒用品、耐酸碱用品、耐油用品、绝缘用品、防水用品、防高温用品、防噪声用品、防冲击用品、真空作业用品等。

一般防护用品和特殊防护用品的管理方式是不同的，但企业都需要建立台账。劳动安全防护用品的台账类型包括购买台账和发放领用台账。

劳动安全防护用品购买台账如表 14-6 所示。

表 14-6　劳动安全防护用品购买台账

序号	物品名称	物品作用	库存数量	购买数量	购买批次	购买日期	购买价格	购买人	进入仓库	物品管理人	备注

劳动安全防护用品发放领用台账如表 14-7 所示。

表 14-7　劳动安全防护用品发放领用台账

序号	物品名称	物品批次	规格	作用	库存数量	领用数量	领用日期	领用人签字	管理人签字	备注

企业对劳动安全防护用品的管理，除了建立台账、做好数量上的管理之外，还要注意对相关用品质量上的管理，注意劳动安全防护用品的修理、检验、检测等。

【疑难问题】如何提高全员安全意识

要想有效减少企业工伤事故的发生，需要提高全员的安全意识，提高全员的安全操作水平，要做好这些，可以从如下环节入手。

1.强化员工的培训教育

企业可以强化员工的培训教育，通过思想教育类培训和操作技能类培训提高全员的安全意识，通过实际的安全事故警醒员工，总结安全事故的教训。企业需要重点把握的培训类型如下。

（1）新员工入职时的安全培训。

（2）特殊岗位或特殊作业岗位的安全培训。

（3）部门内部自发组织的安全培训。

（4）企业定期集体组织的安全培训。

2.规范作业流程

企业可以通过查找员工作业动作的安全隐患，形成安全隐患较大岗位的标准化作业程序，通过清单式管理法，建立安全隐患较大岗位的作业清单，规范、固化员工的作业流程。企业可以通过规范作业流程，把安全隐患降到最低。

3. 定期实施检查

企业可以定期组织企业内部进行安全大检查，鼓励部门内部进行安全自查，从而发现存在安全隐患的环境，并在发现问题之后及时做出改正。

4. 设立安全管理员

企业可以让不同岗位相对比较优秀的员工轮流做兼职安全管理员，有条件的企业也可以设立全职的安全管理员。兼职和全职的安全管理员的主要职责是在日常的工作中查找安全隐患问题，并及时修正。

5. 合理实施赏罚

企业可以在定期的检查和自查中找到安全隐患管理优秀或较差的部门或个人，优秀的可以给予奖励，较差的应当给予相应的惩罚。赏罚可以和某种积分挂钩，也可以和工资或奖金挂钩，还可以与员工福利挂钩。

6. 安全责任评优

企业的安全管理不仅可以与绩效挂钩，也可以与薪酬挂钩，还可以与员工荣誉挂钩。企业可以建立全年未出任何安全事故的部门或个人才有的年终评优的机会，或者岗位晋升、学习、获得某种荣誉的机会等的机制。

【疑难问题】如何应用雇主责任险

保险，不是一个企业花1万元购买，1年后赔付超过1万元就代表保险"买赚了"的理财产品。保险帮企业解决的，是未来的、不确定的、难以承受的风险，而不是给企业的一个确定的收益。雇主责任险也是保险的一种。

雇主责任险是帮助企业规避劳动用工的风险，当企业的雇员在受雇过程中（一般也包括上下班途中）遭受意外或因患相关职业疾病导致伤残或死亡时，对被保险人依法需承担的医疗费用和经济赔偿责任进行的赔付。

雇主责任险的保险范围一般包括工伤及职业病身故/伤残、医疗费用报销、误工津贴，也有的保险产品可以扩展到非工作期间发生的意外事故造成员工伤残的情况。

1. 雇主责任险和团体意外险的不同

（1）被保险人不同。雇主责任险的被保险人和受益人为企业，其作用在于为企业转嫁应承担的员工意外以及职业病费用的风险，保险公司帮助企业承担赔付责任。团体意外险的被保险人为企业员工，受益人为员工本人或者员工指定的受益人，保险公司赔付员工后，不能免除企业（雇主）的赔偿责任。也就是说，保险公司赔付完之后，企业很有可能还要赔付员工一部分金额。

（2）保障内容不同。雇主责任险保障的是雇员工作期间发生的意外或由于工作导致的职业疾病，有的保险产品也可以扩展到非工作期间内的意外。团体意外险保障的是雇员日常工作生活过程中发生的意外事故，一般不包含员工工作期间发生的意外和职业病。

2. 雇主责任险和工伤保险的不同

（1）赔偿责任不同。工伤保险基金可以承担大部分的工伤赔偿责任，但仍然会有部分的工伤赔偿责任需要企业自身承担（如误工费及 5～10 级伤残的一次性伤残就业补助金）。雇主责任险可以赔偿雇主对雇员依法应承担的经济赔偿责任，可以免除企业的后顾之忧。

（2）赔偿性质不同。企业申领工伤保险金的次数反映了企业的劳动安全状况。很多地方政府会把工伤作为考核项，如果某个企业发生工伤次数较多或者申请的工伤保险金较多，可能会导致政府提高该企业的工伤保险缴费比例，严重的可能会引来行政处罚。雇主责任险的赔偿与劳动安全记录无关。

（3）申请的程序不同。工伤保险金的申领程序较为复杂，从发生工伤到最后保险金到位不走鉴定程序怎么也得小半年，走鉴定程序有可能需要一年时间。雇主责任险的理赔程序相对来说比工伤保险金申领程序更加简单，也更加快捷。

3. 企业购买雇主责任险的作用

（1）转移风险。随着工伤条例对工伤事故的赔偿标准进一步提高，企业购买雇主责任险可以有效地把用工的风险转嫁。

（2）提高福利。对员工来说，有雇主责任险的企业比没有雇主责任险的企业多了一份保障和安全感。从另一个侧面来说，雇主责任险算是员工福利的一种。

（3）保障没有社会保险者的权益。短期工、学生工、小时工、季节工等这些企业不需要缴纳社会保险的用工形式，企业可以采取雇主责任险的方式保障他们的用工安全。

人力资源管理人员的六大职业发展通道

初入职场的人力资源管理人员，很迷茫、常问的问题是"做人力资源管理人员到底有没有前途？"

笔者有时候会听到一些长期从事人力资源管理相关工作的"过来人"对想从事人力资源管理工作的新手们提及，"人力资源管理人员其实就是一个文员""人力资源管理人员付出很多，回报却很少""人力资源管理人员工资很低"，"人力资源管理人员没有前途"等。

人力资源管理在中国还处在起步阶段，许多企业对人力资源管理理论和实操的认识还停留在"点"的层面，远没有达到系统的概念。这就造成大量企业中人力资源管理人员确实像一个文员。许多人力资源管理人员每天做得最多的工作是打印文件、做表格、办入职手续、录信息这类基础的事务性工作。

然而，随着社会经济的不断发展，市场竞争的不断加剧，企业持续稳健的经营对管理水平的要求会越来越高。人是企业发展的根本和主体，对人的管理也自然会有越来越高的要求。当人们真正了解人力资源管理的全貌后，会发现人力资源管理所能达到的高度、深度和宽度远不是自己原本想的那样。

只是因为企业管理者或人力资源管理人员自身知识的局限、眼界的局限、心智的局限、能力的局限，许多人把人力资源管理工作做成了普通行政办公室的文职岗。其实，人力资源管理相关职业是非常有发展前景的。

对人力资源管理人员来说，常见可以发展的职业通道有 6 条、12 个级别，级别越高，需要的经验和能力越高。职业通道示意如下图所示。

通道 1 是一般企业人力资源管理人员传统的晋升通道，这是一条从"小白"到 CEO 的成长故事。

通道 2 可以是企业内部的"企业大学"，也可以是外部的专业培训机构的路线，从初级培训讲师到高级讲师，到培训总监，再到培训机构校长。

通道 3 是猎头的路线，从初级猎头，到中级猎头，到资深猎头，再到高级猎头。

通道 4 是管理顾问的路线，从初级顾问、中级顾问、资深顾问，再到高级顾问。

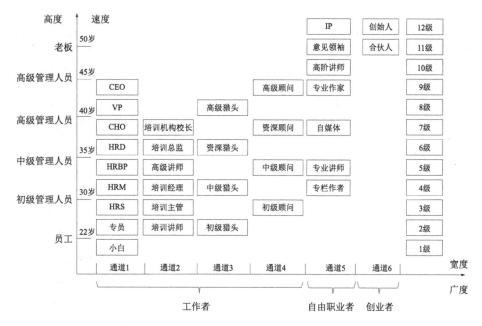

通道 5 是自由职业的路线，当人力资源管理人员拥有一定能力之后，自由职业者在人力资源管理领域也是一个选择。

通道 6 是创业者的路线，如成立人力资源相关服务公司，自己做老板或合伙人。

上图中的年龄是参考值，代表如果一毕业就从事人力资源管理人员相关工作，大部分人在某个年龄段，能够达到的级别。当然，级别越高，不仅对个体能力的要求越高，而且跟很多其他因素的关联也会更大。所以级别越高，年龄的参考价值就越高。

这 6 条通道可以相互转换，如人力资源经理可以转做培训，可以转做中级猎头，也可以转做顾问。有的通道转换可以往上转，如从人力资源经理直接转为培训总监。有的在通道可能会往下转，如从人力资源经理转为普通的培训讲师。

岗位转换缺失的能力可以提前培养，但是如果转换不恰当，可能会在职业转换过程中浪费时间成本。